Erfolgreich bewerben auf Augenhöhe

Eberhardt Hofmann

Erfolgreich bewerben auf Augenhöhe

Ein etwas anderer Praxisleitfaden für Bewerber

Eberhardt Hofmann
Friedrichshafen
Deutschland

ISBN 978-3-658-17835-2   ISBN 978-3-658-17836-9   (eBook)
DOI 10.1007/978-3-658-17836-9

Die Deutsche Nationalbibliothek verzeichnet diese Publikation in der Deutschen Nationalbibliografie; detaillierte bibliografische Daten sind im Internet über http://dnb.d-nb.de abrufbar.

Springer Gabler
© Springer Fachmedien Wiesbaden GmbH 2017
Das Werk einschließlich aller seiner Teile ist urheberrechtlich geschützt. Jede Verwertung, die nicht ausdrücklich vom Urheberrechtsgesetz zugelassen ist, bedarf der vorherigen Zustimmung des Verlags. Das gilt insbesondere für Vervielfältigungen, Bearbeitungen, Übersetzungen, Mikroverfilmungen und die Einspeicherung und Verarbeitung in elektronischen Systemen.
Die Wiedergabe von Gebrauchsnamen, Handelsnamen, Warenbezeichnungen usw. in diesem Werk berechtigt auch ohne besondere Kennzeichnung nicht zu der Annahme, dass solche Namen im Sinne der Warenzeichen- und Markenschutz-Gesetzgebung als frei zu betrachten wären und daher von jedermann benutzt werden dürften.
Der Verlag, die Autoren und die Herausgeber gehen davon aus, dass die Angaben und Informationen in diesem Werk zum Zeitpunkt der Veröffentlichung vollständig und korrekt sind. Weder der Verlag, noch die Autoren oder die Herausgeber übernehmen, ausdrücklich oder implizit, Gewähr für den Inhalt des Werkes, etwaige Fehler oder Äußerungen. Der Verlag bleibt im Hinblick auf geografische Zuordnungen und Gebietsbezeichnungen in veröffentlichten Karten und Institutionsadressen neutral.

Gedruckt auf säurefreiem und chlorfrei gebleichtem Papier

Springer Gabler ist Teil von Springer Nature
Die eingetragene Gesellschaft ist Springer Fachmedien Wiesbaden GmbH
Die Anschrift der Gesellschaft ist: Abraham-Lincoln-Str. 46, 65189 Wiesbaden, Germany

Inhaltsverzeichnis

1	**Absurditäten**	**1**
1.1	Die Situation	1
1.2	Die Bewerbungsratgeber	3
1.3	Die Sicht der Bewerberratgeber auf die Personaler	6
1.4	Untersuchungen zur Realität der Personalauswahl	6
1.5	Erfindung neuer Generationen:	10
1.6	Fazit	12
	Literatur	14
2	**Die Tätigkeitsstruktur**	**15**
2.1	Die Struktur persönlicher Orientierungen und die Struktur von Aufgaben	15
2.2	Die RIASEC-Faktoren	16
2.3	Der RIASEC-Code der Person	20
2.4	Der RIASEC-Code der Tätigkeit	23
2.5	Praktische Anwendung	24
2.6	Erfassung der RIASEC-Struktur im Gespräch	25
	Literatur	28

Teil I Wichtigere und unwichtigere Faktoren bei der Jobwahl

3	**Das engere soziale Umfeld**	**33**
3.1	Grundtypen von Gruppenmodellen	33
	3.1.1 Beschreibung der idealtypischen Modelle	34
3.2	Diagnose: Was ist Ihre Idealvorstellung von einem Team?	35
3.3	Stärken und Schwächen der jeweiligen Gruppenarten	39
3.4	Was heißt „teamfähig"?	42
3.5	Erfassung der Teamsituation im Gespräch	42
	Literatur	43
4	**Die Person des Vorgesetzten**	**45**
4.1	Was ist ein Verhaltens- und Kommunikationsstil?	45
4.2	Beschreibung der Verhaltens- und Kommunikationsstile	51

		4.2.1	Der im Zweifelsfall eher zu selbstbezogene Verhaltens- und Kommunikationsstil..................................	51

- 4.2.1 Der im Zweifelsfall eher zu selbstbezogene Verhaltens- und Kommunikationsstil.................................. 51
- 4.2.2 Der im Zweifelsfall eher zu dramatisierende Verhaltens- und Kommunikationsstil.................................. 55
- 4.2.3 Der im Zweifelsfall eher zu gewissenhafte Verhaltens- und Kommunikationsstil.................................. 57
- 4.2.4 Der im Zweifelsfall eher zu lässig-kritische Verhaltens- und Kommunikationsstil.................................. 59
- 4.2.5 Der im Zweifelsfall eher zu rational-distanzierte Verhaltens- und Kommunikationsstil.................................. 62
- 4.2.6 Der im Zweifelsfall eher zu kooperative Verhaltens- und Kommunikationsstil.................................. 63
- 4.2.7 Der im Zweifelsfall eher zu sensibel-vermeidende Verhaltens- und Kommunikationsstil.................................. 65
- 4.3 Quercheck... 66
- 4.4 Abgrenzungen der Stile zueinander............................... 67
- 4.5 Erkennen der Stile im Gespräch.................................. 68
  - 4.5.1 Die Anwendung der obigen Beschreibungen................. 69
  - 4.5.2 Das Interaktionsgefühl.................................. 69
  - 4.5.3 Interaktionstests....................................... 70
  - 4.5.4 Feedback.. 71
- Literatur.. 72

5 Das Vorstellungsgespräch.. **73**
- 5.1 Schwierigkeiten bei der Informationsgewinnung im Gespräch......... 74
  - 5.1.1 Unklare Anforderungen................................. 74
  - 5.1.2 Verwendung wohlfeiler Begriffe........................... 74
  - 5.1.3 Personal-Marketing.................................... 75
- 5.2 Relevante Fragearten.. 76
- 5.3 Nachfragen.. 83
- 5.4 Der Mikroprozess der Informationsgewinnung..................... 85
- 5.5 Automatisches Auffinden von Nicht-Information................... 90
  - 5.5.1 Universalquantifizierungen.............................. 92
  - 5.5.2 Nominalisierungen..................................... 93
- 5.6 Praktische Konsequenzen...................................... 95
- Literatur.. 96

Teil II Auswahlverfahren

6 Assessment Center.. **99**
- 6.1 Was ist ein Assessment Center?.................................. 99
  - 6.1.1 Was passiert inhaltlich bei einem Assessment Center?.......... 101

	6.1.2	Der zentrale methodische Schritt des Assessment Centers	104
6.2		Geschichte des Assessment Centers	106
6.3		Assessment Center Training	109
	6.3.1	Was kann ein Assessment Center-Training leisten?.	112
6.4		Identifikation von Blendern	114
6.5		Semantische Differenziale	115
Literatur.			116

7 Drehen Sie den Spieß um! 117

7.1		Bewertungskriterien für Assessment Center (AC).	118
	7.1.1	Anforderungsbezug	118
	7.1.2	Kriterien und Übungen	119
	7.1.3	Verhaltensbeschreibungen für die Beurteilungsskalen	119
	7.1.4	Beobachterschulung.	119
	7.1.5	Vorinformationen für die Beobachter	120
	7.1.6	Der Inhalt des AC, die Übungen	120
	7.1.7	Rollenspiele	120
	7.1.8	Kontakt zu den Bewerbern außerhalb der Übungen	121
	7.1.9	Auswertung des Assessment Centers.	121
7.2		Bewertungskriterien für Testverfahren	123
	7.2.1	Teststatistik	124
	7.2.2	Gütekriterien von Testverfahren	125
	7.2.3	Nebenkriterien	127
	7.2.4	Mindestwerte für teststatistische Kennwerte	128
	7.2.5	Wie brauchbar sind einzelne Verfahren?	128
	7.2.6	Leistungstests.	129
	7.2.7	Persönlichkeitstests	130
	7.2.8	Wie kann man als Laie die Brauchbarkeit von Tests beurteilen? . .	131
	7.2.9	Unbrauchbare (Ersatz-)Kriterien	133
	7.2.10	Was können Sie als externer Bewerber tun?	136
Literatur.			136

Teil III Auswertung

8 Zusammenstellung und Auswertung der Informationen zur Stelle 141

8.1	Die Struktur der Tätigkeit und die Struktur der eigenen Präferenzen	142
	8.1.1 Profilvergleich	142
	8.1.2 Betrachtung der Präferenz- und der Aversionspole	143
8.2	Das vorherrschende Teammodell und die eigene Teampräferenz	144
8.3	Die Beziehung zum potenziellen Vorgesetzten	146
8.4	Die vom potenziellen Arbeitgeber angewandten Verfahren.	150
8.5	Quellen der Frustration	150

	8.6 Gesamteinschätzung	151
	Literatur	151
9	**Ruhig bleiben in Auswahlsituationen**	**153**
	9.1 Wie verändert sich unser Körper in Stresssituationen?	153
	9.2 Bedrohungen früher und heute	156
	9.3 Folgen der Nichtpassung	156
	9.4 Veränderung der Stressreaktion	158
	9.5 Blitzentspannung mittels Atmung	158
	9.5.1 Funktion der Atmung	159
	9.5.2 Sinn der Atmungskontrolle	159
	9.5.3 Hauptarten der Atmung	160
	9.5.4 Techniken zur Veränderung der Atmung	162
	9.5.5 Technik: Verzögertes Einatmen	162
	9.5.6 Technik: Bauchatmung	163
	9.5.7 Anwendung der Techniken in Auswahlsituationen	164
	9.6 Blitzentspannung mittels Muskulatur	164
	9.6.1 Das Prinzip der muskulären Abreaktion	166
	9.6.2 Vorübungen zur muskulären Blitzentspannung	167
	9.6.3 Der Einsatz muskulärer Blitzentspannung in Auswahlsituationen	170
	9.7 Die Kombination von Atmung, muskulären Techniken	172
	9.7.1 Auswahl der beabsichtigten Techniken	173
	9.7.2 Kombinationen der ausgewählten Techniken	174
	Literatur	174

Teil IV Zusätzliche Aspekte

10	**Kommunikation über die Bewerbung und über die berufliche Entwicklung**	**177**
	10.1 Das Grundmodell der Kommunikation	177
	10.2 Erweiterungen des Modells	180
	10.3 Die Bedeutung des Kommunikationsmodells für Bewerbung und berufliche Entwicklung	182
	10.4 Fazit	185
	Literatur	185
11	**Zusammenfassung**	**187**
	Literatur	187

Einführung und Überblick

Das vorliegende Buch ist ein „Anti-Ratgeber", der vor Ratgebern warnt. Es versteht sich als eine Anleitung dafür, im Rahmen einer Bewerbung zu einem vernünftigen Gespräch zurückzukommen.

Was haben Theater- und Personalauswahl gemeinsam?
Beide führen eine „Vorstellung" auf.

- Wollen Sie Ihre Bewerbungsunterlagen so optimieren, dass diese auf so gut wie jede Stelle optimal passend erscheinen?
- Wollen Sie lernen, überzeugend darzulegen, dass Ihr ganzes bisheriges Leben ganz genau auf die zu besetzende Stelle ausgerichtet war, für die Sie sich bewerben?
- Wollen Sie die tatsächlich besten Antworten auf die ausgefeiltesten Arbeitgeberfragen erfahren?
- Wollen Sie wissen, wie man in einem Assessment Center mit Sicherheit bestehen kann?
- Wollen Sie eine todsichere Strategie, wie Sie jeden Test bestehen?
- Wollen Sie erfahren, wie die ultimative Bewerbungsstrategie aussieht?
- Wollen Sie eine Anleitung dazu, wie Sie jede Stelle, die Sie gerne hätten, ergattern können?

Dann wird Ihnen dieses Buch nicht behilflich sein können (nebenbei bemerkt: Auch andere Bücher können das nicht, sie behaupten es lediglich).

Wenn Sie sich jedoch:

- in strukturierter Form Gedanken über einige zentrale Aspekte Ihrer Passung zu einer potenziellen Stelle machen möchten,
- auf Augenhöhe mit dem potenziellen Arbeitgeber vernünftig über die Charakteristiken der zu besetzenden Stelle unterhalten möchten,
- lernen möchten, wie Sie aus Allgemeinplätzen Information destillieren können,
- Ihr Licht in einem Assessment Center oder in einem anderen Testverfahren nicht unter den Scheffel stellen, aber auch nicht blenden möchten,

dann kann Ihnen dieses Buch vielfach behilflich sein.

Das vorliegende Buch ist ein „Anti-Ratgeber", der vor Ratgebern warnt. Es versteht sich als eine Anleitung dafür, im Rahmen einer Bewerbung zu einem vernünftigen Gespräch zurückzukommen. Das ist heute nicht selbstverständlich. Unzählige Bewerberratgeber und einige weitere Absurditäten, die in Kap. 1 beschrieben sind, haben zu einer kuriosen Situation geführt, der sich Bewerber (und auch Arbeitgeber) derzeit gegenübersehen. Manfred Lütz beschreibt in seinem Buch „Bluff" diese Situation folgendermaßen:

Es wird deutlich, dass die in Deutschland stattfindenden Bewerbungsgespräche in der Zwischenzeit reine Kunstprodukte sind, deren Produzenten viel dabei verdienen, erwachsene Menschen wider Willen eine Komödie aufführen zu lassen, die vor allem eins vermeidet: dass beide Teile sich wirklich kennenlernen.(Lütz, 2012)

Die Wahl der richtigen Tätigkeit stellt insbesondere den Berufsanfänger vor Probleme, auch Intelligenz schützt dabei nicht vor Fehlgriffen. Albert Einstein begann seine berufliche Tätigkeit mit einer Stelle im Patentamt in Bern als „Technischer Experte 3. Klasse". Das war so ziemlich der falscheste Platz, den er sich aussuchen konnte. Nach drei Jahren verließ er diesen Arbeitsplatz todunglücklich. Diese Jahre hätte er sicherlich glücklicher und produktiver verbringen können. Wie konnte das passieren? Er hat entweder keine oder die falschen Kriterien zur Wahl der Tätigkeit verwendet. In seinem Fall wäre eine Analyse der Tätigkeit nach dem Schema, das in Kap. 2 vorgestellt wird, wohl besonders hilfreich gewesen. Aber die entsprechende Systematik dazu wurde erst Jahrzehnte später entwickelt.

Das Beispiel Einstein zeigt anschaulich, dass Nachdenken und Intelligenz allein nicht automatisch zu einer geglückten Jobwahl führen. Hilfreicher ist es dabei, sich aus dem Fundus der Erfahrungen anderer Personen und der Forschung zu bedienen, die zu diesem Thema einiges zu sagen hat. Um Ihnen die schmerzvollen Erfahrungen der „trial and error"-Strategie zu ersparen und den Weg der Erfahrung etwas abzukürzen, sind in diesem Buches die relevanten Kriterien zur Wahl der passenden beruflichen Tätigkeit beschrieben.

Das Buch ist folgendermaßen aufgebaut: In Kap. 1 werden einige Absurditäten aufgezeigt, denen man zwangsläufig begegnet, wenn man sich mit den Themen Bewerbung, Bewerbungstraining und Bewerbungsratgeber beschäftigt. Dies belegt noch einmal die von Manfred Lütz beschriebene Situation. In Teil 1 des Buches wird der Frage nachgegangen, welches die typischen Kriterien sind, die Bewerber, insbesondere Berufsanfänger, bei der Berufswahl anlegen und ob diese Kriterien tatsächlich zielführend sind (Sie vermuten wahrscheinlich schon, dass dies nicht immer die brauchbarsten Kriterien sind). Die wirklich entscheidenden Kriterien hierbei werden in den drei darauf folgenden Kapiteln beschrieben. In Kap. 2 geht es um die Tätigkeitsstruktur der zu erwartenden Aufgabe, in Kap. 3 wird das engere soziale Umfeld am potenziellen Arbeitsplatz thematisiert und in Kap. 4 geht es um die Qualität der Beziehung zum potenziellen Vorgesetzten. Teil 2 des Buches beschäftigt sich mit Auswahlverfahren, insbesondere mit dem Vorstellungsgespräch (Kap. 5) und dem Assessment Center (Kap. 6). In Kap. 5 geht es nicht um die Frage, welche Antworten auf die Fragen des Interviewers wirklich gut und richtig sind, sondern darum, relevante Informationen zur zukünftigen Stelle in einem Gespräch zu erhalten. Gegenstand von Kap. 6 ist es nicht, sich in einem Assessment Center besser zu „verkaufen", als man eigentlich ist, sondern darum, sich nicht unter Preis zu verkaufen, die eigenen Fähigkeiten auch zeigen zu können und was dabei in einem Assessment Center hinderlich sein kann. Teil 3 beinhaltet Verfahren, mit denen ein Bewerber den zukünftigen Arbeitgeber und eine zukünftige Stelle beurteilen kann. Dazu wird in Kap. 7 der Spieß einfach umgedreht, indem man sich als Bewerber Gedanken zum Auswahlsystem des potenziellen Arbeitgebers macht und dabei die Gütekriterien der einzelnen Verfahren zur Personalauswahl als Kriterium für die Seriosität der Personalauswahl nimmt. In Kap. 8 wird dann die gesamte Information systematisch zusammengestellt, um abschließend zu einer Bewertung der Passung der entsprechenden Stelle zu den eigenen Vorstellungen zu kommen. In Teil 4 schließlich geht es in Kap. 9 um Techniken zur Kontrolle der Anspannung in Auswahlsituationen und in Kap. 10 um die Kommunikation über berufliche Entwicklungen.

Literatur

Lütz, M. (2012). *Bluff*. München: Droemer Knaur.

Absurditäten 1

> **Zusammenfassung**
>
> Zum Einstieg in das Thema dieses Buches werden einige Absurditäten beschrieben, mit denen man sich als Bewerber und auch als Personaler konfrontiert sieht, wenn es um die Frage der Passung eines Bewerbers zu einer Stelle geht. Nach einer Beschreibung dieser teilweise seltsam anmutenden Situation wird versucht, deren Entstehen zu erklären. Eine wesentliche Ursache liegt dabei in der speziellen Sichtweise der Bewerberratgeber und in der oftmals mehr als fraglichen Qualifikation derjenigen, die solche Ratgeber schreiben. Dabei orientiere ich mich zu einem guten Teil an der Analyse von Kanning (2015).

1.1 Die Situation

In diesem Abschnitt geht es darum, die Situation zu beschreiben, der man sich als Bewerber, aber auch als Personaler gegenübersieht und mit der man zurechtkommen muss.

Während es in früheren Zeiten einmal in einem Vorstellungsgespräch darum ging, die Vorstellungen des Bewerbers mit denen des Arbeitgebers abzugleichen, hat sich die Situation in der heutigen Zeit anscheinend komplett gewandelt. Heute scheint es nur noch darum zu gehen, sich als Bewerber und auch als Arbeitgeber unverhältnismäßig gut darzustellen, deutlich besser, als man „eigentlich" ist. Als Unternehmen hat man dann vermeintlich ein gutes Personalmarketing betrieben, als Bewerber ein ebenso erfolgreiches Selbstmarketing. Überhaupt scheint sich der Bewerbungsprozess zu einer Disziplin des Marketings zu entwickeln. Die eigentliche Intention – zu prüfen, ob man als Unternehmen und Bewerber zueinander passt – scheint dabei fast in Vergessenheit zu geraten. Diese Situation erzeugt viele Probleme, man redet im Vorstellungsgespräch weniger über relevante Inhalte, als dass man Floskeln austauscht.

Selbst wenn es dem Bewerber gelingt, sich als deutlich kompetenter darzustellen, und es auch dem Unternehmen gelingt, sich für den Bewerber deutlich attraktiver darzustellen, als es in Wirklichkeit ist, was ist dann gewonnen? Das Unternehmen merkt irgendwann, dass es einen Blender eingestellt hat, der Bewerber ist sehr schnell überfordert: Wem wäre geholfen? Es würden ganz im Gegenteil die Grundlagen dafür gebildet, dass sich eine Problematik, die sich umgangssprachlich und unpräzise mit Burn-out bezeichnen lässt, absehbar entwickeln würde.

Kanning (2015) beschreibt die Situation folgendermaßen:

> Wer sich zum ersten Mal in seinem Leben als Bewerber versucht, könnte meinen, es ginge im Bewerberprozess um den Austausch von Informationen zur Anbahnung eines hoffentlich zufriedenstellenden Arbeitsverhältnisses. Auf der einen Seite steht ein Unternehmen, das alle Wünsche und Rahmenbedingungen offen darstellt, und auf der anderen Seite ein Bewerber, der seine Interessen und Kompetenzen in die Waagschale legt. Wirft ein solchermaßen naiver Bewerber nun einen Blick auf die Ratgeberliteratur, wandelt sich sein Blick schlagartig. Oft wird schon auf den ersten Seiten deutlich, dass es sich bei dem Bewerbungsprozess eigentlich um ein Spiel handelt, bei dem es darum geht, einen Gegner zu besiegen. Gewinnen wird am Ende der, der sich strategisch besser positioniert und taktisch geschickter agiert. Die wichtigste und gleichzeitig grundlegendste Rolle, des Bewerbers, die sich in jedem Ratgeber wiederfindet, beschreibt den Bewerber als Marketingstrategen. Bewerben bedeutet demnach immer, dass man Werbung für sich betreibt.
>
> Glaubt man der Ratgeberliteratur, so muss nahezu jeder, der sich in die Bewerbungsarena begibt, vor allem eine Rolle perfekt spielen – der Bewerber quasi als Trickbetrüger. Im Grunde genommen lebt die ganze Szene davon, dass man den Bewerbern verrät, wie sie ihre Bewerbungsunterlagen, ihr Auftreten im Einstellungsinterview oder das Ankreuzverhalten in einem Persönlichkeitsfragebogen manipulieren. Der Lebenslauf muss vom Bewerber für jede Stelle neu angepasst werden, damit es so aussieht, dass die eigene Biographie nur darauf hinausgelaufen wäre, bei dem potenziellen Arbeitgeber zu arbeiten. Letztendlich geht es scheinbar darum, alles so zu manipulieren, als liefe das gesamte bisherige Leben auf eine Stelle zu. Ohne die Stelle wäre das eigene Leben sinnlos und die Firma würde ihren potenziell besten Mann verlieren. (…) Bewerber verhalten sich im Vorstellungsgespräch nicht „natürlich", nicht „spontan", sondern in einer mehr oder weniger verzerrten Weise, die an ihren Vorstellungen von einem Vorstellungsgespräch orientiert sind. Diese Vorstellungen von einem Vorstellungsgespräch stammen oft (aus Ermangelung anderer Quellen) aus Bewerberratgebern. Der Bewerber versucht, sich nicht realistisch, sondern „optimal" darzustellen.

Schon bei der Erstellung der Unterlagen kann man offensichtlich aus Sicht der Bewerberratgeber große Fehler begehen. Hesse und Schrader schreiben: „Ihr Anschreiben zeigt dem Arbeitgeber schwarz auf weiß, wie Sie später arbeiten: ob sorgfältig oder nachlässig, organisiert oder chaotisch, verschnörkelt oder logisch."

(Quelle: Homepage Hesse und Schrader, www.hesseschrader.de, Zugriff: Juni 2016). Wie das konkret aussehen sollte, wird nicht näher erläutert. Braucht es aber auch nicht, denn man findet z. B. auf www.Bewerbungsratgeber.de 130 fertige Anschreiben plus Vorlagen für Lebensläufe, man muss eigentlich nur noch auswählen und nicht einmal mehr abschreiben, es reicht, die Copy-and-paste- Funktion zu beherrschen. Der Lebenslauf sollte dann möglichst noch mit einem Zitat aufgepeppt werden, das auch gleich mitgeliefert wird, wie z. B.:

- Wer aufhört, besser zu werden, hört auf, gut zu sein.
- Jeder Tag ohne ein Lächeln ist ein verlorener Tag.
- Nicht der Wind, das Segel bestimmt die Richtung.
- Man kann niemanden überholen, wenn man in seine Fußstapfen tritt.

Außerdem gibt es „Übersetzungstabellen", mit denen man vermeintliche „Macken" im Lebenslauf euphemisieren können soll.

Für eine Lücke im Lebenslauf wird z. B. empfohlen, sie umzulabeln als:

- Berufliche Neuorientierung
- Selbststudium
- Interkulturelle Erfahrung
- Selbstständige Tätigkeit
- Führung der Familie
- Mitarbeit im elterlichen Betrieb

Ratgeber scheinen davon auszugehen, dass fast jeder Mensch für fast jede Stelle geeignet ist. Sofern dies nicht der Fall ist, schlüpft der Bewerber flugs in die Rolle eines Heiratsschwindlers. Es ist erstaunlich, wie diese heute anscheinend genauso dominante wie absurde Idee des gegenseitigen Blendens in die Welt kam. Den Hauptbeitrag hierzu haben wohl die Bewerberratgeber geleistet, daher lohnt es sich, diese etwas näher zu betrachten.

1.2 Die Bewerbungsratgeber

In den letzten ca. 25 bis 30 Jahren ist der Markt für Bewerberratgeber förmlich explodiert. Das hat sicherlich mit der Situation am Arbeitsmarkt in dieser Zeit zu tun. Nachdem der Wiederaufbau im Nachkriegsdeutschland gefolgt vom Wirtschaftswunder der 60er Jahre des letzten Jahrhunderts, das sich auch noch auf die erste Zeit der 70er Jahre erstreckte, über Jahrzehnte zu einem chronischen Arbeitskräftemangel geführt hatte, kippte der Arbeitsmarkt beginnend am Ende der 70er Jahre des letzten Jahrhunderts von einem Arbeitnehmermarkt zu einem Arbeitgebermarkt, aus einem Arbeitskräftemangel wurde ein Überschuss an Arbeitskräften. Dies hatte zwei Hauptursachen: die allgemeine Abflachung der Konjunktur (niedriges einstelliges Wachstum oder gar Rezession) und die Babyboomer-Generation, die ab den 80er Jahren in bisher ungekannter Masse auf den Arbeitsmarkt drängte. Die Arbeitslosenzahl lag 1982 erstmals nach dem Krieg bei einer Million. Zuerst traf die Arbeitsplatzknappheit potenzielle Bewerber im nicht-technischen Bereich, ganz besonders früh und besonders heftig betraf es dabei die Geisteswissenschaftler, der sprichwörtliche promovierte Taxifahrer war das Schreckgespenst dieser Zeit. Absolventen im technischen Bereich hatten dagegen noch eine Galgenfrist von ca. zehn Jahren. Diese endete dann abrupt mit dem Mauerfall. In der DDR gab es doppelt so viele Ingenieure wie in der Bundesrepublik, zudem gab es eine große Wanderungsbewegung nach Westen, da diese Ingenieure im Westen Deutschlands zunächst gute Arbeitsmarktchancen hatten.

Die DDR hat uns auf dem Gebiet der technischen Fachkräfte Entwicklungshilfe geleistet und innerhalb kurzer Zeit den Mangel an technischen Fachkräften beseitigt. Es kam – für viele Absolventen völlig unerwartet – zu einem Bewerberüberschuss auch im technischen Bereich ab Anfang der 90er Jahre.

Spätestens jetzt war die Zeit der Bewerberratgeber gekommen. Dem gut vorbereiteten einzelnen Bewerber werden darin Vorteile in einem insgesamt sehr schlechten Arbeitsmarktumfeld versprochen, indem man ihm die „Geheimnisse" des Bewerberprozesses verrät. Der Kauf eines Bewerberratgebers sollte Vorteile im Rennen um einen Arbeitsplatz verschaffen. Vor 1980 hätten sich die entsprechenden Ratgeber wohl nicht verkauft, aber nun konnte man die Notlage der Masse der Bewerber ausnutzen und ihnen Heilsversprechen verkaufen. Wie groß der Markt für Ratgeber und somit wohl auch die wahrgenommene Notlage der Bewerber ist, wird deutlich, wenn man sich in großen Buchhandlungen nach Bewerberliteratur umsieht.

Um dem in Abschnitt 1 beschriebenen seltsamen Theater auf den Grund zu kommen, lohnt es sich, sich ein paar Personen, die solche Ratgeber schreiben, etwas näher zu betrachten. Die Marktführer auf diesem Gebiet sind sicher Hesse und Schrader. Sie sind auch noch aus einem anderen Grunde interessant, da sie nämlich geradezu prototypisch für die Gruppe derjenigen sind, die Bewerberratgeber schreiben.

▶ Die Exponenten: Hesse und Schrader

Auf Hesse und Schrader trifft besonders zu, was in der gesamten Beraterbranche, nicht nur der Bewerbungsratgeberbranche, weitverbreitet ist. Man überspringt einfach die Phase des eigenen Tuns und beginnt gleich mit der Beratung anderer Personen zu einem Thema, das man selbst nie praktisch erlebt hat. Jürgen Hesse war nach eigenem Bekunden nach dem Studium zunächst arbeitslos, um nach einiger Zeit als Telefonseelsorger zu arbeiten. Danach verdiente er sein Geld mit der Beratung von Bewerbern. Nirgendwo findet sich ein Hinweis darauf, dass er irgendwann einmal im Personalwesen gearbeitet hat. Woher er sein „Geheimwissen" über die Bewerbungsvorgänge und die Arbeitsweise „der Personaler" hat, verrät er an keiner Stelle. 1992 erfolgte die Gründung des „Büros für Berufsstrategie" in Berlin.

Christian Schrader war ebenfalls nach eigenen Angaben nach dem Studium zunächst ein Jahr arbeitslos. Danach arbeitet er als Psychotherapeut in einer Klinik. Woher er seine Kenntnisse in der Personalarbeit nimmt, verrät er – ebenso wie Hesse – an keiner Stelle.

Krankenhauspsychologe und Telefonseelsorger sind natürlich absolut ehrbare Berufe.

Jürgen Hesse und Christian Schrader sollen über 200 Bücher (zum gleichen Thema!) verfasst haben. Nach eigenen Angaben haben sie 6,5 Millionen Bücher verkauft. Ihre Verkaufsstrategie beschreiben sie folgendermaßen: „Wir zitieren uns erfolgreich selbst, unsere Literaturliste ist Werbung." (Quelle: Homepage Hesse und Schrader www.hesse-schrader.de, Zugriff: Juni 2016.)

Einen näheren Einblick in ihre Arbeitsweise verrät Hesse in einem Interview bei Spiegel-online.

1.2 Die Bewerbungsratgeber

Spiegel online-Interview mit Hesse

Spiegel:
„Bewerber wie Personaler lesen Ratgeber, jeder kennt die Vorbereitung des anderen. Wie sollte es da noch zu einem aussagefähigen Gespräch kommen?"

Hesse:
„So krass ist das gar nicht. Auf jeden Ratgeber für Personalverantwortliche kommen zehn für Bewerber. Dennoch gehen die meisten Kandidaten sehr blauäugig und unvorbereitet an die Sache heran. Zu 80 Prozent werden Bücher gekauft, die sich um die schriftliche Bewerbung drehen, nicht um das Vorstellungsgespräch."

Spiegel:
„Aber mal ehrlich – wenn mich einer nach meinen Stärken und Schwächen fragt, oder wissen will, wo ich mich in fünf Jahren sehe, denke ich doch nur: Das ist jetzt nicht Ihr Ernst!"

Hesse:
„Die Schwächen-Frage ist ein Klassiker und kommt in Vorstellungsgesprächen immer noch recht häufig vor. Bloß nicht ‚Ungeduld' nennen, das ist verbrannt! Ich rate etwa zu: ‚Ich habe eine Schwäche für schwarze Schokolade' oder: „Ich kann Bach nicht von Mozart unterschieden." Es geht darum zu zeigen, dass man verstanden hat, worum es geht, ohne sich komplett auszuliefern. Ihr Gegenüber will mehr über Sie erfahren. Vielleicht lachen dann alle und sagen: ‚Nein, wir meinen Ihre beruflichen Schwächen!' Dann verraten Sie jedenfalls nicht Ihre schlimmsten Fehler, sondern etwa: ‚Mein Schreibtisch sieht immer so picobello aus.'"

Spiegel:
„Es geht also weniger um den Inhalt als um den Tonfall?"

Hesse:
„Genau. Entscheidend ist doch: Es ist ein Ritual. Ich muss zeigen, dass ich keine Antwort schuldig bleibe – aber auch klarmachen, dass ich nicht blöd bin und hier keinen Seelenstriptease hinlege. Die andere Seite kann daran erkennen, ob man in kritischen Situationen zickig oder charmant und gelassen reagiert."
(KarriereSpiegel 17.12.2012)

Eine solche Sichtweise eines Bewerbergespräches kann man sich wohl tatsächlich nur dann bewahren, wenn man nicht für die Einstellung von Personal verantwortlich war oder ist.

Nachdem Hesse und Schrader schon im rentenfähigen Alter sind, wird ihre Rolle neuerdings von einem anderen Duo, Püttner und Schnierda, übernommen.

▶ Die Nachfolger: Püttjer und Schnierda

Christian Püttjer und Uwe Schnierda sind etwas jünger als Hesse und Schrader, sie haben auch (nach eigenen Angaben) nur ca. eine Million Bücher verkauft.

Auf ihrer Homepage (Karriereakademie.de) sucht man wie bei Hesse und Schrader vergeblich nach Angaben zu ihrer Qualifikation oder zu ihrer praktischen Tätigkeit. Stattdessen erfährt man, dass sie regelmäßig „Glücks-E-Mails" von erfolgreich beratenen Personen erhalten.

Kanning (2012) schreibt dazu:

> Was die zahlreichen Anbieter zu Experten ihrer Brache macht, bleibt weitgehend ihr Geheimnis. Nur selten erfährt man etwas über den beruflichen Hintergrund der Kenner – z. B. ein Lehramtsstudium. Zum Experten wird man allem Anschein nach allein dadurch, dass man sich selbst als solcher proklamiert. Das gibt es auch in anderen Bereichen (Training, Coaching, …).

Das Handeln solcher Ratgeber könnte maximal dann einen Sinn ergeben, wenn man ein Bewerbungsgespräch nur als Marketing verstehen würde, nach der subjektiven Logik der Ratgeberschreiber: „Beim Bewerbertraining geht es darum, dass sich der Bewerber selber vermarktet, zumindest dies können die Experten offensichtlich. Der Schluss lautet: Wenn ich es geschafft habe, mich fälschlicherweise als kompetent darzustellen, kann es der Bewerber vielleicht auch." Ebenso könnte sich der ratsuchende Bewerber denken: „Wenn so viele Menschen die Bewerberliteratur kaufen und sich (vielleicht) an die Vorschläge halten, wird schon etwas dran sein."

1.3 Die Sicht der Bewerberratgeber auf die Personaler

Bewerberratgeber richten sich zwar in erster Linie an Bewerber, geben dabei aber auch zwangsläufig Auskunft über das Wirken der Personalverantwortlichen. Im Bewerberratgeber wird implizit ein Bild der unternehmensseitig handelnden Personen, speziell der Akteure in der Personalabteilung, vermittelt.

Zusammenfassend kann man das Bild des Personalers, das in den Bewerberratgebern vermittelt wird, folgendermaßen beschreiben:

Dort, wo man einen ausgewiesenen Experten im Unternehmen vermutet, trifft man nach Schilderung der Bewerberratgeber eher auf jemanden, der sich selbst für einen großen Menschenkenner hält. Statt wissenschaftlich überprüfte Methoden einzusetzen, vertraut der gemeine Personaler lieber seinem Bauchgefühl. Für wahr hält er, was ihm plausibel erscheint.

Hierbei handelt es sich um die Sicht der Leute, die Bewerberratgeber schreiben, eine Sicht, die nicht zwingend die Realität beschreiben muss, da wie oben beschrieben da manche der Autoren von Bewerberratgebern keinen Einblick in die tatsächliche Personalarbeit in Unternehmen haben.

1.4 Untersuchungen zur Realität der Personalauswahl

Weitaus hilfreicher als die Einschätzung durch fachfremde Ratgeberautoren sind empirische Untersuchungen zur Arbeit derer, die Personalauswahl betreiben. Kanning (2015) hat sich eingehend mit dieser Frage beschäftigt. Einige zentrale Ergebnisse dazu werden nachfolgend angeführt.

1.4 Untersuchungen zur Realität der Personalauswahl

▶ Analyse der Unterlagen

Wichtig ist, nach welchen Kriterien die Bewerbungsunterlagen analysiert werden. Es ergibt sich nach Kanning folgendes Bild: 47 Prozent der Personen, die Personalauswahl betreiben, haben keinerlei Kriterien zur Analyse der Unterlagen, die sie benennen können. 51 Prozent haben zwar Kriterien, die aber nur die Person, die die Unterlagen ansieht, definiert. Es handelt sich also dabei um sehr subjektive Kriterien. Erstaunlich ist, dass nur ganze 1,2 Prozent der Personen, die Bewerberauswahl betreiben, über individuelle Kriterien verfügen, nach denen sie die Unterlagen analysieren.

Anschreiben werden von den meisten Personalern gelesen, obwohl eigentlich klar ist, dass die Mehrheit der Texte nicht die Realität spiegelt, sondern eher das Ergebnis einer guten Vorbereitung, passender Vorlagen aus dem Internet oder einer Gruppenarbeit mit Freunden und Familie ist.

▶ Stellenanzeigen

Eine Stellenanzeige besteht in aller Regel aus vier Teilen: der Stellenbezeichnung, der Beschreibung der Haupttätigkeiten, der Beschreibung der notwendigen Aus- und ggf. Fortbildungen sowie der Beschreibung der Persönlichkeitseigenschaften des passenden Bewerbers. Während die drei ersten Teile in der Regel sehr informativ sind, ist der letzte Teil einer Stellenanzeige häufig völlig nichtssagend.

Dort wird größtenteils mit Worthülsen gearbeitet. Selbstverständlich suchen fast alle Arbeitgeber motivierte, teamfähige, kommunikative, fachkompetente und erfahrene Mitarbeiter. Was man sich aber unter Motivation, Teamfähigkeit oder Kommunikationsfähigkeit am jeweiligen Arbeitsplatz vorstellen darf, wird meist nicht dargelegt.

Wenn man sich die Wochenendausgabe z. B. der „F.A.Z." kauft oder entsprechende Onlineportale besucht, kann man sich ansehen, welche „Anforderungen" an die Persönlichkeit des idealen Bewerbers gestellt werden. Nachfolgend sind alle (!) entsprechenden Beschreibungen einer im Stellenteil ca. 150 Stellen umfassenden Ausgabe der „F.A.Z." aufgeführt:

- Sie haben Begeisterungsfähigkeit
- Sie verfügen über Organisationsgeschick und analytische Fähigkeiten
- Sie bevorzugen eine ergebnisorientierte Arbeitsweise
- Sie sind offen für neue Ideen
- Sie sind überzeugend im persönlichen Gespräch
- Sie verfügen über Sicherheit im Umgang mit komplexen Situationen
- Sie haben ein ausgeprägtes Koordinationsvermögen
- Zielorientierte und strukturierte Arbeitsweisen sind für Sie wichtig
- Sie arbeiten gerne in einem motivierten Team
- Sie denken und handeln kundenorientiert
- Sie verfügen über Verhandlungsgeschick
- Sie zeichnen sich durch eine positive Grundeinstellung aus

- Sie verfügen über strategische Kompetenz und die notwendige Detailkenntnis
- Sie treten sicher und gewandt auf
- Sie überzeugen durch eine gereifte Persönlichkeit
- Sie haben eine Teamplayer-Mentalität
- Sie haben Spaß am Umgang mit Menschen
- Sie gehen Aufgaben lösungsorientiert an
- Ergebnisorientiertes Vorgehen ist für Sie zentral
- Sie bevorzugen eine teamorientierte Führung
- Sie praktizieren innovative und kollegiale Führung
- Sie können komplexe Sachverhalte kreativ darstellen
- Sie denken und handeln in ökonomischen Zusammenhängen
- Sie haben Kreativität für zukunftsweisende Lösungsansätze
- Sie gehen sicher mit modernen Führungsinstrumenten um

Bei den ausgeschriebenen Stellen handelte es sich um so unterschiedliche Tätigkeiten wie z. B.:

- Betreuer/in Dokumentenmanagement/Workflow
- Consultant mit Erfahrung in Top-Management-Beratung
- Produktmanager/in
- IT-Projektmanager/in
- Teamleiter/in Personalmanagement
- Manager/in Patentverwaltung
- Software-Engineering-Berater/in
- Vertriebsingenieur/in
- Junior Assistent/in
- Financial Advisor
- Abteilungsleiter/in Administration
- Leiter/in Einkauf
- Vertriebsmitarbeiter/in

Sollte es wirklich der Realität entsprechen, dass diese Persönlichkeitsbeschreibungen Substanz haben, dann gäbe es eine ideale, universal beschreibbare Bewerberpersönlichkeit, die auf die ganze Bandbreite der überhaupt zu besetzenden Stellen passen würde – eine völlig absurde Vorstellung. Eher handelt es sich dabei um ziemlich nichtssagende, wohlfeile Begriffe, die wenig Erkenntnisgewinn beinhalten.

▶ Anforderungsprofil

Oftmals existieren detaillierte Anforderungsprofile für eine formale Aus- oder Fortbildung des Bewerbers, sobald es jedoch um die Persönlichkeit des Bewerbers geht, wird oft mit eher inhaltsleeren Begriffen wie „Teamfähigkeit" (siehe oben) oder mit diffusen Kompetenzen gearbeitet.

1.4 Untersuchungen zur Realität der Personalauswahl

Die Ratlosigkeit der Interviewer bezüglich des Anforderungsprofils gipfelt in der beliebten Frage: „Warum sollten wir gerade Sie einstellen?" Durch keine andere Frage kann der Interviewer seine eigene Hilflosigkeit besser unter Beweis stellen. Wünschen würde man sich in diesem Fall einen schlagfertigen Bewerber, der mutig entgegnet: „Dies herauszufinden, lieber Interviewer, ist eigentlich Ihre Aufgabe." Der Bewerber kann diese Frage gar nicht sinnvoll beantworten, da er das Anforderungsprofil bzw. die Spezifika der Stelle nicht hinreichend genau kennt.

Kanning beschreibt dies zusammenfassend:

> Die grundlegendste Eigenschaft des Personalers ist die des Menschenkenners. Der erfahrene Personaler schaut nicht auf Zahlen, sondern vertraut seinem Bauch. Weil schon viele Tausend Bewerbungsmappen durch seine Hände gegangen sind und Hunderte unstrukturierte Einstellungsinterviews seinen Weg säumen, benötigt er keine unnötigen Hilfsmittel wie empirische Anforderungsanalysen, Interviewleitfäden, Skalen zur Bewertung des Antwortverhaltens, valide Testverfahren etc. Er sammelt vielmehr alle Informationen in seinem Bauch, gluckst nach dem Interview ein paar Mal vor sich hin und siehe da, wie durch ein Wunder gebärt er ein weises Urteil. Schließlich erwächst aus Erfahrung automatisch Expertise.
>
> Letztlich zählt nur, dass der Personaler bei dem Bewerber ein gutes Gefühl hat. Wer gefällt, wird eingestellt! (Kanning 2015)

▶ Wie kommt es zu dieser Situation?

Zur Erklärung dieses Sachverhaltes nennt Kanning einige Gründe, speziell das Verhältnis von Wissenschaft und Praxis und die Ausbildung bzw. die Rekrutierung der Personaler.

Im Bereich der psychologischen Diagnostik besteht eine große Diskrepanz zwischen den wissenschaftlichen Erkenntnissen und deren Rezeption bzw. Umsetzung in der Praxis. Ein wesentlicher Grund dafür ist die Belohnungsstruktur in der Wissenschaft.

Belohnt wird in der Wissenschaft nicht der Transfer, sondern eher Veröffentlichungen im wissenschaftlichen Dunstkreis, diese zumeist und am besten in englischer Sprache. Psychodiagnostische Forschung findet (ganz im Gegensatz z. B. zur Medizin) nahezu unter Ausschluss der Öffentlichkeit statt. Die Forschung hat von sich aus auch wenig Drang, mit der Praxis in Kontakt zu kommen, und ist sich eher selbst genug. Dies ist besonders fatal, da eine Ausbildung in Diagnostik fast nur im Psychologiestudium erfolgen kann, die Psychologen bleiben aber weitgehend unter sich. Es gibt sehr wenige Psychologen in der Wirtschaft.

Der ziemlich isolierten Welt der Forschung steht die Welt der „Praktiker" gegenüber. Von diesen „Praktikern" sind die wenigsten als Diagnostiker qualifiziert. Die meisten Personalpraktiker kommen aus der Juristerei, der Betriebswirtschaft, anderen Studiengängen jedweder Art oder haben sich nach einer Ausbildung hochgearbeitet.

Kanning:

> Es dürfte sehr schwer sein, eine berufliche Tätigkeit zu finden, in der fachliche Qualifikation so gering geschätzt wird wie im Personalwesen im Allgemeinen und in der Personaldiagnostik im Besonderen. (Kanning 2015)

Die Absurdität dieser Situation fällt erst auf, wenn man den Missstand einmal auf ein anderes Berufsfeld projiziert. Man stelle sich ein Gesundheitswesen vor, in dem nur ein Prozent der behandelnden Personen Medizin studiert hat. Der Rest sind Leute, die sich trotz eines Jura- oder Germanistikstudiums irgendwie für Medizin interessieren oder vielleicht sogar gegen ihren Willen dort gestrandet sind. Das Verrückteste an dieser Situation ist, dass sie kaum jemandem als merkwürdig erscheint.

Zu einem ähnlichen Schluss kommt auch Schuler (2007): Er befragte Personalpraktiker nach ihren Kriterien für den Einsatz von Testverfahren. An erster Stelle steht dabei die vermutete Bewerberreaktion, an zweiter die absoluten Kosten, an dritter Stelle die Verbreitetheit des Verfahrens und erst weit abgeschlagen an vierter Stelle die Validität des Verfahrens. Wenn niedergelassene Ärzte Medikamente nach denselben Prinzipien auswählen würden, würden sie vermutlich für alle beliebigen Krankheiten nur Aspirin verschreiben: Gegen Aspirin haben die wenigsten Patienten etwas einzuwenden, es ist billig und bei den Kollegen ist es bestens etabliert. Dass man mit Aspirin Hautkrankheiten ebenso wenig heilen kann wie Blinddarmentzündungen oder Blutvergiftungen, spielt bei der Entscheidung eine untergeordnete Rolle.

1.5 Erfindung neuer Generationen:

Glaubt man den Medien, so lassen sich Bewerberkohorten „Generationen" zuordnen, die gewisse Wertvorstellungen gemeinsam haben.

▶ Die „Generation Y"

Seit einigen Jahren wird die „Generation Y" erforscht und auf ihre berufliche Tauglichkeit hin analysiert. Dabei kommt man stets zu einem sehr pessimistischen Ergebnis. Die Angehörigen der Generation Y scheinen danach gewandelte Wertvorstellungen zu haben, die es ihnen schwermachen, sich mit einer Organisation und deren Werten zu identifizieren.

Als für diese Generation relevanten Werte werden dabei genannt: Selbstentfaltung, Lebensgenuss, geringe Bereitschaft zur Unterordnung, sinkende Bedeutung der Arbeit als Pflicht, stärkere Betonung der Freizeit, Bewahrung der eigenen körperlichen Gesundheit, die Erhaltung der Umwelt etc.

Das klingt scheinbar plausibel. Wenn man sich jedoch mit älteren Untersuchungen beschäftigt, so kommt einem vieles bekannt vor. Von Rosenstiel, Nerdinger, Spieß & Stengel veröffentlichten im Jahr 1989 ein Buch mit dem Titel „Führungsnachwuchs im Unternehmen. Wertkonflikte zwischen Individuum und Organisation". Damals gab es die heute so beliebten Bezeichnungen der Generationen noch gar nicht. In diesem Buch wird festgestellt, dass (schon der damalige) Wertewandel dazu geführt hat, dass es drei Gruppen von Nachwuchskräften mit einer der folgenden Orientierung gibt: karriereorientierte Personen, Personen mit einer freizeitorientierten Schonhaltung und Personen mit einem alternativen Engagement. Alle drei Gruppen sah man damals als etwa gleich groß an. Man

1.5 Erfindung neuer Generationen:

schloss schon 1989 daraus, dass es schwer werden würde, motivierte Menschen zu finden, die auch in Zukunft ihre Arbeit verrichten werden. Die Personen, die zum damaligen Zeitpunkt Nachwuchskräfte waren, sind diejenigen, die heute an Burn-out leiden! Auch der Begriff Burn-out existierte 1989 zwar schon, war aber noch nicht in den allgemeinen Sprachgebrauch übergegangen. Was ist aus den damaligen Werten dieser Generation nur geworden? Offensichtlich haben sich die freizeitorientierte Schonhaltung und die alternative Orientierung schnell in eine traditionelle Arbeitsmoral gewandelt.

Sokrates wird folgendes Zitat zugeschrieben:

> Die Jugend liebt heutzutage den Luxus. Sie hat schlechte Manieren, verachtet die Autorität, hat keinen Respekt vor älteren Leuten und schwatzt, wo sie arbeiten soll. Die jungen Leute stehen nicht mehr auf, wenn Ältere das Zimmer betreten. Sie widersprechen ihren Eltern, schwadronieren in der Gesellschaft, verschlingen bei Tisch die Süßspeisen, legen die Beine übereinander und tyrannisieren ihre Lehrer.

Auch wenn manchmal bezweifelt wird, dass dieses Zitat von Sokrates stammt, so ist wohl gewiss, dass ihm dies zum ersten Mal in den 50er Jahren zugeschrieben wurde. Das ist nun auch schon ein paar Generationen her. Die Beschreibung kommt der Generation Y sehr nahe, wie auch der Generation, die um 1989 beschrieben wurde. Die Jugend scheint demnach seit langer Zeit mit ähnlichen Attributen belegt zu werden, nun also die „Generation Y".

Ich bin mir ziemlich sicher, dass es sich bei den beschriebenen Werten um keine Werte einer speziellen Generation handelt, sondern eher um etwas, was Berufsanfänger von Berufserfahrenen unterscheidet. Sehr wahrscheinlich wird man auch die nachfolgenden Generationen zu Beginn ihres Berufslebens befragen können und bekommt ziemlich genau die gleichen Antworten wie 1989 oder 2015 (Wie sich die Generation nach der „Generation Z" einmal nennen wird, ist noch unklar, vielleicht wieder „Generation A" oder noch etwas moderner Z1.0). Ähnlich wie das Stereotyp, dass Absolventen technischer Studiengänge andere Vorstellungen hätten wie Absolventen sozialwissenschaftlicher Fächer, würde man schnell erkennen, dass die Unterschiede nicht von den so genannten Generationen, herrühren, sondern davon, ob man Berufsanfänger oder Berufserfahrene befragt.

In Wirklichkeit geht es wohl eher darum, dass sich die Werthaltung schnell ändert, wenn man als Berufsanfänger, der ja bisher nur das Biotop der Schule und ggf. noch der Hochschule kennengelernt hat, mit der beruflichen Realität in Berührung kommt. Längsschnittuntersuchungen wären hier hilfreicher als punktuelle Querschnittsbefragungen zum Zeitpunkt der Berufswahl. Allerdings würde man dann sehr wahrscheinlich keinen Grund dazu finden, (wieder einmal) Alarm auszurufen.

▶ Die „Generation Praktikum"

Vor einigen Jahren wurde wieder einmal eine neue Generation aufgerufen, die „Generation Praktikum". Es galt damals als ausgemacht, dass man sich nach dem Studium erst einmal durch eine endlose Kette von Praktika hochdienen muss, bevor man die Chance auf eine Festanstellung bekommt. Der Begriff „Generation Praktikum" stammt aus dem Jahr 2005 und wurde von dem „Zeit"-Autor Matthias Stolz zum ersten Mal in einem Artikel mit der gleichlautenden Überschrift beschrieben. Diese Beschreibung fand in den Medien hohe Resonanz, wohl hauptsächlich deshalb, weil die dort beschriebene Realität wohl am ehesten auf Menschen zutraf, die im Medienbereich arbeiteten, daher fiel diese Beschreibung auf fruchtbaren Boden und wurde in den Medien oft zitiert, ja sogar als eine Beschreibung der Realität auch außerhalb der Medienlandschaft gewertet.

Weitaus weniger Resonanz fand die Nachuntersuchung, bei der Stolz dieselben Akademiker, die er für den Artikel von 2005 befragt hatte, fünf Jahre später noch einmal befragte. Alle diese Akademiker hatten eineinhalb Jahre nach der Erstbefragung eine Arbeit gefunden. Eine Studie des Instituts für Hochschulforschung von 2013 kommt zum Ergebnis, dass zehn Jahre nach Studienabschluss nur ein Prozent der Akademiker ohne Anstellung ist.

Die „Generation Praktikum" gibt es also gar nicht. Ist ein solcher Begriff jedoch einmal in der Welt, wird er schnell unhinterfragtes Allgemeingut. Selbst wenn derjenige, der den Begriff geprägt hat, diesen relativiert, ändert dies nichts mehr daran, dass der Begriff als eine Beschreibung der Realität angesehen wird.

▶ Die „Yupies"

Ähnlich verhält es sich mit dem Begriff „Yupies" (Young Urban Professional Individuals). Er geisterte Anfang der 90er Jahre durch die Medien. „Yupies" sollten Menschen sein, die sich erfolgreich in Managementpositionen von Konzernen hochgearbeitet haben, bei denen Konsum und materieller Wohlstand im Vordergrund standen, repräsentiert durch die teure Stadtwohnung (das Loft), teure Autos etc., die sich durch Arroganz, Reichtum und Rücksichtslosigkeit charakterisieren lassen. Betrachtet man lediglich die „harten" Aspekte dieser Beschreibung, so gehören maximal 0,5 Prozent der Bevölkerung dieser Gruppe an, von den sonstigen Beschreibungen einmal abgesehen. Dass dieser Begriff heute anscheinend nicht mehr geläufig ist, zeigt, dass er völlig substanzlos war.

Wem dienen solche Beschreibungen von Generationen, wenn sie offensichtlich nichts oder nur sehr wenig mit den angeblich beschriebenen Gruppen zu tun haben?

Vornehmlich Journalisten und Trendberatern. Journalisten müssen immer etwas zum Schreiben haben und Trendberater müssen immer etwas haben, das sie verkaufen können. Zudem kommen solche Beschreibungen unserer Tendenz entgegen, die Wirklichkeit erklärbar zu machen, indem man sie (unzulässigerweise) sehr einfach kategorisiert.

All diese Motive sind nachvollziehbar, taugen aber nicht für Ihre Überlegungen zu Ihrer beruflichen Entwicklung.

1.6 Fazit

Wenn die oben beschriebene Situation nun einmal so ist, wie sie ist, was heißt das für Sie als Bewerber? Steigen Sie aus diesem seltsamen Theaterspiel aus, machen Sie ein Vorstellungsgespräch wieder zu dem, was es eigentlich sein sollte, nämlich zu einem Gespräch

1.6 Fazit

über die gegenseitigen Vorstellungen von Bewerber und Unternehmen. Sie können in der heutigen Situation (und aus den oben beschriebenen Gründen) leider nicht davon ausgehen, dass alle Personaler dies genauso sehen (so weit sind wir leider schon). Daher müssen Sie das Gespräch wieder auf eine vernünftige Ebene bringen. Ignorieren Sie getrost Zuschreibungen, die Ihre (oder andere) Generationen betreffen.

Die Situation wird sich dabei für Sie prinzipiell eher verbessern:

Die Zeit der Bewerberratgeber, die den Bewerbern erklären, wie sie sich optimal verkaufen und wie sie die optimale Marketingstrategie anwenden, wird sich (und hoffentlich) bald ihrem Ende neigen. Sie war das Produkt einer historischen Phase, in der der Arbeitsmarkt in Deutschland für mehr als 30 Jahre ein Arbeitgebermarkt war. Dies wird sich aufgrund der demografischen Entwicklung nun langsam (zumindest in einigen Segmenten) ändern. Der Arbeitsmarkt wird sich längerfristig sehr wahrscheinlich eher in Richtung eines einigermaßen ausgeglichenen Arbeitsmarktes oder gar in Richtung eines Arbeitnehmermarktes entwickeln. Dies wird in der Folge auch zu einer Art Emanzipation der Bewerber führen. Wer sich als Bedürftiger vorstellt, der muss sich auch unterordnen. Wer eine andere Person auf gleicher Augenhöhe anspricht, bettelt nicht, er verhandelt. Der Bettler lebt von fehlender Augenhöhe, der Spender auch. Er hat Macht. Der Spender war über lange Jahrzehnte der Arbeitgeber. Dieses Buch möchte dazu beitragen, dass Sie sich auf Augenhöhe mit dem Arbeitgeber unterhalten.

Damit die demografische Entwicklung jedoch auch in eine Entwicklung der Verhältnisse Richtung gleiche Augenhöhe zwischen Arbeitgeber und Bewerber mündet, müssen einige Dinge passieren, die heute noch nicht absehbar sind.

Rein rechnerisch schrumpft die deutsche Bevölkerung. Besonders hoch ist der Rückgang bei den jüngeren Deutschen, die auf dem Arbeitsmarkt zur Verfügung stehen. Nach dem Gesetz von Angebot und Nachfrage müsste der Wert der Arbeit dadurch steigen. Das setzt jedoch voraus, dass die Nachfrageseite nicht ebenfalls schrumpft. Das ist jedoch keinesfalls sicher. Niemand weiß, wie sich die Nachfrage nach Arbeitskräften längerfristig entwickeln wird. Das hängt auch von der Entwicklung der Produktivität und des Automatisierungsgrades ab. Welchen Effekt die Zuwanderung hat, ist zum jetzigen Zeitpunkt noch nicht vorhersehbar. Zudem gibt es auf politischer Ebene Bestrebungen, den Zuzug qualifizierter ausländischer Arbeitskräfte zu vereinfachen. So lag der Mindestverdienst, den jemand aus einem Nicht-EU-Land für IT-Berufe nachweisen musste, um eine Arbeitserlaubnis zu erhalten, bei der so genannten Greencard-Regelung von 2004 bei 66 000 Euro. Nach der heute gültigen so genannten Bluecard-Regelung liegt die Grenze bei nur noch 33 000 Euro. In anderen Branchen, die nicht so stark von einem Mangel betroffen sind, liegt die Grenze bei 44 000 Euro. Die Politik greift also in den Markt ein, und es kann sein, dass die potenzielle Machtposition der Arbeitnehmer und Bewerber dadurch geschwächt wird.

Was man wohl relativ sicher sagen kann ist, dass es zu einer Differenzierung der Arbeitgeber kommen wird. Es wird Premiumarbeitgeber geben, die auch bei rückgängigem Bewerberaufkommen noch immer zwischen vielen Bewerbern auswählen werden können, und es wird sekundäre Arbeitgeber geben, die wirklich um Nachwuchskräfte kämpfen müssen.

Literatur

Hossiep, R. (2000). *Persönlichkeitstests im Personalmanagement*. Hogrefe: Göttingen.
Kanning, U. (2015). *Personalauswahl zwischen Anspruch und Wirklichkeit*. Berlin: Springer.
Lütz, M. (2012). *Bluff*. München: Droemer Knaur.
Rosenstiel, L., Nerdinger, F. W., Spieß, E., & Stengel, M. (1989). *Führungsnachwuchs im Unternehmen. Wertkonflikte zwischen Individuum und Organisation*. München: Beck.
Schuler, H. (2007). Die Nutzung psychologischer Verfahren der externen Personalauswahl in deutschen Unternehmen. *Zeitschrift für Personalpsychologie, 6*, 60–70.

Die Tätigkeitsstruktur

2

Zusammenfassung

In diesem Kapitel geht es darum, wie man die Struktur einer beruflichen Tätigkeit beschreiben und mit den eigenen Präferenzen vergleichen kann. Jeder Mensch hat gewisse Grundorientierungen bezüglich seiner Fähigkeiten und Interessen. Sofern diese der Struktur der Arbeitsaufgabe entsprechen, entsteht Arbeitszufriedenheit. Je weiter dagegen die eigenen Fähigkeiten und Interessen von der Aufgabenstruktur der Tätigkeit entfernt sind, desto geringer wird die Arbeitszufriedenheit sein und desto höher das Stresserleben bei der Arbeit.

Bei der Tätigkeitsstruktur geht es weniger um den genauen Inhalt der Tätigkeit als um die deren „dahinterliegende" Struktur.

2.1 Die Struktur persönlicher Orientierungen und die Struktur von Aufgaben

Allein in Deutschland gibt es ca. 2 000 offizielle Berufe, also Berufe, für die es bei der Industrie- und Handelskammer (IHK) ein definiertes Tätigkeits- und Ausbildungsprofil gibt. Angesichts dieser Vielfalt stellt sich die Frage, ob es nicht ein universelles und möglichst einfaches System gibt, mit dem sich die Anforderungen in den jeweiligen Berufen beschreiben lassen, das deutlich weniger als diese Vielzahl von Anforderungen enthält. Es ist nämlich sehr unwahrscheinlich, dass es tatsächlich ca. 2 000 grundsätzlich andersartige Anforderungen an die jeweiligen Berufe gibt.

Solche Fragen werden in der Psychologie in der Regel mithilfe von so genannten Faktorenanalysen gelöst. Dabei handelt es sich um ein mathematisches Verfahren zur Datenreduktion. Es ist der Forschung gelungen, die Tätigkeitsstruktur, die praktisch allen Berufen zugrunde liegt, mittels sechs Faktoren und deren Stellung zueinander zu beschreiben. Dies erfolgt mit dem so genannten „RIASEC"-Modell. Das Modell wurde von John L. Holland (z. B. 1997) entwickelt und seither ständig weiterentwickelt und modifiziert.

Holland geht davon aus, dass berufliche Interessen zu den Wesensmerkmalen einer Person gehören. Die Passung von Person und beruflicher Situation entscheidet zu einem guten Teil darüber, wie hoch die Arbeitszufriedenheit und der berufliche Erfolg sein werden. Holland entwickelte das Modell aus seiner Erfahrung beim Militär, wo er von 1942–1946 mit der Musterung von Rekruten betraut war, und aus seiner späteren Tätigkeit als Studienberater. Die empirische Absicherung dieses Modells erfolgte in über 500 Studien weltweit. Die sechs RIASEC-Dimensionen finden sich immer wieder, sie scheinen eine Art Grundstruktur von Tätigkeiten zu sein. Die Faktorenstruktur sowie die Test-Retest-Reliabilität der Faktoren wurden immer wieder bestätigt. Sie sind zeitlich und auch über Kulturen hinweg sehr stabil.

Grundannahmen des RIASEC-Modells
- Menschen können sechs bestimmten Präferenzen in abgestufter Reihenfolge zugeordnet werden.
- Berufliche Tätigkeiten können ebenfalls in abgestufter Reihenfolge sechs verschiedenen Tätigkeitsgruppen zugeordnet werden.
- Beruflicher Erfolg und berufliche Zufriedenheit stellen sich dann ein, wenn die Präferenzen der Person und die beruflichen Anforderungen übereinstimmen.

2.2 Die RIASEC-Faktoren

Nachfolgend werden die einzelnen RIASEC-Faktoren des Modells von Holland beschrieben. Der Begriff RIASEC ist dabei nichts anderes als eine Aneinanderreihung der US-amerikanischen Kürzel für die sechs Faktoren. Die Beschreibung der Faktoren erfolgt einerseits mittels einer Menge von Begriffen, die den jeweiligen Faktor beschreiben, und andererseits mit der zentralen Frage, was im Laufe eines Arbeitstages passiert sein muss, damit jemand mit der jeweiligen Orientierung abends den Arbeitsplatz verlässt und sagt: „Heute war ein guter Tag." Zusätzlich werden in der Beschreibung der Faktoren jeweils noch ein oder zwei prototypische Berufe genannt, die als ein Klischee dazu beitragen können, den Faktor plastischer werden zu lassen. Die Beschreibungen erfolgen zunächst auf der Seite der persönlichen Orientierung. Die Anforderungen unterschiedlicher Tätigkeiten ergeben sich analog daraus.

Zur Erfassung der persönlichen Präferenzen gibt es im Anschluss einen Fragebogen. Sie können sich zudem auch schon beim Durchlesen der Beschreibungen überlegen, welche Orientierung für Sie eher zutreffend ist und welche eher nicht.

▶ Der „R"-Faktor (*realistic*, handwerklich, technisch)

Bei diesem Faktor geht es darum, reale Gegenstände zu verändern, mit realen Gegenständen zu arbeiten. Befriedigung entsteht dadurch, dass am Ende eines Arbeitstages etwas wahrnehmbar, meist sichtbar verändert ist. Praktisches Arbeiten ist dabei wichtiger als theoretische Erkenntnis. Der Nutzen der Tätigkeit muss unmittelbar erkennbar sein. Wichtig ist, dass ein wahrnehmbarer Unterschied zwischen Anfang und Ende der Arbeit sichtbar ist. Das ist natürlich am einfachsten, wenn man mit realen Gegenständen arbeitet, es kann aber auch durch die Veränderung eines Computerprogramms oder einer technischen Zeichnung etc. geschehen.

Charakterisierende Begriffe: aktiv; forsch; physische Aktivität; konkrete Gegebenheiten statt abstrakter Probleme;

handwerklich; technisch; Arbeit mit Gegenständen, Werkzeugen und Maschinen; körperliche Betätigung; praktische Arbeit mit Händen und Gegenständen; Erstellung eines „greifbaren" Arbeitsergebnisses; der unmittelbare Nutzen der Tätigkeit muss erkannt werden; systematische Handhabung von Objekten, bodenständig, praktisch.

Zentrale Motivation: Am Abend muss eine Veränderung gegenüber dem Zustand am Morgen sichtbar sein, damit der Arbeitstag ein guter Tag war.

Prototypisches Klischee: Als Klischee hierfür kann der Beruf des Ingenieurs oder des Handwerkers dienen.

▶ Der „I"-Faktor (*investigative*, untersuchend, forschend)

Das motivierende Element stellt bei diesem Faktor der Erkenntnisgewinn dar. Aus der Sicht dieser Orientierung heraus war ein Arbeitstag dann erfolgreich, wenn man abends mehr über die Realität weiß, als dies morgens der Fall war. Das Erkennen von Regelhaftigkeiten, Abhängigkeiten, Zusammenhängen, allgemeinen Prinzipien etc. ist der zentrale Aspekt des Interesses. Analysieren, Experimentieren, die Anwendung wissenschaftlicher Methoden, Tüfteln und Beobachten machen Spaß.

Der Inhalt der Tätigkeit ist hauptsächlich Denkarbeit, die Erweiterung des Wissens und das Erbringen einer intellektuellen Leistung. Am besten geht ist das natürlich durch die Beschäftigung mit bisher unerforschten Bereichen möglich.

Das „Produkt" der Tätigkeit heißt Erkenntnis in jedweder Form. Der Unterschied zwischen einer I-Orientierung und der weiter unten beschriebenen S-Orientierung lässt sich gut anhand des Arzt-Berufes beschreiben. Ein Arzt mit einer starken I-Orientierung würde seine Behandlung hauptsächlich auf die bestmöglichen diagnostischen Befunde stützen. Bevor er sich mit dem Patient unterhält, würde er erst einmal die diagnostischen Befunde (Röntgen, Blutbild, …) sammeln.

Charakterisierende Begriffe: Probleme werden vorrangig intellektuell gelöst; starkes Bedürfnis, Zusammenhänge zu verstehen; Neigung zur Vertiefung in geistige oder naturwissenschaftliche Probleme; Beschäftigung mit wissenschaftlichen Untersuchungen; Lernen; Lesen; Schreiben; Berechnungen; Neugierde; Logik; rationales Verhalten; methodisch; analysieren; untersuchen; experimentieren; bevorzugtes Medium: Papier; Denkarbeit; theoretisches Interesse; Interesse an wissenschaftlichen Methoden und

Problemen; Wissen erweitern; wissenschaftliche Leistung; Beschäftigung mit unerforschten Bereichen.

Zentrale Motivation: Am Abend muss das Wissen erweitert sein. Neue Regelhaftigkeiten, Prinzipien müssen erkannt sein, damit ein Arbeitstag erfolgreich war.

Prototypisches Klischee: Als prototypische Klischees für diese Orientierung kann der Professor oder der Radiologe dienen.

▶ Der „A"-Faktor (*artistic*, künstlerisch, gestaltend, kreativ)

Dieser Faktor ist durch das Interesse an Kreativität, am Ausdruck, an der Gestaltung und an neuartigen Kombinationsmöglichkeiten gekennzeichnet. Dies kann auch z. B. bei der Bearbeitung von Texten und sprachlichem oder auch nichtsprachlichem, künstlerischem Ausdruck erfolgen. Information wird gestaltet und dargestellt. Ideenreichtum und Unkonventionalität sind zentral.

Charakterisierende Begriffe für die A-Orientierung: Bedürfnis nach Selbstausdruck mithilfe künstlerischer Mittel; Meidung hochgradig strukturierter Probleme und Aufgaben; sprachlicher und nichtsprachlicher Ausdruck; Beschäftigung mit speziellen Materialien, Kultur, Musik, Ästhetik, Fantasie; starkes Ausdrucksvermögen; Interesse an ausgefallenen Ideen; Unkonventionalität; Gestaltung und Darstellung von Information; Begeisterung anderer Menschen als Handlungsziel; Selbstpräsentation; Ideenreichtum; mehrdeutige, freie, unsystematische Tätigkeiten; fantasievoll; schöpferisch; ausdrucksstark; intuitiv; interozeptive Ausrichtung.

Zentrale Motivation: Der Tag war für jemanden mit einer starken A-Orientierung erfolgreich, wenn Farben, Formen, Töne, Worte etc. neu kombiniert wurden.

Prototypisches Klischee:
Als prototypisches Klischee für diese Orientierung kann der Künstler dienen.

▶ Der „S"-Faktor (*social*, helfend, erziehend, pflegend)

Zentral für diese Orientierung sind der Kontakt und die Beziehung zu anderen Menschen. Im Mittelpunkt stehen andere Menschen und zwischenmenschliche Probleme. Es besteht ein Interesse am körperlichen und seelischen Wohlbefinden anderer Personen. Zu diesen anderen Menschen wird Nähe gesucht, Beziehungen werden leicht geschaffen. Selbstlosigkeit und Fürsorglichkeit sind dabei wichtige Werte. Ein Arzt mit einer starken S-Orientierung wäre ein Arzt wie Dr. Brinkmann aus der Fernsehserie „Die Schwarzwaldklinik". Er würde sich ausführlich mit den Patienten unterhalten und versuchen, deren gesamte Lebenssituation zu verstehen. Erst danach würde er (im Gegensatz zu einem Arzt mit I-Orientierung) eine Diagnostik durchführen.

Charakterisierende Begriffe: Bedürfnis nach sozialer Interaktion; sozial verantwortlich; gute verbale Fähigkeiten; Probleme werden nicht intellektuell, sondern eher emotional oder sozial bewältigt; Hilfsbereitschaft für andere Menschen; erziehen; lehren; beraten; Sorge um das Wohlbefinden anderer Menschen; Freundlichkeit; Kontaktfreude;

2.2 Die RIASEC-Faktoren

Mitfühlen; Verständnis; Idealismus; sozialer Ausgleich; Beziehung zu anderen Menschen und zu zwischenmenschlichen Problemen; Interesse am körperlichen und seelischen Wohnbefinden anderer Menschen; Selbstlosigkeit.

Zentrale Motivation: Der Tag für eine Person mit einer S-Orientierung war dann erfolgreich, wenn es gute Begegnungen gab.

Prototypisches Klischee: Als prototypisches Klischee zur Verdeutlichung kann der Arzt vom Typ „Dr. Brinkmann" oder der Sozialpädagoge dienen.

▸ Der „E"-Faktor (*enterprizing*, führend, verkaufend, unternehmerisch)

Im Mittelpunkt des Interesses steht bei der E-Orientierung die Steigerung des wirtschaftlichen Wertes oder des Selbstwertes. Diese Generierung eines Mehrwertes ist zentral. Das kann z. B. durch eine Effizienzsteigerung in Abläufen geschehen (managen), in der Verbesserung der Marktposition (unternehmerisch handeln) oder durch Einflussnahme auf andere Personen mit dem Ziel der Wertsteigerung. Entscheidungen, Gegenstände oder Dienstleistungen werden „verkauft". Repräsentation, Rollenbewusstsein und Karriereorientierung sind wichtige Werte.

Charakterisierende Begriffe: Freude an Konkurrenz; Bedürfnis, andere zu motivieren, zu überzeugen und zu führen; Leitung; Organisation; Planung; finanzielles Interesse; Selbstbewusstsein; Ehrgeiz; Dominanz; Karriereorientierung; Repräsentation; „Verkaufen" von Dingen oder Entscheidungen; die Ökonomie steht im Mittelpunkt; Prestigebewusstsein; Erreichung von Organisationszielen; erfolgsorientiert; motiviert; verantwortungsbereit.

Zentrale Motivation: Ein Arbeitstag war aus Sicht der E-Orientierung erfolgreich, wenn der wirtschaftliche Wert oder der Eigenwert gesteigert wurde.

Prototypisches Klischee: Ein Manager stellt den klischeeartigen Prototypen dieser Orientierung dar.

▸ Der „C"-Faktor (*conventional*, ordnend, verwaltend)

Hier stehen Regeln, Konventionen und deren Anwendung im Vordergrund. Der Begriff „conventional" hat hierbei nicht die Bedeutung „konventionell" im Sinne von „gewöhnlich", sondern drückt die Orientierung an Regelhaftigkeiten, Gesetzen etc. aus. Auch Organisieren gehört dazu. Im Mittelpunkt des Interesses stehen bei der C-Orientierung Zahlen, Texte, Normen, klare Regelungen. Genauigkeit und Ordnung sind zentrale Werte.

Charakterisierende Begriffe: Bevorzugung weitgehend strukturierter Aufgaben; Meidung unklarer Aufgaben; Meidung sozialer Probleme; ordentlich; genau; gute Organisation; klare Regeln; Bearbeiten von Zahlen oder Texten; Sorgfalt; Genauigkeit; Detailorientierung; Ausdauer; Ordnungsliebe; Gewissenhaftigkeit; gut organisierte Büroarbeit; Regelungen stehen im Mittelpunkt; gegebene Regeln werden akzeptiert; gewissenhaft.

Zentrale Motivation: Der Arbeitstag war für jemanden mit einer C-Orientierung dann erfolgreich, wenn Systeme genau eingehalten wurden.

Prototypisches Klischee: Das prototypische Klischee zur Beschreibung dieser Orientierung kann der Beamte im positiven Sinne sein.

2.3 Der RIASEC-Code der Person

Für jeden Menschen gibt es bei der Arbeit eine spezifische Reihenfolge der Wichtigkeit der sechs Faktoren. Zu deren Beschreibung kann man den persönlichen RIASEC-Code bilden, indem man die Faktoren in eine Reihenfolge bringt. Der wichtigste Faktor steht dabei links, der unwichtigste rechts. Die drei Buchstaben, die links stehen, bilden den Präferenzpol, die drei rechts stehenden bilden den Gegenpol oder Aversionspol.

> **Beispiel für einen RIASEC-Code**
>
> Lautet die Reihenfolge:
>
> | I S E | C A R |
> |---|---|
>
> so bilden die Faktoren I, S und E den Präferenzpol und die Faktoren C, A und R den Gegenpol bzw. Aversionspol.

Zur Erfassung der eigenen RIASEC-Struktur eignet sich besonders der systematische Paarvergleich, wie er nachfolgend für die Person und für die Stelle beschrieben ist (s. Abb. 2.1 und 2.2). Bei diesem Vorgehen werden jeweils zwei Aussagen verglichen, und man muss sich entscheiden, welcher der beiden Aussagen man mehr zustimmt. Gehen Sie die Aussagen bei den systematischen Paarvergleichen daher komplett durch und entscheiden Sie, welcher Aussage Sie mehr zustimmen. Kreuzen Sie in dem kleinen Rechteck neben dem Buchstaben (ohne diesen mit dem Kreuz zu verdecken) die jeweilige Aussage an, der Sie mehr zustimmen bzw. die für Sie attraktiver, „sympathischer" ist. Stellen Sie dabei sicher, dass Sie alle Entscheidungen eindeutig getroffen haben.

Zählen Sie anschließend zur Auswertung aus, wie oft Sie ein R, I, A, S E oder C angekreuzt haben, und tragen Sie die Werte in der Tabelle ein. Die maximale Punktzahl je Faktor beträgt dabei fünf. Diesen systematischen Paarvergleich gibt es zu zwei Fragestellungen. Die erste Fragestellung lautet (s. Abb. 2.1): „Welche Begriffe sind mir bezogen auf die Arbeit sympathischer?" Die Fragestellung beim zweiten Labyrinth lautet (s. Abb. 2.2): „Was ist mir am Ende eines Arbeitstages wichtiger?"

Stellen Sie nun in der nachfolgenden Tab. 2.1 die Ergebnisse beider Labyrinthe dar, indem Sie die Anzahl der angekreuzten Faktoren addieren. Die maximale Zahl beträgt dabei zehn.

Diese Darstellung gibt Ihnen eine Übersicht über Ihre persönliche Struktur der RIASEC-Faktoren. Je deutlicher die Unterschiede zwischen den Faktoren ausgeprägt sind, desto eindeutiger sind dabei Ihre persönlichen Präferenzen. Liegen einzelne Faktoren sehr nahe beieinander, so kann die Reihenfolge der Faktoren auch verändert werden. Aus IRACES kann z. B. RIACES werden, sofern die Ausprägung von I und R nicht sehr unterschiedlich ist.

2.3 Der RIASEC-Code der Person

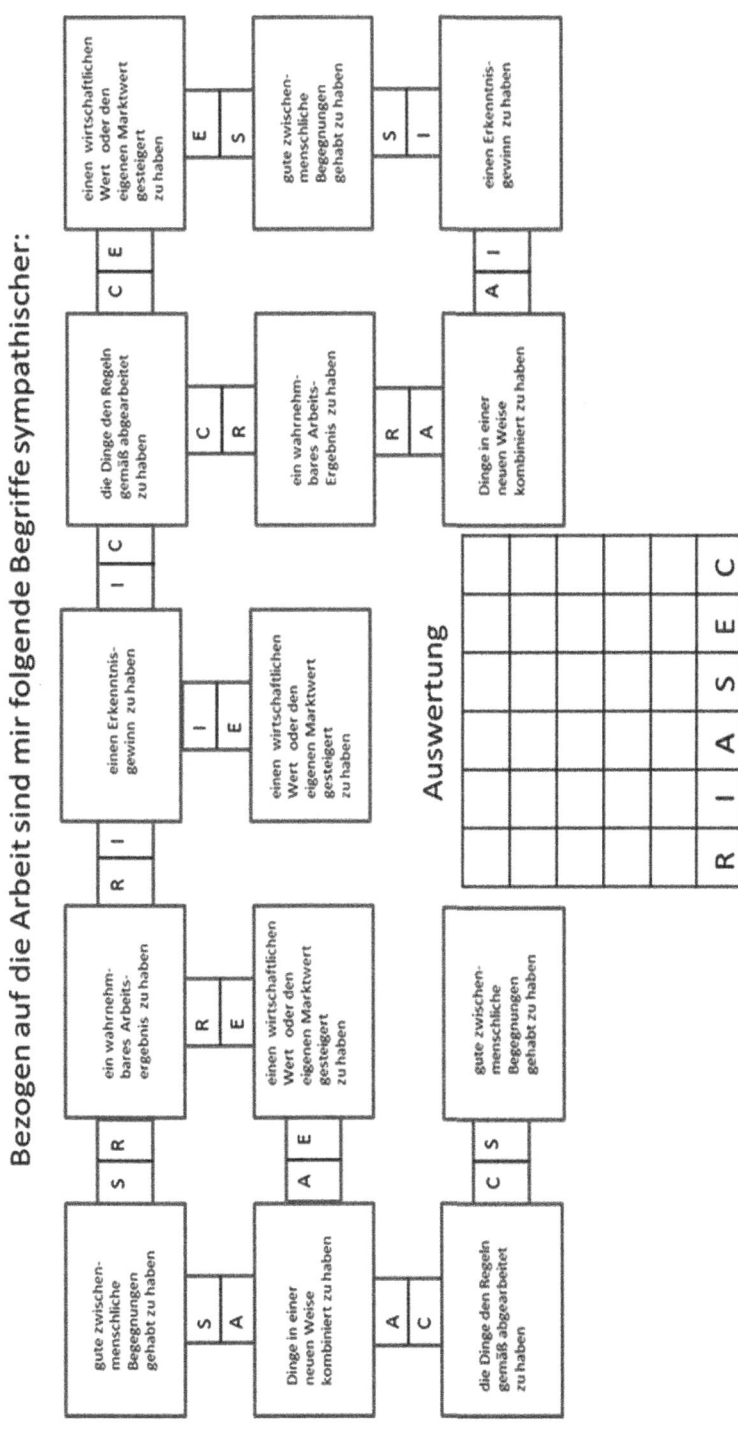

Abb. 2.1 Paarvergleich zur persönlichen Orientierung – Werte

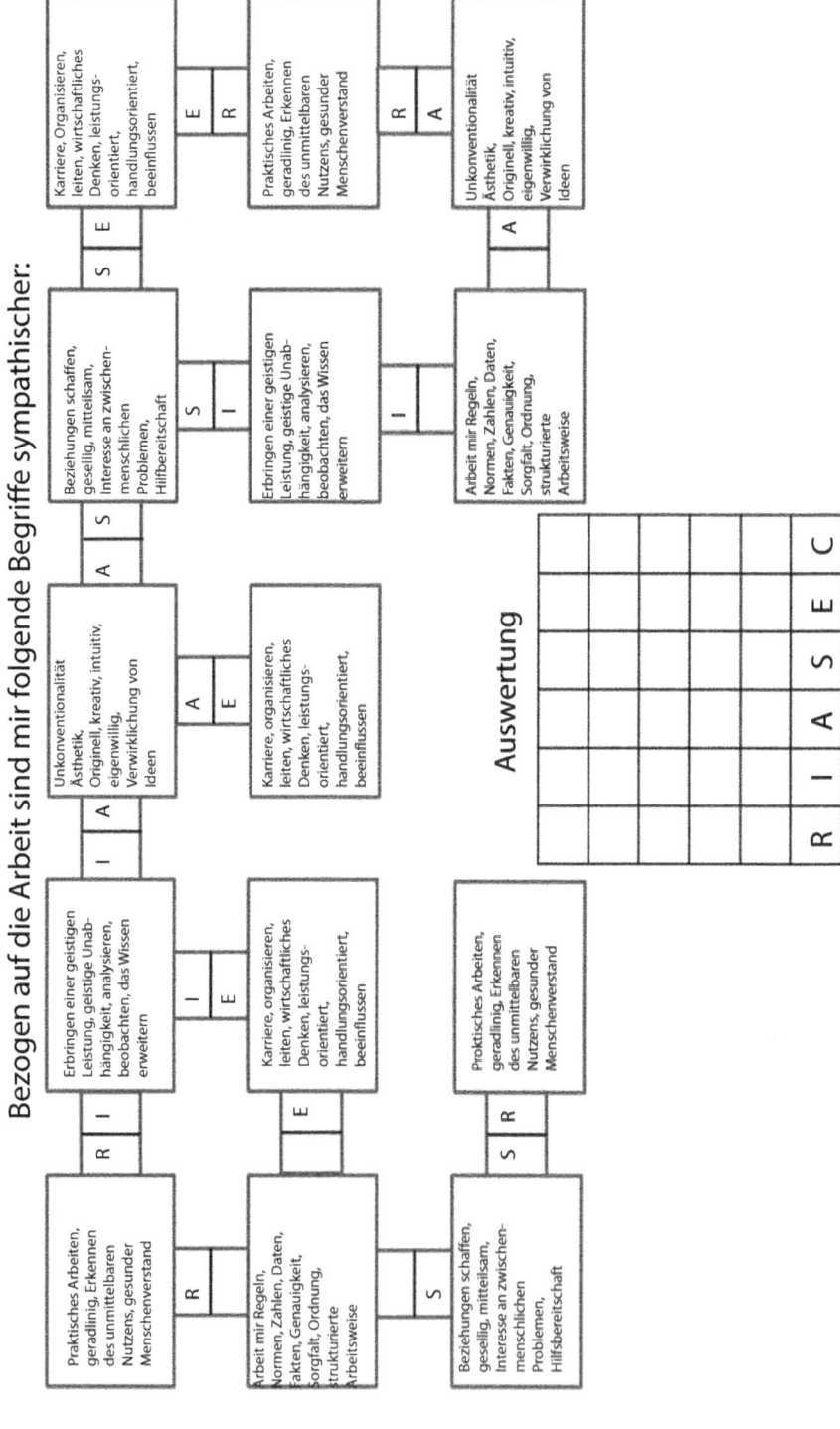

Abb. 2.2 Paarvergleich zur persönlichen Orientierung – Begriffe

Tab. 2.1 Die RIASEC-Struktur der Person

10						
9						
8						
7						
6						
5						
4						
3						
2						
1						
	R	I	A	S	E	C

2.4 Der RIASEC-Code der Tätigkeit

Analog zu einer Person hat auch jede konkrete Stelle eine individuelle Kombination der RIASEC-Faktoren. Die ersten drei Buchstaben stellen dabei den Schwerpunkt der Tätigkeit dar, die letzten drei Buchstaben stellen den Teil der Arbeitsaufgabe dar, der nicht sehr relevant ist.

Jede Tätigkeit enthält prinzipiell Anteile von jedem der sechs Faktoren. So wird es in einer Tätigkeit, die eine starke S-Orientierung erfordert, zu einem geringen Teil auch Arbeiten geben, die dem C-Faktor zuzuordnen sind (z. B. Dokumentationen, Berichte etc.). Jedoch unterscheiden sich einzelne Tätigkeiten deutlich in der Gewichtung der einzelnen Faktoren. Zu jedem Beruf, der in Deutschland definiert ist, gibt es eine entsprechende RIASEC-Codierung. Diese bezieht sich nur auf den Prototyp des jeweiligen Berufes bzw. der jeweiligen Berufsbezeichnung. Hinter ihr können sich jedoch eine ganze Menge unterschiedlicher Berufsarten verbergen, die allerdings alle mit dem gleichen Überbegriff bezeichnet werden und daher nur ein grobes Bild der Tätigkeiten liefern können. Das generelle Raster unterschätzt die Varianz der tatsächlichen Tätigkeiten. Die jeweiligen Binnenausprägungen können die Ursprungscodierung stark verändern.

Die Binnenausprägungen können folgendermaßen aussehen – hier am Beispiel der IT-Berufe:

- Eine starke R-Orientierung findet sich z.B. bei Software-Ingenieuren.
- Eine starke I-Orientierung findet sich z.B. bei Systemanalysten, Software-Entwicklern, Data-Minern.
- Eine starke A-Orientierung findet sich z.B. bei Data-Warehouse-Architekten, Oberflächengestaltern, Screen-Designern.
- Eine starke S-Orientierung findet sich z.B. bei Schulungsleitern, Instruktoren, Trainern.
- Eine starke E-Orientierung findet sich z.B. bei Projektleitern, Projektmanagern, IT-Leitern.
- Eine starke C-Orientierung findet sich z.B. bei Technischer Dokumentation, IT-Qualitätsspezialisten.

Für den Bereich Personal kann eine solche Differenzierung bedeuten:

- Eine starke R-Orientierung findet sich z.B. bei Personalbetreuern.
- Eine starke I-Orientierung findet sich z.B. bei Organisationspsychologen, Personalforschern.
- Eine starke A-Orientierung findet sich z.B. im Bereich des Personalmarketings.
- Eine starke S-Orientierung findet sich z.B. beim Betriebsrat, Personalentwicklern.
- Eine starke E-Orientierung findet sich z.B. bei Personalleitern, Personalberatern.
- Eine starke C-Orientierung findet sich z.B. bei Lohn- und Gehaltsabrechnern, Arbeitsrechtlern.

Daher muss man immer die jeweilige konkrete Tätigkeit, unabhängig von ihrer Bezeichnung, betrachten, wenn man die RIASEC-Struktur einer Tätigkeit erfassen möchte. Die Informationsgrundlage dieser Betrachtung wird in aller Regel das Vorstellungsgespräch sein.

2.5 Praktische Anwendung

Um entscheiden zu können, wie sehr sich die RIASEC-Struktur der eigenen Person mit der RIASEC-Struktur der potenziellen Stelle deckt, muss man natürlich eine Vorstellung von den eigenen Präferenzen bezüglich der RIASEC-Faktoren haben. Diese ist noch relativ leicht erreichbar, da man dazu „nur" etwas Methodik und etwas Selbstreflexion braucht. Um die RIASEC-Struktur der potenziellen Stelle zu erfassen, wird man dagegen eher auf begründete Hypothesen angewiesen sein. Zur Bildung dieser Hypothesen hat man zwei Instrumente zur Hand: erstens das eigene subjektive Gefühl, das man auch Intuition nennen könnte. Diese Intuition, dieses Bauchgefühl, ist in aller Regel eine gute Basis. Es ist jedoch wichtig, diese Intuition in eine (mit sich selbst) diskutierbare Form zu bringen. Zweitens kann man versuchen, die RIASEC-Struktur der Tätigkeit im Vorstellungsgespräch zu erfassen.

a) Erfassung der eigenen Orientierung:
   Um die Frage beantworten zu können, in welchem Ausmaß eine Stelle der eigenen präferierten RIASEC-Struktur entspricht, muss man zunächst einmal über die Einschätzung der eigenen Person verfügen. Dazu können die beiden Labyrinthe dienen. Außerdem dient die Beschreibung der einzelnen Faktoren dazu, die eigene „Sympathie" für die jeweiligen Faktoren zu bestimmen.

b) Erfassung der RIASEC-Struktur der Tätigkeit:
   Die Erfassung der RIASEC-Struktur Ihrer Tätigkeit in der „intuitiven" Form erfolgt durch das Bearbeiten zweier Labyrinthe analog der Erfassung der RISASEC-Struktur der Person. Die Frage des ersten Labyrinths lautet dabei (s. Abb. 2.3): „Die Tätigkeit lässt sich eher beschreiben mit … " Die zweite Fragestellung lautet (s. Abb. 2.4): „Die Aufgabe fordert es/Belohnt wird bei der Aufgabe … "

   Versuchen Sie dabei, die Fragen so zu beantworten, wie es Ihnen vor dem Hintergrund der im Gespräch gegebenen Informationen möglich ist, wohlwissend, dass es sich dabei um Hypothesen handelt. In einem zweiten Schritt können Sie sich dann auch noch überlegen, wie Sie zu diesen intuitiven Einschätzungen gekommen sind.

Stellen Sie nun in der Tab. 2.2 die Ergebnisse beider Labyrinthe dar, indem Sie die Anzahl der angekreuzten Faktoren addieren. Die maximale Zahl beträgt dabei zehn.

2.6 Erfassung der RIASEC-Struktur im Gespräch

Neben dem Versuch, die RIASEC-Struktur der Tätigkeit intuitiv zu erfassen, kann man natürlich versuchen, diese Struktur im Vorstellungsgespräch zu erfassen. Der Versuch, die Faktorenstruktur direkt zu erfragen, wird dabei wenig erfolgreich sein, da Ihr Gesprächspartner (egal ob Linienvorgesetzter oder Personaler) dieses Modell sehr wahrscheinlich nicht kennen wird. Beachten Sie beim Erfragen der Faktoren die Ausführungen im Kap. 5 zum Thema Vorstellungsgespräch.

Im Gespräch sind z. B. folgende Fragen zur Abschätzung der Tätigkeitsstruktur sinnvoll:

- Welche sichtbaren (wahrnehmbaren) Ergebnisse sind die „Produkte" der Tätigkeit?
- Welchen Stellenwert hat Erkenntnisgewinn bei der Tätigkeit?
- Bei welchen Aspekten der Arbeit ist Kreativität gefordert/erlaubt? Wo liegen die Handlungsspielräume? Wo liegen dabei Grenzen?
- Welche sozialen Kontakte bringt die Arbeit mit? Mit wem? In welcher Qualität? In welchem Umfang?
- Welcher Art sind verkaufende und (auch informell) führende Anteile der Arbeit? Welchen Umfang nehmen diese ein?
- Welche Verwaltungsarbeiten sind zu erledigen? Welchen Umfang nehmen diese ein?

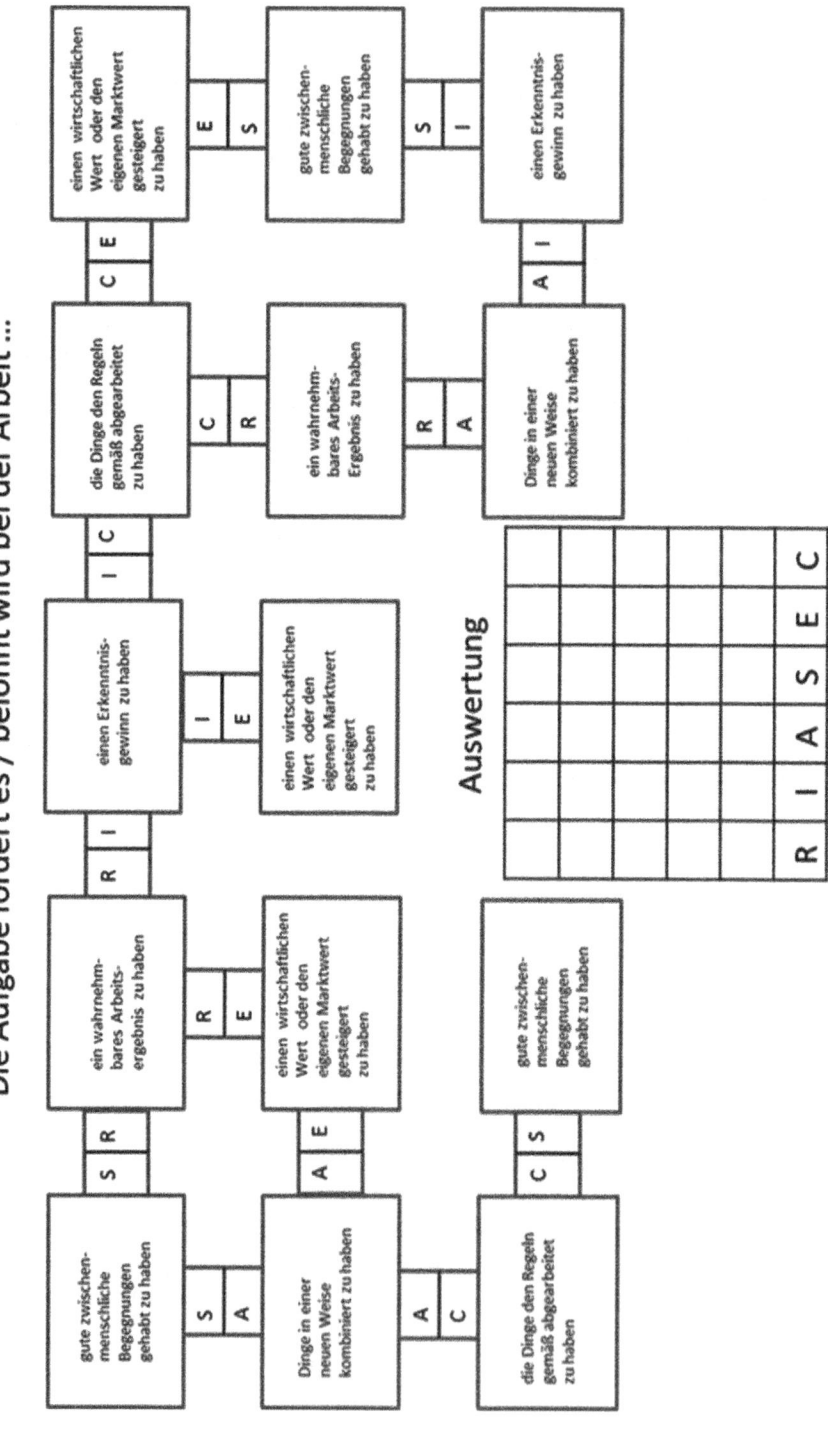

Abb. 2.3 Paarvergleich zur Tätigkeit – Werte

2.6 Erfassung der RIASEC-Struktur im Gespräch

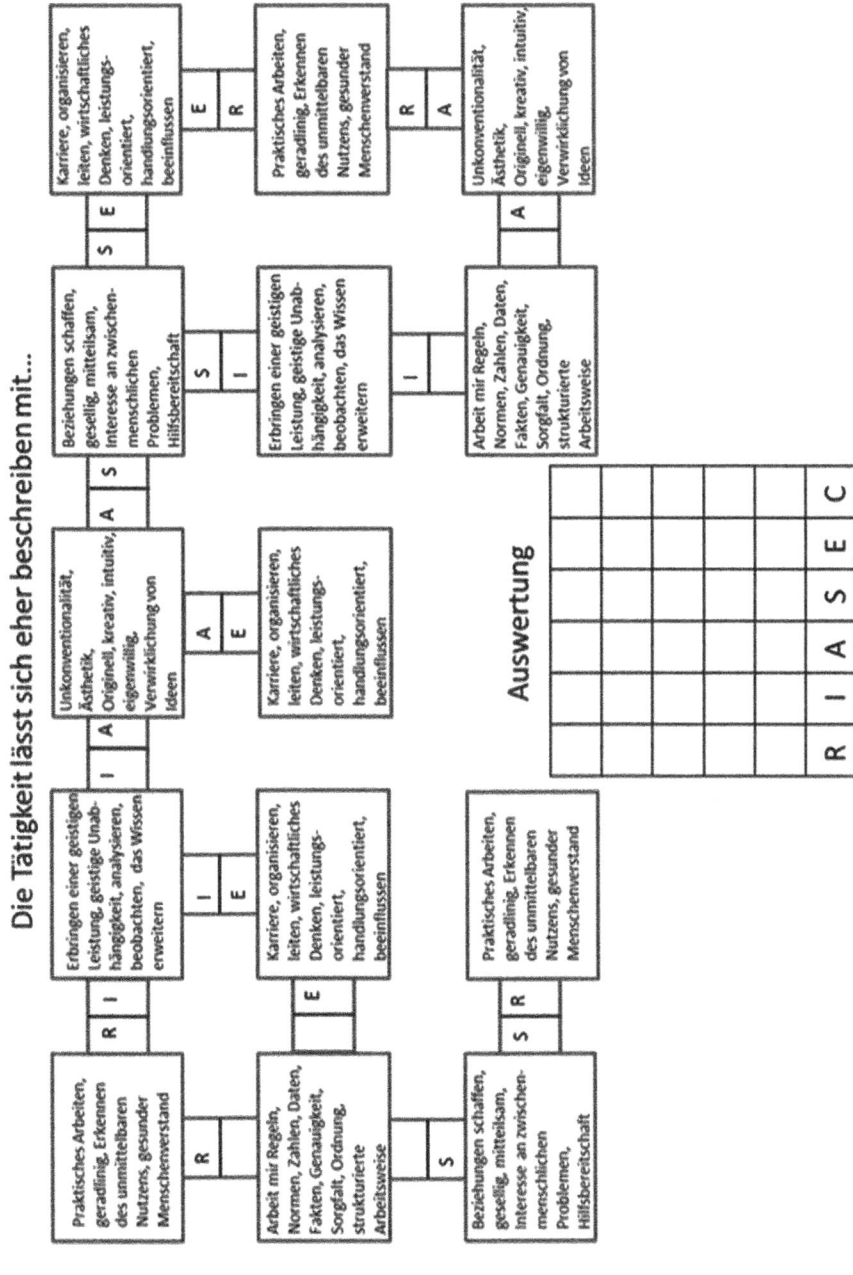

Abb. 2.4 Paarvergleich zur Tätigkeit – Begriffe

Tab. 2.2 RIASEC-Struktur Tätigkeit

	R	I	A	S	E	C
10						
9						
8						
7						
6						
5						
4						
3						
2						
1						

Man kann auch den Interviewpartner darum bitten, die einzelnen Aspekte der Tätigkeit in eine Reihenfolge der Wichtigkeit bzw. quantitativen Ausprägung zu bringen oder zwei Gruppen zu bilden mit den jeweils drei wichtigen und den drei eher unwichtigen Tätigkeitsmerkmalen.

Literatur

Holland, J. L. (1997). *Making vocational choices: a theory of vocational personalities and work environments*. Odessa: Psychological Assessment Resources.

Teil I

Wichtigere und unwichtigere Faktoren bei der Jobwahl

In Teil 1 geht es um Kriterien, nach denen man sinnvollerweise den zukünftigen Job auswählen sollte. Diese Kriterien können als „geistige Lineale" zur Sortierung verschiedener beruflicher Optionen dienen.

Bevor Sie weiterlesen, sollten Sie sich kurz Zeit für ein kleines Gedankenexperiment nehmen: Drehen Sie einmal den Spieß um und entwerfen Sie eine Stellenanzeige – jedoch nicht aus der Sicht des Arbeitgebers, sondern aus Sicht des Bewerbers. Normalerweise formulieren Arbeitgeber in Stellenzeigen das, was sie von potenziellen Bewerbern erwarten.

Wenn Sie eine Stellenanzeige formulieren sollten, aufgrund derer sich potenzielle Arbeitgeber bei Ihnen bewerben sollten, welche fünf Forderungen an den Arbeitnehmer hätten Sie?

5 Anforderungen an den zukünftigen Arbeitgeber:
*
*
*
*
*

Wenn man Absolventen von Studiengängen fragt, welche Kriterien sie an einen zukünftigen Arbeitgeber anlegen, so erhält man dazu regelmäßig folgende Antworten, nach Wissenschaftsbereichen geordnet.

Stellt man diese Frage bei eher geisteswissenschaftlichen Studiengängen, so werden die Kriterien in der folgenden Reihenfolge genannt:

1. Angemessenes Gehalt
2. Fairness
3. Förderung
4. Berufliche und persönliche Weiterentwicklung

Stellt man die gleiche Frage Absolventen von technischen Studiengängen, so lautet die Reihenfolge:

1. Interessante Aufgabe
2. Gute Bezahlung
3. Gute Weiterbildungsmöglichkeiten
4. Gute Sozialleistungen

Eine Umfrage in der Zeitung „Die Welt" vom Dezember 2014, die nicht nach den Studienrichtungen differenziert, kommt zu folgendem Ergebnis:

1. Gute Bezahlung (78 %)
2. Sicherer Arbeitsplatz (77 %)
3. Work-Life-Balance (55 %)
4. Karriere- und Aufstiegschancen (54 %)
5. Weiterbildungsmöglichkeiten (48 %)

Aus diesen Umfragen ist ersichtlich, dass die Berufsanfänger – ziemlich unabhängig von den Studiengängen – nahezu die gleichen Entscheidungskriterien anwenden. Diese könnte man etwas überspitzt formulieren als:
„Fortsetzung des Studiums bei materieller Absicherung"
Das bisherige eigene Erleben (Förderung, Weiterentwicklung, Weiterbildung, ...) wird dabei oft in die Berufswelt extrapoliert und mit dem Wunsch nach (bisher meist fehlender) materieller Absicherung kombiniert.
Das Erleben bis zum Zeitpunkt der Berufswahl lässt sich jedoch nur schwer mit dem neuen Lebensabschnitt des Berufslebens verbinden. Das Berufsleben folgt völlig anderen Gesetzmäßigkeiten, es ist völlig anders strukturiert ist als die Welt der Ausbildung, die der Schulen, Universitäten etc. Aber auch Menschen, die bereits im Berufsleben stehen, wenden oftmals die falschen Entscheidungskriterien an, wenn es um die Bewertung beruflicher Alternativen geht. Häufig scheinen solche Entscheidungen eher der Strategie „trial and error" als der Ausrichtung anhand relevanter Kriterien zu folgen.

Worauf kommt es nun wirklich an, wenn die Kriterien, die üblicherweise verwendet werden, nicht besonders hilfreich sind? Um diese Frage zu beantworten, gibt es zwei Möglichkeiten: Man kann die Lebenserfahrung betrachten und man kann sich gute Längsschnittuntersuchungen ansehen. Die wohl profundeste Untersuchung zu diesem Thema ist die so genannte „Mathe-Studie". In dieser Studie wurden 1 100 Absolventen des Studiengangs der Mathematik ein Jahr und drei Jahre nach dem Abschluss befragt, wie zufrieden sie mit einzelnen Aspekten ihrer Arbeitssituation waren und wie zufrieden sie insgesamt mit der Arbeitssituation waren. Aus den Antworten kann man dann mit der statistischen Methode der Regression die Anteile bestimmen, die die jeweiligen Aspekte der Arbeitssituation an der Gesamtzufriedenheit haben. Die Hauptergebnisse sind nachfolgend dargestellt:

Die Tab. 1 ist dabei folgendermaßen zu lesen: Ein Stern bedeutet einen statistisch signifikanten Zusammenhang auf dem Fünf-Prozent-Niveau, drei Sterne einen Zusammenhang auf dem Ein-Promille-Niveau, ein Strich bedeutet keinen Zusammenhang.

Man kann deutlich erkennen: Bei Berufsanfängern liefert die Höhe des Gehalts tatsächlich einen signifikanten Beitrag zur Gesamtarbeitszufriedenheit. Das ändert sich nach drei Jahren, dann ist das Gehalt kein so relevantes Kriterium mehr für die Gesamtarbeitszufriedenheit. Die Frage, ob jemand in einer Leitungsfunktion ist oder nicht, ist ohne Bedeutung für die Gesamtarbeitszufriedenheit. Die drei Faktoren, die jedoch über beide Zeiträume hinweg höchst signifikante Beiträge zur Gesamtarbeitszufriedenheit liefern, sind der Handlungsspielraum, die kollegiale Unterstützung und der Vorgesetzte.

Diese drei Faktoren sind besonders relevant, das zeigt auch die Lebenserfahrung, wenn man mit Berufserfahrenen spricht. Daher werden diese Faktoren nachfolgend im Detail beschrieben. Der Faktor Handlungsspielraum ist dabei nicht identisch mit dem Tätigkeitsinhalt. Zudem bilden die Charakteristiken der jeweiligen Organisation gewissermaßen den Hintergrund, von dem diese Faktoren mit beeinflusst werden (s. Abb. 1).

Tab. 1 Was liefert signifikante Beiträge zur Gesamt-Arbeitszufriedenheit?

	1 Jahr nach Abschluss	3 Jahre nach Abschluss
Gehalt	*	–
Leitungsfunktion	–	–
Handlungsspielraum	***	***
Kollegiale Unterstützung	***	***
Vorgesetzter	***	***

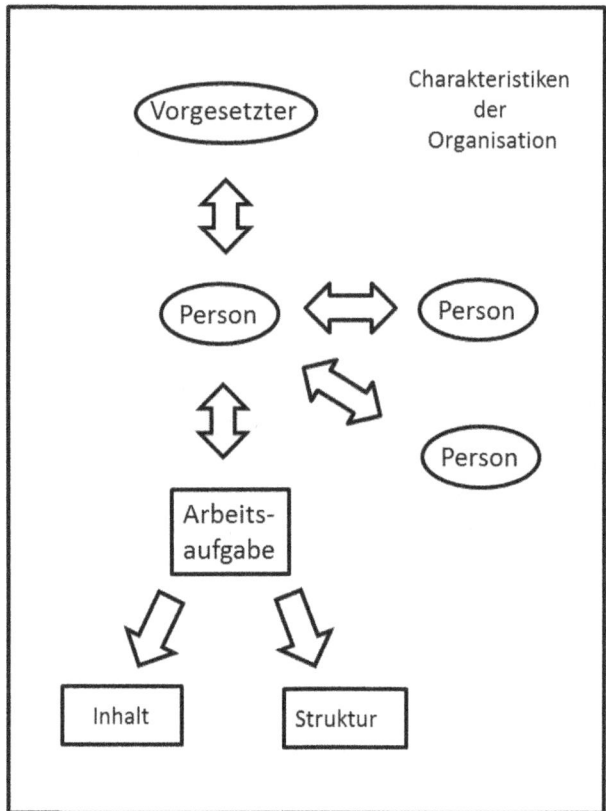

Abb. 1 Zentrale Einflussfaktoren auf die Passung der Stelle zum Bewerber Eigene Abbildung, keine externe Quelle

Literatur

Abele, A. E., & Hagmair, T. (2011). *Berufliche Entwicklung von Absolventen der Mathematik (MATHE-Studie)*. Projektbericht Nr. 6. Friedrich-Alexander Universität Erlangen-Nürnberg.

Das engere soziale Umfeld 3

Zusammenfassung

Neben den strukturellen Eigenheiten der Arbeitsaufgabe stellt auch die engere soziale Umgebung, das Team, einen wichtigen Faktor dar, der mit darüber entscheidet, ob Sie auf einer Stelle glücklich werden oder nicht. Die soziale Umgebung im Arbeitsumfeld kann zu einer Belastung oder auch zu einer Ressource werden, je nachdem, wie die Vorstellung der Person und die Vorstellungen des Teams zueinander passen. Die prinzipiellen Vorstellungen dazu lassen sich in Form idealtypischer Gruppenmodelle beschreiben. Mit dem Begriff „Team" ist dabei das primäre Umfeld der Person gemeint. Dieses wird in der Regel das Team als organisatorische Einheit sein, muss es aber nicht notwendigerweise. Wichtig ist, dass das Team die Menschen umfasst, die der sozialpsychologischen Definition einer Gruppe entsprechen. Die Sozialpsychologie unterscheidet zwischen einer Ansammlung von Menschen und einer Gruppe. Worin besteht der Unterschied? Eine Gruppe nimmt sich, anders als eine Ansammlung von Menschen, selbst als Gruppe wahr. Sie hat eine gemeinsame Vergangenheit, ein gemeinsames Ziel und eine Differenzierung, eine gewisse Struktur. Man kann nun versuchen, Grundtypen von Gruppen zu beschreiben. Die Begriffe „Gruppe" und „Team" werden nachfolgend synonym verwendet.

3.1 Grundtypen von Gruppenmodellen

Eine hilfreiche Typisierung von Ideen, die man zum Thema „Gruppen" haben kann, findet sich bei Stahl (2005). Idealtypische Ideen zur Gruppe unterscheiden sich demnach hauptsächlich in den zwei Dimensionen Nähe/Distanz und Dauer/Wechsel. Wenn man diese Dimensionen senkrecht zueinander anordnet, dann erhält man ein Achsenkreuz, das so genannte Riemann-Tomann-Kreuz. Jedem der dabei entstehenden Quadranten ist

Abb. 3.1 Idealtypische Vorstellungen, wie eine Gruppe aussehen soll

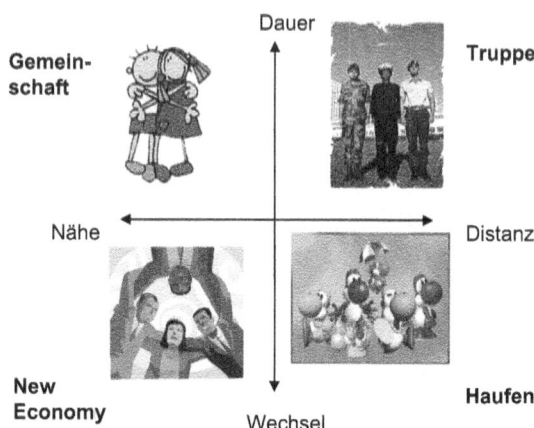

ein idealtypisches Gruppenmodell zuordenbar. Ein Modell, das sich durch hohe Nähe und hohe Stabilität auszeichnet, ist das Modell „Gemeinschaft", eines, das sich durch geringe Nähe und hohe Stabilität auszeichnet, ist das Modell „Truppe". Im Quadrant mit hoher Nähe und hohem Wechsel befindet sich das Modell „New Economy", im Quadrant mit geringer Nähe und hohem Wechsel das Modell „Haufen". Alle vier Modelle haben gewisse Eigenheiten, die nachfolgend beschrieben werden sollen. Zu jedem dieser prototypischen Modelle gibt es ein holzschnittartiges Klischee, das nicht unbedingt ein Abbild der tatsächlichen Realität sein muss (s. Abb. 3.1).

3.1.1 Beschreibung der idealtypischen Modelle

▶ Das Modell „Truppe"

Dieses Gruppenmodell bevorzugt klare Hierarchien und einen sachlich-förmlichen Umgangsstil. Das Funktionieren im Sinne der Aufgabenerfüllung ist zentral. Zwischenmenschliche „Sentimentalitäten" und emotionale Töne sind verpönt. Es herrscht Sicherheit in den Abläufen, willkürliches und unkonventionelles Handeln wird eher ungern gesehen. Um in der Gruppe anerkannt zu werden, ist Leistung oder Sachwissen notwendig. Gefühle, Gedanken und Empfindungen der Gruppenmitglieder werden als Privatsache behandelt. In der Übersteigerung führt dieses Gruppenmodell zur Gnadenlosigkeit. Als holzschnittartiges Klischee einer solchen Gruppe kann das Militär oder eine Bürokratie dienen.

▶ Das Modell „Gemeinschaft"

Gruppen mit dieser Leitidee schätzen ein starkes Zusammengehörigkeitsgefühl, Zuverlässigkeit und emotionale Nähe. Berechenbarkeit ist wichtig. Die Zugehörigkeit zur Gruppe muss nicht verdient werden, sie ist a priori gegeben. Hierarchie ist eher verpönt. Sicherheit geht im Zweifelsfall vor Freiheit. In der Übersteigerung kann dies zu einem Harmoniediktat, zum Bekämpfen von Unterschieden und zur Unterdrückung von Konflikten führen. Als holzschnittartiges Klischee für dieses Gruppenmodell kann die Familie oder die Wohngemeinschaft dienen.

▶ Das Modell „New Economy"

In diesem Gruppenmodell hat der lockere Umgang miteinander eine hohe Bedeutung. Im Mittelpunkt steht die Mannschaft. Man stürzt sich mit Haut und Haaren in die jeweilige Aktion. Das Motto heißt „Have fun!". „Einzelkämpfer" werden nicht geduldet. Das Ziel muss nicht zu 100 Prozent erreicht werden, Hauptsache ist, dass es Spaß gemacht hat. Abgrenzung und Prinzipientreue sind eher verpönt. In der Übersteigerung kann dieses Modell zu hektischem Stillstand führen. Als holzschnittartige Analogie kann eine Werbeagentur zu Zeiten der New-Economy- Phase um das Jahr 2000 herum dienen.

▶ Das Modell „Haufen"

Diese Idealvorstellung besteht in der Gruppe als einer Interessengemeinschaft auf Zeit im Hinblick auf ein gemeinsames Ziel. Die Mitglieder beanspruchen große Freiheiten und individuelle Spielräume. Regeln dienen dabei weniger der Kooperation als mehr der Abgrenzung. Die Sachorientierung steht im Vordergrund. Ist das Ziel erreicht, löst sich die Gruppe auf. Langfristiges Planen oder hierarchisches Denken ist verpönt. In der Übersteigerung kann dies zu Beziehungslosigkeit und zu Egozentrik führen. Ein holzschnittartiges Bild dazu ist eine Gruppe von „Einzelkämpfern" (obwohl dies nicht der militärischen Realität entspricht).

3.2 Diagnose: Was ist Ihre Idealvorstellung von einem Team?

Um eine Vorstellung davon zu gewinnen, welche ideale Teamvorstellung Sie haben, kann der Fragebogen in Tab. 3.1 hilfreich sein. In ihm finden Sie in der ersten Spalte verschiedene Fragen zu Themen, die für ein Team relevant sind. In den folgenden Spalten sind dann dazu jeweils vier mögliche Antworten aufgeführt. Wählen Sie aus diesen vier Alternativen diejenige Antwort aus, die das für Sie ideale Team geben sollte. Gehen Sie davon aus, dass das Team homogen ist, also alle Mitglieder die gleiche Idealvorstellung von einem Team haben. Kreuzen Sie jeweils nur eine Antwort an. Suchen Sie dabei nicht die „richtige" Antwort (die es nicht gibt), sondern geben Sie die *für Sie* relevanten Präferenzen an.

Nachdem Sie alle von Ihnen präferierten Antworten ausgewählt haben, zählen Sie nun zusammen, wie oft Sie jeweils die Antwort in der Spalte 1, 2, 3 oder 4 gewählt haben. Notieren Sie die einzelnen Summen in der letzten Zeile des Fragebogens in den Feldern, die mit Skala 1, 2, 3 oder 4 bezeichnet sind. Tragen Sie als Nächstes die Anzahl der gewählten Antworten im Koordinatensystem der Abb. 3.2 auf der jeweiligen Achse ein.

Tab. 3.1 Fragebogen: Ihre Vorstellung vom idealen Team

Wie gut sind Sie über das Privatleben der anderen im Bilde?	Ich weiß bei allen, wie es aussieht und was die einzelnen umtreibt.	Wir tauschen uns viel und intensiv darüber aus – vor allem natürlich über Krisen und Höhepunkte.	Das tut bei uns nicht viel zur Sache. Wir arbeiten eher an den Inhalten orientiert zusammen.	Von den meisten weiß ich nichts.	
Wie schwer muss man in dieser Gruppe krank sein, um guten Gewissens daheim bleiben zu können?	So dass die eigene Arbeitsfähigkeit für alle anderen nachvollziehbar eingeschränkt ist.	Wenn man nicht mehr kann, dann kann man halt nicht mehr, das ist dann schon in Ordnung.	So, dass ein ärztliches Attest vorliegt oder vorliegen könnte.	So lange jeder seine Arbeit erledigt, interessiert das keinen. Wenn jedoch der Job darunter leidet, braucht es einen sehr guten Grund.	
Welche Entschuldigung für zu spätes Kommen bzw. zu frühes Gehen ist in der Gruppe akzeptiert?	Krankheitsfälle, verspätete Verkehrsmittel etc.	Behördengänge, Verschlafen, Verabredungen, Handwerker, etc.	Stau, noch wichtigere berufliche Termine, Todesfälle etc.	Solange jeder seinen ob hinkriegt, interessiert das keinen.	
Wie klar ist bei Ihnen geregelt, wer wem was zu sagen hat?	Natürlich haben einige mehr Verantwortung als andere zu tragen. Das hängt hier aber niemand an die große Glocke.	Es gibt wahrscheinlich irgendwo eine Vorgabe, aber die kennt hier keiner. Wir ziehen alle an einem Strang.	Das ist im Organigramm sauber definiert.	Das ist sehr klar, keiner hat niemandem etwas vorzuschreiben. Jeder ist sein eigener Herr.	
Wie klar ist bei Ihnen geregelt, wer wann für was zuständig ist?	Es gibt eine klare Aufgabenteilung. Wer aber allein nicht klar kommt, kann jederzeit um Unterstützung bitten.	Das brauchen wir nicht, jeder hilft hier jedem, wir teilen die Arbeit spontan auf.	Das ist in den einzelnen Arbeitsplatzbeschreibungen detailliert geregelt und nachlesbar.	Jeder tut das, was er für richtig hält. Nur entlang von Schnittstellen gibt es Zuordnungen, um Überschneidungen zu verhindern.	
Wie werden bei Ihnen Geburtstage gefeiert?	Jeweils mit einem Geschenk aus der Kaffeekasse, mit Kaffe und Kuchen ab 15:00.	Wenn wir daran denken, dann mit Überraschungen und sehr persönlich.	Mit Gratulation und Handschlag.	Wir wissen in der Regel nicht, wer wann Geburtstag hat.	

3.2 Diagnose: Was ist Ihre Idealvorstellung von einem Team?

Tab. 3.1 (Fortsetzung)

Frage	A	B	C	D
Wie sieht bei Ihnen in der Regel eine Weihnachtsfeier aus?	Wir treffen uns immer zur gleichen Zeit, gehen dann Essen und verteilen die Geschenke.	Jedes Jahr haben wir eine andere verrückte Idee dazu.	Wir verzichten aus Kostengründen auf eine Feier. Der Chef hält eine kurze Rede.	Um Gottes Willen keine Weihnachtsfeier.
Wie bestimmen Sie, wer in Ihrer Gruppe der / die Beste, Erfolgreichste, Fleißigste ist?	Bei uns soll sich jeder um eine optimale Leistung kümmern, ob einer besser ist als der andere spielt dabei keine Rolle.	Das spielt bei uns keine Rolle, das Teamergebnis zählt.	Das klärt der Chef in Einzelgesprächen. Aber natürlich weiß man aufgrund von Positions- und Privilegienverteilung in etwa, wo man in Hackordnung steht.	Wir scheuen weder Auseinandersetzungen noch Vergleiche – wenn sie sich ergeben. Eine Rangliste führen wir nicht, aber hätten auch nichts dagegen.
Wie sorgen Sie für eine gerechte Arbeitsbelastung?	Wir haben eine klare Aufgabenverteilung und tauschen uns regelmäßig aus.	Das ergibt sich bei uns, jeder nimmt auf jeden Rücksicht.	Das regelt der Chef, bzw. dafür gibt es Arbeitsplatzbeschreibungen.	Indem jeder seinen Job tut, wenn es einem zu viel wird, der meldet sich schon.
Was muss ein Neuankömmling tun, um sich so rasch wie möglich Sympathien zu erwerben?	Er / sie sollte sich rücksichtsvoll, bescheiden, fleißig in den Dienst der gemeinsamen Sache stellen.	Er / sie sollte aus sich herausgehen, kreativ und kontaktfreudig auftreten und ein ausgesprochener Teamplayer sein.	Man sollte sich beherrschen, sachlich kompetent, belastbar und mit guten Manieren in den bestehenden Rahmen einfügen.	Er / sie sollte die Aufgaben eigenverantwortlich in bester Qualität lösen und die anderen nicht unnötig belästigen.
Was blüht einem hier, wenn man getroffene Absprachen nicht einhält?	Das wird genau registriert. Die Kritik wird selten offen, dafür unterschwellig-vorwurfsvoll geäußert.	So genau überprüfen wir uns hier gegenseitig nicht. Wenn einer etwas vergisst, macht's halt ein anderer oder es knallt mal kurz ohne Folgen.	Die Benachteiligten gehen zum Chef oder sprechen – seltener – das Fehlverhalten direkt an.	Solange keine anderen geschädigt sind, ist hier jeder für sich verantwortlich. Wer anderen auf die Füße tritt, muss eben mit einer Abreibung rechnen.
Wie kommt man hier in strittigen Fragen zu einer Entscheidung?	Wir reden lange und versuchen eine Lösung zu finden, in die alle eingebunden sind.	Wir versuchen, rasch eine für alle akzeptable Lösung zu finden, ohne lange ins Detail zu gehen.	Entweder der Chef entscheidet oder die Mehrheit nach Diskussion die Richtung.	Wir lassen möglichst verschiedene Ansätze nebeneinander gelten, im Notfall entscheidet die Mehrheit.

Tab. 3.1 (Fortsetzung)

	Skala 1	Skala 2	Skala 3	Skala 4
Wie wichtig sind informelle Kontakte für den Zusammenhalt der Gruppe?	Entscheidend. Wir tauschen uns über Höhen und Tiefen im Privatleben aus und unternehmen häufig etwas zusammen. Es gibt Freundschaften unter uns.	Bei uns gibt es keine Trennlinie privat / beruflich. Man unterhält sich intensiv über alles, unternimmt abends etwas gemeinsam und lädt sich nach Hause ein.	Im Mittelpunkt steht natürlich der Job. Aber ein gemeinsames Event alle paar Monate lassen wir uns nicht nehmen. Private Themen sind dabei jedoch zweitrangig.	Sie sind irrelevant.
Was muss ein Neuankömmling tun, damit er sich möglichst rasch alle Sympathien verscherzt?	Wer kommt um uns zu zeigen, dass er alles besser machen und anders machen will, der hat es schwer.	Unbeliebt machen könnte er sich durch Arroganz, Phantasielosigkeit und Kleinkariertheit.	Wer sich anbiedern und / oder die geltenden Regeln missachten würde, der hätte es schwer.	Wer immer hier den Taktstock schwingen und uns dirigieren wollte, der würde sich die Zähne ausbeißen.
Inwieweit ist es erlaubt, auf eine Bitte um Unterstützung mit „Nein" zu antworten?	Das sollte man im Dienste eines guten Miteinanders nicht tun. Hat man keine Zeit, bietet man eine andere Zeit an	Ich wüsste nicht, dass es verboten wäre, aber das macht keiner. Wenn einer Hilfe braucht, kümmern wir uns alle sofort.	Sobald eine Bitte unsachgemäß ist oder zu einer nicht vertretbaren Verzögerung der eigenen Arbeit führt, ist sie abzulehnen.	Kein Problem. Erstens fragt kaum jemand um Hilfe. Zweitens wäre niemand nachtragend, wenn der andere keine Zeit hätte, wir haben alle viel zu tun.
Welche Gefühle sollte man in der Gruppe lieber nicht haben bzw. nicht ausdrücken?	Bei uns ist Platz für alles, nur laut, egoistisch und aggressiv sollte es dabei nicht zugehen Und es sollte im Rahmen bleiben.	Bei uns darf man sich gehen lassen, so lange man andere nicht attackiert oder einschüchtert.	Man sollte sich schon im Griff haben, ohne zu weinen, ängstlich und eingeschüchtert zu sein oder auszurasten.	Welche Gefühle jeder hat, ist seine Sache. Im beruflichen Miteinander haben Gefühle eigentlich keinen Platz.
Wie werden Absprachen in Ihrer Gruppe festgehalten?	Durch Protokolle und Merkzettel an der gemeinsamen Infowand.	Die merken wir uns, manchmal schreiben wir Wichtiges auf die Infowand.	Durch Protokolle, die jedem ausgehändigt werden. Bei Nichtreklamation gelten sie nach 3 Tagen als verbindlich.	Die paar, die wir brauchen, merken wir uns, Protokolle würden sowieso nicht gelesen.
SUMMEN	← Skala 1	← Skala 2	← Skala 3	← Skala 4

Abb. 3.2 Auswertung des Fragebogens

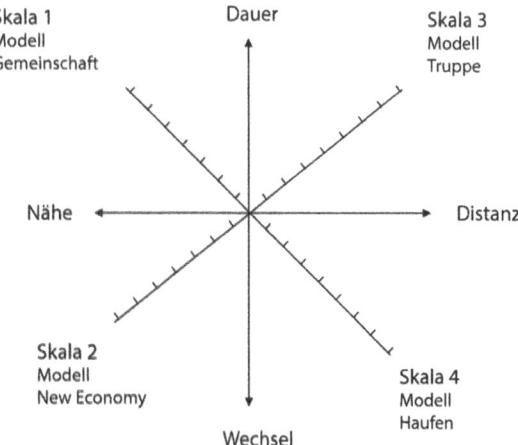

Verbinden Sie anschließend die Punkte auf den vier Skalenachsen, sodass sich daraus eine Fläche bildet. Suchen Sie dann den „Schwerpunkt" dieser Fläche. Das ist der Punkt, der in der geometrischen Mitte dieser Fläche liegt. Man kann ihn auch folgendermaßen finden: Stellen Sie sich vor, dass Sie die Fläche ausschneiden und sie auf einem Finger balancieren sollen. Wo müsste die Fläche auf dem Finger aufliegen? Dort befindet sich der Schwerpunkt (vgl. Abb. 3.3).

Wenn Sie auf einer Skala null Antworten angekreuzt haben, ergibt sich ein Dreieck. Andernfalls erhalten Sie ein Viereck. Das Vorgehen, um den Schwerpunkt zu finden, ist jedoch identisch. Die Lage des Schwerpunkts gibt Ihnen einen Hinweis darauf, welches Gruppenmodell Sie präferieren. Das präferierte Modell in Abb. 3.3 ist beispielsweise das Modell „Truppe".

Sollte sich der Schwerpunkt genau auf einer Achse und nicht eindeutig in einem Quadranten befinden, gehen Sie den Fragebogen entweder noch einmal durch, diesmal mit einer pointierteren Auswahl der Antworten, oder „korrigieren" Sie die Einordnung mithilfe weiterer Informationen aus diesem oder den folgenden Kapiteln. Sicher haben Sie sich auch schon, während Sie die Beschreibungen der Gruppenmodelle gelesen haben, Gedanken dazu gemacht, welches Sie bevorzugen würden. Sie werden im Folgenden noch weitere Modelle finden, die Ähnlichkeiten mit den hier aufgeführten Dimensionen aufweisen.

3.3 Stärken und Schwächen der jeweiligen Gruppenarten

Die jeweiligen Idealvorstellungen vom Funktionieren einer Gruppe führen zu spezifischen Verhaltensweisen, die die Interaktion innerhalb der Gruppe charakterisieren. In Abb. 3.4 sind die jeweils dominanten Verhaltensweisen dargestellt. Innerhalb des Kreises sind dabei solche Verhaltensweisen aufgeführt, die im „Normalzustand" der Gruppe auftreten. Sie werden in der Regel positiv beurteilt. Außerhalb des Kreises sind Verhaltensweisen

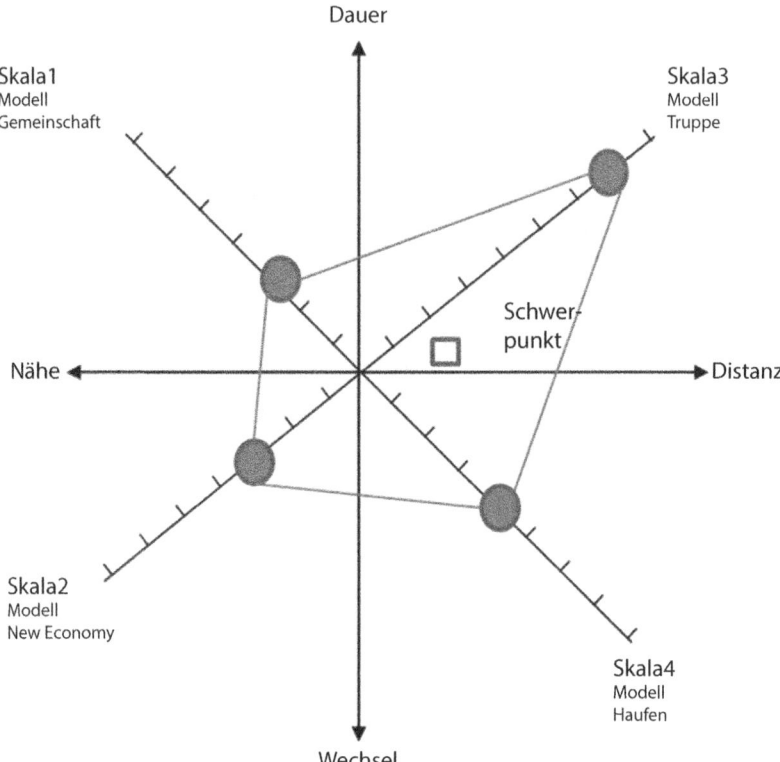

Abb. 3.3 Beispielauswertung

aufgeführt, die die jeweilige Idealvorstellung überzeichnen. Sie werden eher negativ bewertet. Eine Gruppe neigt dazu, unter Druck die negativen Verhaltensweisen zu produzieren. Dieser Druck kann durch äußere Einflüsse (z. B. eine schwierige, intransparente oder gefährliche Situation) entstehen oder durch die Struktur der Gruppe (eines oder mehrere Gruppenmitglieder haben eine andere Grundvorstellung von einer idealen Gruppe als die Mehrheit der Gruppenmitglieder).

Jede Gruppe hat ihr „Heimatgebiet", auf dem sie sich wohlfühlt. In diesem Heimatgebiet sind die Idealvorstellungen der Mehrzahl der Gruppenmitglieder kongruent. Diagonal entgegengesetzt zu diesem Heimatgebiet befindet sich das „Schattengebiet" der Gruppe (s. Abb. 3.5). Die Verhaltensweisen dieses Schattengebietes sind inkompatibel zu denen des Heimatgebietes und erzeugen offene oder verdeckte Aggressionen. Die Verhaltensweisen, die nicht diagonal zum Heimatgebiet einer Gruppe sind, sondern „neben" dem Heimatgebiet der Gruppe liegen, sind der Gruppe zwar auch fremd, aber nicht so fremd wie die Verhaltensweisen des Schattengebietes und werden daher eher toleriert. Je eindeutiger sich eine Gruppe auf einem Quadranten befindet, desto mehr fehlen die Verhaltensweisen, die sich in der Darstellung diagonal zu dem Heimatquadranten befinden.

3.3 Stärken und Schwächen der jeweiligen Gruppenarten

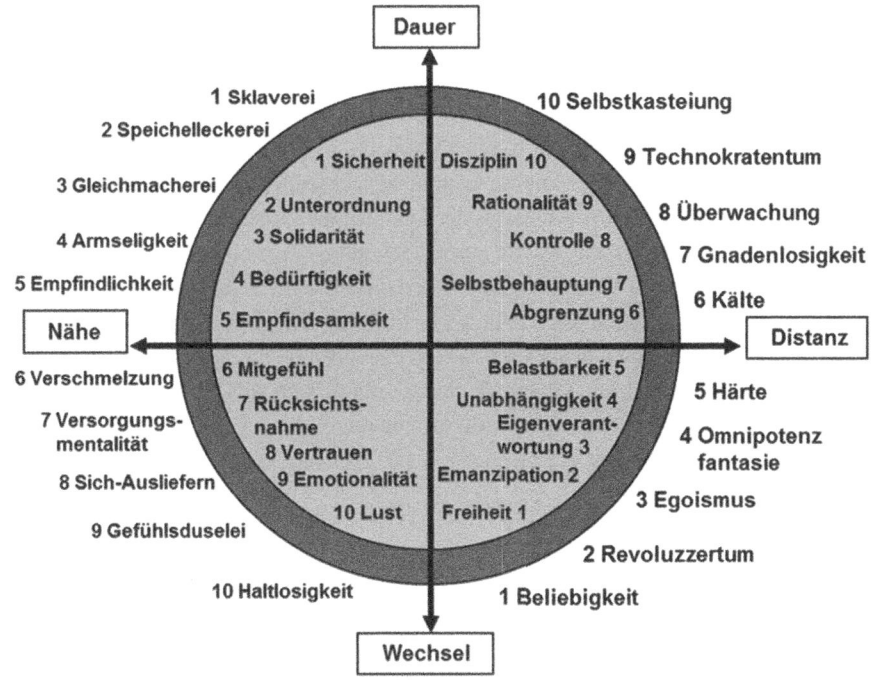

Abb. 3.4 Eigenheiten der Idealmodelle und Verhalten unter (externem oder internem) Druck

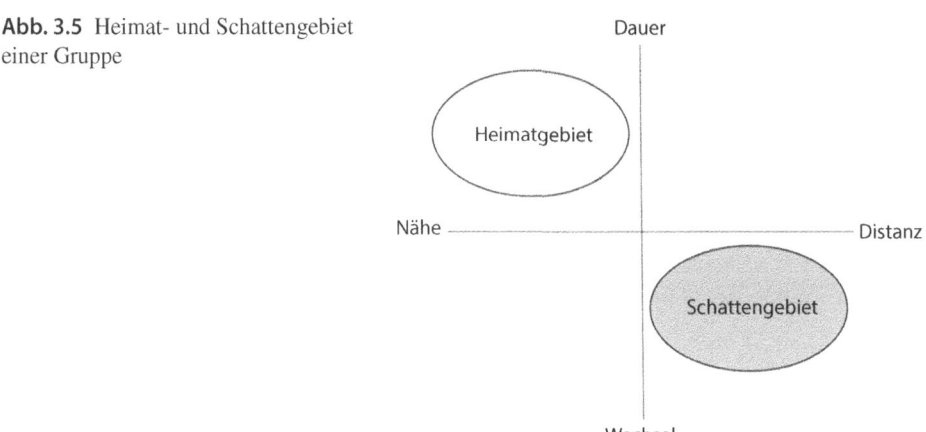

Abb. 3.5 Heimat- und Schattengebiet einer Gruppe

Nun könnte man sich die Frage stellen, welche Idealvorstellung einer Gruppe denn richtig ist. Diese Frage ist jedoch prinzipiell nicht zu beantworten. Es gibt nur zwei Kriterien, die über die „Richtigkeit" der Vorstellungen entscheiden. Das erste Kriterium ist, inwieweit alle Gruppenmitglieder die gleiche oder zumindest eine ähnliche Vorstellung von der idealen Gruppe haben. Ist dies der Fall, so harmoniert die Gruppe. Das zweite

Kriterium ist, ob die Idealvorstellungen der Gruppenmitglieder mit der Struktur der Aufgabe vereinbar sind. Der Idealzustand tritt dann ein, wenn die Aufgabe, die die Gruppe bearbeiten muss, zu dem jeweiligen von der Gruppe vertretenen idealtypischen Gruppenmodell passt und möglichst viele Mitglieder dieser Gruppe die gleiche Vorstellung von einer idealen Gruppe besitzen. Eine solche Gruppe wäre dann harmonisch und effizient. Das Schattengebiet der Gruppe könnte getrost ausgeblendet werden, da die jeweilige Aufgabe ja bei der gegebenen Vorstellung der Idealgruppe passen würde und die Arbeitsaufgabe die Gruppe nicht allzu oft mit ihrem Schattengebiet konfrontieren würde. Für den Fall, dass die Aufgabe auch Fähigkeiten verlangt, die im Schattengebiet der Gruppe liegen, ist es unter Umständen sinnvoller, zwei in sich homogene Subgruppen zu bilden als eine Gruppe, die in sich heterogen ist. Sofern eine Gruppe heterogen ist, kann sie zwar unterschiedlichere Anforderungen abdecken, sie erkauft sich diesen Vorteil dann jedoch dadurch, dass Konflikte in der Gruppenstruktur angelegt sind.

3.4 Was heißt „teamfähig"?

In fast jeder Stellenanzeige sowie in vielen „Kompetenzmodellen" (vgl. Kap. 1) taucht der Begriff „Teamfähigkeit" auf. Aus dem bisher Dargestellten ergibt sich, dass dieser Begriff unlogisch ist. Für jede Person gibt es ein gewisses Team, das gut zu ihren individuellen Vorstellungen passt. Darüber hinaus existieren noch zwei andere Vorstellungen zum idealen Team, die für die Person nicht optimal, aber zumindest noch erträglich sind (die Nachbargebiete, die unmittelbar an den jeweiligen Quadranten angrenzen), sowie eine weitere Vorstellung vom Idealteam, die überhaupt nicht zu der Person passt (diejenige, die dem eigenen Quadranten diagonal gegenüberliegt). Eine Person ist also für manche Teams geeignet, für andere hingegen mehr oder weniger nicht. Die Teamfähigkeit oder -unfähigkeit ergibt sich aus der Person-Situations-Passung und keinesfalls aus einer Fähigkeit der Person.

Könnte „Teamfähigkeit" theoretisch bedeuten, dass sich jemand in seinen Vorstellungen einfach den jeweiligen Teams, so unterschiedlich sie auch sein mögen, anpassen kann? Eine solche Eigenschaft wäre jedoch besser mit „extremer Anpassungsfähigkeit" oder „Fähigkeit zur Selbstverleugnung" benannt. Man kann es drehen und wenden, wie man will: Trotz seiner Beliebtheit ist der Begriff „teamfähig" unlogisch!

3.5 Erfassung der Teamsituation im Gespräch

Wie kann man sich ein Bild von dem zukünftigen Team machen? Man kann das im Vorstellungsgespräch z. B. mit folgenden Fragen tun:

- Wie ist das Verhältnis von sozialem Zusammenhalt und Individualismus in dem Team?
- Welche Rolle spielt Flexibilität in dem Team? Welche Rolle spielen Strukturen/Abläufe etc.?

- Welche Rolle spielen (formelle und informelle) Hierarche und Rollen in dem Team?
- In welchen Feldern wird Zusammenarbeit gefordert/gefördert? Wo sind dabei die Grenzen?
- Welches sind die Hauptkonfliktfelder in dem Team?
- Wie werden diese Konflikte „gelöst"?
- Wie sieht die Zusammenarbeit zwischen den Kollegen aus?
- Welche Rollen gibt es im Team?
- Wie sind die Aufgaben im Team verteilt? Wie erfolgt diese Verteilung?

Sie können auch Fragen aus dem Fragebogen verwenden.

Zusätzlich zu den Fragen zum engeren sozialen Umfeld ist es sicherlich hilfreich, wenn Sie im Laufe des Bewerbungsprozesses Kontakt zu den Teammitgliedern haben können. Sofern dies der Fall ist, können Sie sich auf Ihren rein subjektiven „Baucheindruck" konzentrieren und sich danach fragen, was diesen Baucheindruck ausgelöst hat.

Sie werden immer nur begründete Hypothesen über die Situation im Team bilden können, aber diese sind wesentlich treffsicherer als die Hoffnung darauf, dass alles schon stimmig sein wird.

Literatur

Stahl, E. (2005). *Dynamik in Gruppen*. Weinheim: Beltz.

Die Person des Vorgesetzten

4

Zusammenfassung

In diesem Kapitel werden zwischenmenschliche Konstellationen beschrieben. Das Prinzip, nach dem Zweierkonstellationen funktionieren, gilt grundsätzlich für jede Konstellationsart. Im betrieblichen Kontext gewinnt sie jedoch besondere Bedeutung in Form der Konstellation Vorgesetzter und Mitarbeiter, da dieses Verhältnis asymmetrisch ist und der Vorgesetzte mit Macht (per definitionem zumindest mit Positionsmacht) ausgestattet ist. Der Vorgesetzte hat im Hinblick auf die Arbeitszufriedenheit eine besondere Bedeutung. Er beurteilt die Leistung, er ist für die Weiterentwicklung der Mitarbeiter verantwortlich, zumindest kann er diese ggf. blockieren.

Um eine Person zu beschreiben, hat sich das Konzept der Verhaltens- und Kommunikationsstile als sehr hilfreich erwiesen, das wind in diesem Kapitel vorgestellt wird. Da eine zwischenmenschliche Konstellation notwendigerweise aus zwei Personen besteht, geht es in diesem Kapitel auch darum, sich selbst als Person auf die vorgestellte Art und Weise zu beschreiben.

4.1 Was ist ein Verhaltens- und Kommunikationsstil?

In stressfreien Situationen verfügen wir alle grundsätzlich über eine ganze Bandbreite an Verhaltensweisen, die wir in den verschiedenen Situationen möglichst angemessen einsetzen können. Normalerweise wählen wir unser Verhalten in bestimmten Situationen jedoch nicht völlig flexibel aus, sondern wir haben spezielle Verhaltensgewohnheiten, die uns in vielen Situationen die Entscheidung abnehmen, wie wir reagieren sollen. Es wäre fatal, wenn wir in jeder Situation ständig neu überlegen müssten, wie wir handeln sollen. Schon aus rein ökonomischen Überlegungen heraus ist es effizient, über Handlungsroutinen zu verfügen, die in verschiedenen Situationen „automatisch" eingesetzt werden können.

Wenn solche Verhaltensgewohnheiten in vielen Situationen ablaufen, kann man von einem Persönlichkeitsstil sprechen. Es handelt sich also um situationsübergreifende Verhaltensweisen, die für eine Person typisch sind.

Nachfolgend geht es um Verhaltensweisen, die „typisch" für eine Person sind, also von der Person in vielen Situationen eingesetzt werden, insbesondere in Situationen, in denen es für die Person „kritisch" wird. Der Verhaltens- und Kommunikationsstil repräsentiert das Arrangement der Eigenschaften, Gedanken, Gefühle, Einstellungen, Verhaltensweisen und Stressbewältigungsmechanismen einer Person. Er ist das charakteristische Muster des psychologischen Funktionierens, der Art und Weise, in der die Person denkt, fühlt und handelt. Verhaltens- und Kommunikationsstile sind zugespitzte Wesenszüge einer Person. Man könnte auch sagen, der Verhaltens- und Kommunikationsstil ist die spezifische Erlebniswelt einer Person. In der Arbeitswelt zeigt sich ein Verhaltens- und Kommunikationsstil besonders daran, wie man Aufgaben ausführt, Anweisungen gibt oder entgegennimmt, Entscheidungen trifft, plant, wie man mit äußeren und inneren Anforderungen umgeht, Kritik annimmt oder formuliert, Regeln befolgt, Verantwortung übernimmt, delegiert und mit anderen Menschen zusammenarbeitet. Wenn die Verhaltensweisen inflexibel und generalisiert sind, können sie so starr werden, können sie als interne Stressoren wirken. Sieben dieser Persönlichkeitsstile sind besonders relevant. Wenn Sie lernen, die Logik dieser Verhaltens- und Kommunikationsstile zu verstehen, werden Sie andere Menschen besser einschätzen und verstehen können.

Bevor Sie nun weiterlesen, sollten Sie den Fragebogen in Tab. 4.1 ausfüllen. Sie sollten dabei sich selbst in Situationen beschreiben, die für Sie schwierig, also stresserzeugend sind. Lesen Sie jeden einzelnen Satz und entscheiden Sie, ob Sie ihm zustimmen oder eher nicht, wenn Sie Ihr Verhalten in für Sie schwierigen Situationen beschreiben sollten. Kreuzen Sie den Satz an, wenn Sie ihm zustimmen. Zählen Sie anschließend die Zahl der Zustimmungen je Skala. Seien Sie „mutig" in den Zustimmungen, d. h., wenn Sie unschlüssig sind, stimmen Sie eher zu.

Übertragen Sie nun die Zahl der Zustimmungen auf den einzelnen Skalen auf die Matrix in Tab. 4.2.

Tab. 4.1 Fragebogen zur Einschätzung des eigenen Verhaltens- und Kommunikationsstils

---

Skala 1

- ☐ Ich fürchte, etwas zu tun, wofür ich kritisiert oder abgelehnt werde.
- ☐ Ich weiß im Gespräch mit nicht vertrauten Menschen oft nicht, was ich sagen soll.
- ☐ Ich traue mich selten, anderen zu sagen, was ich will.
- ☐ Ich befürchte, vor anderen verlegen zu reagieren (Erröten, Unsicherheit, …).
- ☐ Forderungen anderer kann ich schlecht ablehnen. Ich sage oft „Ja", obwohl ich lieber „Nein" sagen würde.
- ☐ Wenn mich etwas ärgert, behalte ich es meist für mich, um Streit zu vermeiden.
- ☐ Ich gehe auf andere Menschen nur zu, wenn ich sicher bin, dass sie mich akzeptieren.

Zahl der Zustimmungen:

Tab. 4.1 (Fortsetzung)

Skala 2

- Die wichtigsten Entscheidungen trifft fast immer meine Bezugsperson (Partner, Freunde, Eltern).
- Es macht mir einfach keinen Spaß, allein ohne eine Bezugsperson etwas zu unternehmen.
- Wenn ich dadurch die Zuneigung meiner Bezugsperson erringe oder bewahre, übernehme ich dafür auch unangenehme Tätigkeiten.
- Ich übernehme meist die Interessen, Vorlieben und Meinungen von anderen.
- Ich habe in Beziehungen Angst, verlassen zu werden.
- Ich fühle mich allein unwohl und vermeide das Alleinsein.
- Die Initiative übernimmt meist meine Bezugsperson.

Zahl der Zustimmungen:

Skala 3

- Ich werde oft nicht fertig, weil ich es perfekt machen will.
- Ich gebe meist nicht nach.
- Meine Pläne/Vorhaben sind mir meist wichtiger als meine Vergnügungen und Geselligkeit.
- Ich kann mich lange nicht entscheiden, weil ich das Für und Wider zu ausgiebig abwäge.
- Ich bin sehr gewissenhaft, gesetzestreu, moralisch.
- Mit Zeit, Geld und Geschenken bin ich sparsam.
- Gefühle drücke ich nur wenig aus.

Zahl der Zustimmungen:

Skala 4

- Unangenehme Arbeiten verrichte ich langsam, mürrisch oder als „Dienst nach Vorschrift".
- Lästige Pflichten „vergesse" ich einfach.
- Ich ärgere mich, wenn andere mir sagen, wie ich meine Arbeit besser machen könnte.
- Wenn mich stört, was mein Gegenüber will, so gehe ich eher in passive Verweigerung als in aktiven Protest.
- Bei Autoritätspersonen fällt mir sofort ein, was es an ihnen zu kritisieren gibt, und ich achte sie nicht sonderlich.
- Wie und wann ich meine Arbeit mache, entscheide ich selbst.
- Verlangt man etwas von mir, was ich nicht will, werde ich mürrisch, gereizt oder es kommt zum Streit.

Zahl der Zustimmungen:

Skala 5

- Ich verschaffe mir Bestätigung und Beifall.
- Attraktives Auftreten ist mir wichtig.
- Ich drücke meine Gefühle sehr stark aus.
- Ich fühle mich wohler, wenn ich im Mittelpunkt stehe.
- Meine Gefühle können sehr schnell wechseln, mal froh, dann wieder ganz traurig.
- Ich reagiere so stark mit Gefühlen, dass sie mich in schwierigen Situationen eher kopflos machen.
- Wenn der andere die Initiative ergreift, wird es mir schnell zu nah und ich ergreife die Flucht.

Zahl der Zustimmungen:

Tab. 4.1 (Fortsetzung)

Skala 6
- Auf Kritik reagiere ich oft mit Wut oder Demütigung.
- Wenn ich mal Probleme habe, dann ganz besondere.
- Sehr oft bewegen mich Fantasien großen Erfolges.
- Ich bin eine außergewöhnliche Persönlichkeit und will nicht wie eine unter vielen behandelt werden.
- Wenn ich es einmal nicht geschafft habe, erstklassig zu sein, so fühle ich mich als der ganz große Versager.
- Wenn andere besser sind, kann ich es kaum aushalten.
- Ich suche Aufmerksamkeit und Bewunderung.

Zahl der Zustimmungen:

Skala 7
- Ich suche mir oft Unternehmungen aus, die ich allein machen kann.
- Lob oder Kritik anderer Menschen lösen bei mir kaum Gefühle aus.
- Abgesehen von Eltern und Geschwistern habe ich höchstens eine wichtige Bezugsperson.
- Ich weiß von mir, dass ich wenig Wärme ausstrahle, eher distanziert wirke.
- Ich weiß von mir, dass ich selten durch meinen Gesichtsausdruck oder Gesten zeige, was in mir vorgeht.
- Ich lasse nur sehr wenige Gefühle aus mir heraus.
- Starke Gefühle wie Freude oder Wut habe ich selten.

Zahl der Zustimmungen:

Was bedeuten hohe Zustimmungszahlen zu den jeweiligen Skalen nun inhaltlich? Sie sprechen jeweils für:

Skala 1	sensibel-vermeidend
Skala 2	kooperativ
Skala 3	gewissenhaft
Skala 4	lässig-kritisch
Skala 5	selbstbezogen
Skala 6	dramatisierend
Skala 7	rational-distanziert

Tab. 4.2 Matrix zu Fragebogen in Tab. 4.2

Skala 1	0 … 1 … 2 … 3 … 4 … 5 … 6 … 7
Skala 2	0 … 1 … 2 … 3 … 4 … 5 … 6 … 7
Skala 3	0 … 1 … 2 … 3 … 4 … 5 … 6 … 7
Skala 4	0 … 1 … 2 … 3 … 4 … 5 … 6 … 7
Skala 5	0 … 1 … 2 … 3 … 4 … 5 … 6 … 7
Skala 6	0 … 1 … 2 … 3 … 4 … 5 … 6 … 7
Skala 7	0 … 1 … 2 … 3 … 4 … 5 … 6 … 7

Zu diesen Begriffen gibt es auch entsprechende Synonyme.

> **Sieben Verhaltens- und Kommunikationsstile und synonyme Begriffe**
> **Sensibel-vermeidend:** zurückhaltend, selbstkritisch
> **Kooperativ:** nachgiebig, anhänglich, bedürftig
> **Gewissenhaft:** genau, bestimmend, kontrollierend
> **Lässig-kritisch:** mürrisch, negativistisch, verweigernd
> **Selbstbezogen:** selbstbewusst, sich beweisend, ehrgeizig
> **Dramatisierend:** mitteilungsfreudig, kontaktfreudig, expressiv
> **Rational-distanziert:** eigenbrötlerisch, emotionsfrei

Die Skalen sind dabei immer im Sinne von „Im Zweifelsfalle eher zu … tendierend" zu verstehen. Damit wird ausgedrückt, dass wir im Normalfall über alle der beschriebenen Verhaltensweisen verfügen können, sich unser Verhaltensspektrum jedoch unter Druck stark einschränkt.

Sehr wahrscheinlich findet sich bei Ihnen eine deutliche Differenzierung in der Zahl der Zustimmungen auf den jeweiligen Skalen. Bei einer oder zwei Skalen werden Sie besonders hohe Zustimmungen haben. Diese geben Hinweise auf den von Ihnen bevorzugten Verhaltens- und Kommunikationsstil in schwierigen Situationen. Nehmen Sie diese Information jedoch zunächst nur als eine erste Näherung. Eine sichere Diagnose braucht noch einige andere Informationen. Lesen Sie dieses Kapitel ganz durch und entscheiden Sie dann, welche der ausführlichen Beschreibungen der Verhaltens- und Kommunikationsstile Ihnen für eine Selbstbeschreibung am zutreffendsten erscheint. Korrigieren Sie gegebenenfalls die obige Einschätzung. Ein komplettes Programm zur Erfassung des Verhaltens- und Kommunikationsstils findet sich bei Hofmann (2011).

Man benötigt in verschiedenen Situationen unterschiedliche Verhaltensweisen. Wenn man die Steuererklärung macht, ist es angebracht, sehr genau zu sein, in einer Freundschaftsbeziehung kann es manchmal gut sein, sich anhänglich zu verhalten, in einem Vorstellungsgespräch ist es sinnvoll, selbstbewusst zu sein, bei einer größeren Kaufentscheidung ist es empfehlenswert, sehr kritisch zu sein, auf einer Party ist es gut, kontaktfreudig zu sein und bei der Berufswahl ist es sehr gut, besonders selbstkritisch zu sein. Daher gibt es natürlich keinen „richtigen" und keinen „falschen" Verhaltensstil. Alle Stile haben in verschiedenen Situationen ihre Berechtigung, und es ist wichtig, über alle Verhaltensweisen zu verfügen, die Situation richtig einzuschätzen und die passende Verhaltensweise zu finden und diese auszuführen.

Im Normalbereich der Anspannung (vgl. Kap. 9) verfügen wir in der Regel über sehr viele Verhaltensweisen. Sobald wir uns jedoch auf der Anspannungsachse des Yerkes-Dodson-Gesetzes nach rechts bewegen, wird unser Verhalten unflexibler. Wir haben dann nur noch Zugriff auf maximal zwei Verhaltensstile (s. Abb. 4.1).

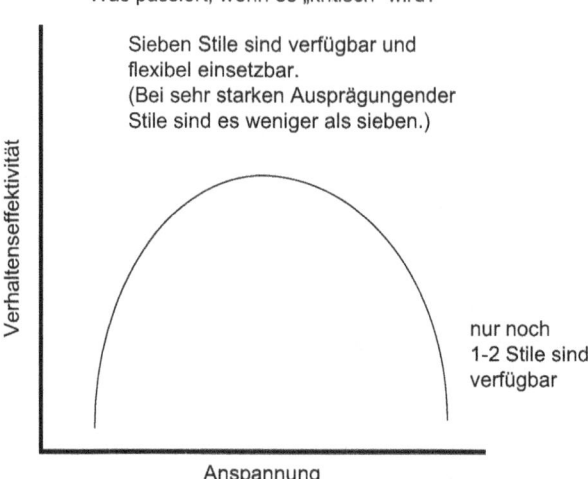

Abb. 4.1 Einengung der Verhaltensstile bei Stress

Für jeden der Stile gibt es Verhaltensweisen, die *in der Regel* eher positiv, und solche, die eher negativ bewertet werden. Die Abgrenzung zwischen positiv und negativ bewerteten Verhaltensweisen kann nicht allgemeingültig sein, da sie immer Werturteile enthält, die „in der Regel", aber nicht zwingend vorherrschen. Unter Anspannung ist es wahrscheinlicher, dass die jeweils negativen Aspekte des Verhaltens- und Kommunikationsstils ausgeprägter sind, wohingegen die positiven Aspekte bei Anspannung tendenziell abnehmen (s. Abb. 4.2).

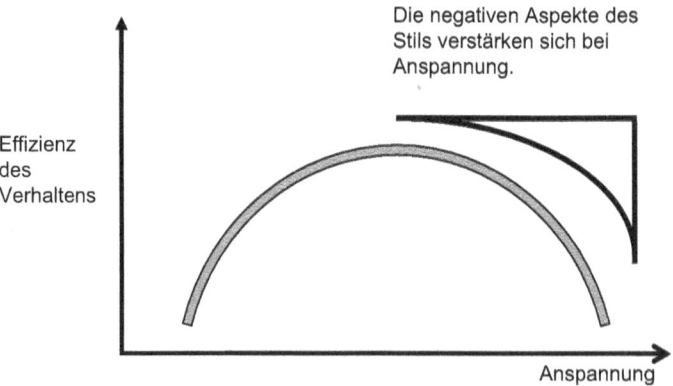

Abb. 4.2 Anspannung und negative Aspekte des Verhaltensstils

4.2 Beschreibung der Verhaltens- und Kommunikationsstile

Die nachfolgenden detaillierten Beschreibungen sind bewusst plakativ formuliert, um die einzelnen Verhaltens- und Kommunikationsstile klarer voneinander abzugrenzen. Stoßen Sie sich daher bitte nicht an einzelnen Formulierungen, sondern konzentrieren Sie sich auf den Grundtenor des Stils. Beachten Sie dabei auch weiterhin, dass der jeweilige Stil nicht permanent gezeigt wird, sondern immer gemäß der Notfallregel als „im Zweifelsfall eher zu … " zu verstehen ist.

4.2.1 Der im Zweifelsfall eher zu selbstbezogene Verhaltens- und Kommunikationsstil

Der erste Verhaltens- und Kommunikationsstil, der beschrieben werden soll, ist der selbstbezogene oder auch der selbstbewusste, sich selbst beweisende, ehrgeizige Verhaltens- und Kommunikationsstil.

Allgemeine Beschreibung
Menschen mit einem selbstbezogenen Verhaltens- und Kommunikationsstil stehen gerne im Mittelpunkt der öffentlichen und privaten Welt. Sie glauben intensiv an sich und ihre Fähigkeiten. Sie wissen genau, was sie wollen. Sie verkaufen sich und ihre Ideen energisch und effizient. Sie erwarten, dass sie von anderen Menschen immer besonders gut behandelt werden. Sie sind geschickt im Umgang mit anderen Menschen und beweisen dabei taktisches Gespür. Sie sind empfänglich für Lob und Bewunderung, sie sind sich ihrer Stärken bewusst. Bei Kritik (auch konstruktiver Kritik) fühlen sie sich tief getroffen und reagieren dabei oft aggressiv. Kritik ist für Menschen mit diesem Stil ein enormer Stressfaktor. Die permanente Bewertung der eigenen Person ist das zentrale Merkmal des selbstbezogenen Stils.

Dieser Stil definiert sich geradezu über die Ich-Bezogenheit. Er ist gekennzeichnet durch Eigenliebe, Eigenleistung, Selbstbestimmung, Selbstvertrauen, Selbstbehauptung und Selbstwertgefühl – alles Begriffe, die immer wieder auf das „Selbst" verweisen. Im Extremfall ist dieser Stil mit den Begriffen Selbstsucht, Selbstverherrlichung, Selbstüberschätzung zu beschreiben. In Beziehungen denken diese Menschen oft, dass andere Menschen genauso denken und fühlen wie sie selbst, und dass das, was für sie selbst Glück bedeutet, auch für andere Menschen positiv sein muss. Das Motto dieses Stils könnte man bezeichnen als: „Seine Majestät: Ich selbst."

Menschen mit diesem bevorzugten Verhaltens- und Kommunikationsstil lassen sich stichwortartig beschreiben durch:

- ein Größengefühl in Bezug auf die eigene Bedeutung;
- die Beschäftigung mit Fantasien von Erfolg, Macht, Scharfsinn etc.;

- die Überzeugung, etwas Besonderes, Einmaliges zu sein;
- ein starkes Bedürfnis nach Bewunderung;
- eine hohe Anspruchshaltung und die unbegründete Erwartung, besonders behandelt zu werden;
- die Ausnutzung zwischenmenschlicher Beziehungen, um die eigenen Ziele zu erreichen;
- ein Desinteresse gegenüber „durchschnittlichen" Menschen;
- ein starkes Bedürfnis, sich von anderen Menschen abzuheben (Aussehen. Leistung, Status, Statussymbole, …);
- das Lebensgefühl des „Einzelkämpfers";
- ein starkes Ärgergefühl, wenn andere Menschen eigene Fehler entdecken und sich darüber lustig machen;
- eine Angst vor Situationen, in denen sie sich hilflos und ohnmächtig fühlen könnten;
- ein starkes Bedürfnis nach Lob und Anerkennung durch für sie relevante andere Personen, z. B. Vorgesetzte;
- den Ärger über die Mittelmäßigkeit anderer Menschen;
- eine hohe Erwartung an sich selbst;
- die Schwierigkeit, Kritik anderer Menschen nachvollziehen zu können;
- das Gefühl, bei Misserfolgen absoluter Versager ohne Existenzberechtigung zu sein;
- das Denken, im Falle eines Erfolges alles erreichen zu können;
- das Gefühl, niemandem trauen zu können;
- das starke Bedürfnis, sich von anderen Menschen abzuheben;
- das Ignorieren von Regeln und Vorschriften, die für andere Menschen gelten;
- das Bedürfnis, die Regeln zu definieren, die für andere gelten;
- die Idee, Anerkennung und Angenommensein werden durch hohe Leistungsbereitschaft und berufliche Erfolge „erkämpft".

Positiv bewertete Verhaltensweisen:

Menschen mit einem selbstbezogenen/sich selbst beweisenden Verhaltens- und Kommunikationsstil zeigen folgende Verhaltensweisen, die von anderen Menschen in der Regel als positiv bewertet werden. Sie

- glauben an ihre Fähigkeiten;
- wissen genau, was sie wollen;
- verkaufen sich und ihre Ideen gut;
- können andere für ihre Ziele begeistern;
- haben oft ein gutes taktisches Gespür;
- sind geschickt im Umgang mit anderen;
- sind siegesgewiss;
- sind auf Konkurrenz eingestellt;
- nehmen Lob und Bewunderung gelassen entgegen;
- stehen gerne im Mittelpunkt;
- sind oft in Führungsfunktionen;

4.2 Beschreibung der Verhaltens- und Kommunikationsstile

- können schnell Informationen verarbeiten;
- treffen Entscheidungen schnell.

Negativ bewertete Verhaltensweisen:

Menschen mit einem selbstbezogenen/sich selbst beweisenden Verhaltens- und Kommunikationsstil zeigen folgende Verhaltensweisen, die von anderen Menschen in der Regel als negativ bewertet werden, sie:

- fühlen sich von Kritik leicht und übermäßig getroffen;
- haben ein starkes Bedürfnis nach Bewunderung;
- haben oft wenig (echtes) Einfühlungsvermögen, das gezeigte Einfühlungsvermögen ist oft nur Mittel zum Zweck;
- überbetonen und überbewerten die eigenen Leistungen und Fähigkeiten;
- haben oft und gerne Kontakt mit Menschen, die aus ihrer Sicht etwas Besonderes sind oder eine hohe Position haben;
- beachten Menschen, die aus ihrer Sicht einen geringen sozialen Status haben, eher weniger;
- suchen ständig nach Bestätigung und Bewunderung;
- sind tendenziell unsensibel gegenüber den Bedürfnissen und Wünschen anderer Menschen, außer diese können taktisch genutzt werden;
- haben Schwierigkeiten, sich in Gefühle anderer Menschen hineinzuversetzen;
- halten es oft für unnötig, sich mit den Angelegenheiten anderer Menschen auseinanderzusetzen;
- können es schwer ertragen, wenn andere Menschen erfolgreicher sind als sie selbst;
- haben oft den Eindruck, dass andere Menschen neidisch sind;
- haben ein hohes Anspruchsdenken;
- reagieren oft feindselig;
- legen viel Wert auf Statussymbole.

Der Selbstbezogene bezieht vieles, was in seiner Umwelt passiert, direkt auf sich und seinen Selbstwert. Die Umgebung wundert sich dabei oft über den Argwohn, die Angst und die eklatanten Fehleinschätzungen des Selbstbezogenen. Dieser ist jedoch ungeheuer kreativ im Herstellen von Bezügen zu sich selbst.

Abgrenzung zu anderen Stilen
Der selbstbezogene Stil muss insbesondere gegenüber dem gewissenhaften und dem dramatisierenden Stil abgegrenzt werden, da diese Stile einige Gemeinsamkeiten haben und daher leicht verwechselt werden können.

Die Rolle der Aufmerksamkeit beim selbstbezogenen und beim dramatisierenden Stil:

Beim selbstbezogenen Stil spielt genauso wie beim dramatisierenden Stil die Aufmerksamkeit eine zentrale Rolle, sie hat jedoch jeweils eine andere Funktion. Beim dramatisierenden Stil ist die Aufmerksamkeit anderer Menschen das Ziel. Um dieses zu erreichen, ist es nicht unbedingt notwendig, dass die Aufmerksamkeit auch mit einer positiven Bewertung verbunden ist. Es gilt die Maxime: „Hauptsache wahrgenommen werden, zur Not auch negativ." Beim selbstbezogenen Stil dagegen ist die Aufmerksamkeit nur Mittel zum Zweck. Sie ist eine notwendige, aber noch keine hinreichende Bedingung. Zu der erhaltenen Aufmerksamkeit muss zwingend noch eine positive Bewertung hinzukommen.

Die Rolle von Statussymbolen
Da es für den Selbstbezogenen wichtig ist, durch sichtbare, „objektive" äußere Zeichen seinen Selbstwert sich selbst gegenüber und natürlich auch anderen Menschen gegenüber zu dokumentieren, spielen für selbstbezogene Menschen Statussymbole eine besondere Rolle. Statussymbole sind externe Zeichen des eigenen Selbstwertes (eben „Symbole" des Selbstwertes). Sie sind leicht sichtbar und haben in aller Regel eine genaue Abstufung (Größe des Dienstwagens, Position in der Hierarchie, ...). Prinzipiell gibt es drei Arten von Statussymbolen:

1. Die Position in einer Hierarchie:
   Diese Form der Statussymbole ist am leichtesten zu erkennen. Die Symbole sind dabei sehr gut sichtbar, z. B. die Bürogröße, die Visitenkarte, die Sekretärin, der Dienstwagen. Aber auch die Abwesenheit diese Symbole ist kein Nachweis dafür, dass diese Symbole irrelevant sein müssen. Es kann auch taktische Unterwerfung unter (temporärem) Verzicht auf Statussymbole geben. Man darf sich nicht täuschen lassen: In einer Hierarchie geht es auch darum, sich (zumindest zeitweise) anderen Personen zu unterwerfen. Diese Unterwerfung hat jedoch nur strategische Gründe, sie gehört zur Strategie, jedoch nur als Durchgangsstation. In Hierarchien ist eine solche Toleranz gegenüber temporärer Selbstverleugnung zwingend notwendig, da man das ganze Spiel sonst nicht durchhalten kann.
2. Die Ausübung von Macht:
   Ein anderes Statussymbol kann die Ausübung von Macht sein. Das zeigt sich insbesondere daran, dass man anderen Menschen Anweisungen geben oder von anderen Menschen Unterwürfigkeit einfordern kann. Diese Art des Statussymbols kommt oft vor, wenn zu dem selbstbezogenen Stil noch eine Portion des „genauen" Verhaltens- und Kommunikationsstils dazukommt. Dann gewinnt das Thema „Kontrolle" in der Form „Kontrolle über andere Menschen" stark an Bedeutung. Insofern handelt es sich bei dieser Art von Statussymbol um ein nicht-materielles Symbol, das sich eher im Verhalten anderen Menschen gegenüber zeigt. Eine solche Art von Statussymbol ist natürlich deutlich schwerer zu erkennen als die erste Form von Statussymbolen.
3. Individualismus:
   Diese Art des Statussymbols ist ebenfalls ein nicht-materielles und das Gegenteil der zweiten Art von Statussymbolen, bei der es um die *Ausübung* von Macht geht. Beim Individualismus dagegen geht es um die *Abwesenheit* von Macht anderer Menschen über einen selbst, um die Immunität gegenüber der Machtausübung durch andere

Personen, um Unabhängigkeit. Es geht dabei nicht darum, andere zu kontrollieren, sondern darum, selbst nicht durch andere kontrolliert zu werden. Das Statussymbol ist die Abwesenheit von Fremdkontrolle. Diese Abwesenheit ist naturgemäß für Außenstehende schwerer zu erkennen als die ersten beiden Arten von Statussymbolen. Für eine Person, die das Statussymbol des Individualismus bevorzugt, wäre es völlig undenkbar, sich auch nur temporär in einer Hierarchie zu unterwerfen.

4.2.2 Der im Zweifelsfall eher zu dramatisierende Verhaltens- und Kommunikationsstil

Der zweite Verhaltens- und Kommunikationsstil, der hier beschrieben werden soll, ist der so genannte dramatisierende oder auch kontaktfreudige, mitteilungsfreudige, expressive Verhaltens- und Kommunikationsstil.

Allgemeine Beschreibung
Dramatisierende Menschen sind Gefühlsmenschen. Sie leben in einer Welt voller Farben und Intensität. Sie sind empfindungsorientiert und zeigen ihre Gefühle offen, wechseln schnell von einer Stimmung zur anderen, neigen zu spontanem und impulsivem Verhalten und nutzen den Augenblick. Für Menschen mit diesem Stil ist das Leben nie langweilig, sie füllen ihre Welt mit Aufregung und Fantasie. Sie betrachten die ganze Welt als ihre Bühne, sie möchten gesehen werden und brauchen Aufmerksamkeit. Die Gefühlsqualität ist bei Schilderungen wichtiger als der Inhalt. Sie verwandeln auch die trockensten Seiten des Daseins in ein bühnenreifes Theater. Sie sind in ihrem Element, wenn sie von anderen Menschen umgeben sind und im Mittelpunkt stehen, wenn alle Augen auf sie gerichtet sind. Sie betrachten sich selbst quasi von außen. Sie sind insgesamt sehr abhängig vom Applaus anderer Personen. Die Fähigkeit, Bedürfnisse aufzuschieben, ist verhältnismäßig gering ausgeprägt.

Menschen mit diesem bevorzugten Verhaltens- und Kommunikationsstil lassen sich schlagwortartig folgendermaßen beschreiben durch:

- die ständige Suche nach Erlebnissen und intensiven Gefühlen;
- das Erleben einer „innere Leere" beim „Nichtstun";
- die geringe Fähigkeit, bei der Wunscherfüllung Aufschub zu ertragen;
- die Tendenz, Entscheidungen aus dem Bauch heraus zu treffen, ohne die Konsequenzen genau zu bedenken;
- Schwierigkeiten, sich in Gesprächen auf das Wesentliche zu beschränken;
- die Tendenz, über Gesprächspartner „hinwegzureden";
- die leichte Beeinflussbarkeit durch andere Personen;
- einen schnellen Meinungswechsel;
- ein starkes Bedürfnis nach Aufmerksamkeit und Zuwendung, aber geringe Bereitschaft, dies anderen zu geben;

- die Vermeidung der Übernahme von Verantwortung für die eigenen Entscheidungen;
- schnelle Stimmungsschwankungen, abhängig von äußeren Umständen;
- Schwarz-Weiß-Denken;
- den für Außenstehende übertrieben starken Ausdruck von Gefühlen;
- die leichte Beeinflussbarkeit durch äußere Umstände und andere Personen.

Menschen mit einem dramatisierenden Stil zeigen folgende Verhaltensweisen, die von anderen Menschen in der Regel als eher positiv bewertet werden, sie:

- leben in einer Welt voll Farbe und Intensität;
- sind empfindungsorientiert;
- zeigen ihre Gefühle offen;
- wechseln schnell von Stimmung zu Stimmung;
- nutzen den Augenblick;
- neigen zu spontanem, impulsivem Verhalten;
- erfahren das Leben intensiv und überschwänglich;
- möchten gesehen werden und brauchen Aufmerksamkeit;
- haben viele Bekannte;
- sind extrovertiert;
- sind wenig gehemmt;
- können gut werben, verkaufen, beeinflussen, motivieren;
- sind gut in frühen Phasen von Beziehungen, da sie dem anderen das Gefühl geben, der Mittelpunkt der Welt zu sein.

Menschen mit einem dramatisierenden Stil zeigen folgende Verhaltensweisen, die von anderen Menschen normalerweise als eher negativ bewertet werden, sie:

- sind in den Augen anderer Personen oft überemotional;
- streben ständig danach, im Mittelpunkt zu stehen;
- richten ihr Verhalten danach, Aufmerksamkeit auf sich zu lenken;
- verhalten sich in den Augen anderer oft unangemessen;
- haben in den Augen anderer Menschen oberflächliche und schnell wechselnde Gefühle;
- benutzen einen impressionistischen Sprachstil;
- wirken oft theatralisch;
- reagieren für andere oft unangemessen auf äußere Anlässe;
- behandeln flüchtige Bekannte wie gute Freunde;
- übernehmen schnell die Meinung anderer Menschen;
- nehmen Beziehungen enger wahr, als andere Personen dies tun;
- haben Probleme bei der Durchführung von Details;
- halten Pläne schlecht ein;
- mögen keine Detailplanung, Routine, Organisation.

Abgrenzung zu anderen Stilen

Es gibt eine Reihe von Unterschieden und Gemeinsamkeiten mit dem selbstbezogenen Stil:

Dramatisierend	Selbstbezogen
Möchte wahrgenommen werden	Möchte wertgeschätzt werden
Möchte gesehen werden	Möchte gut sein
Möchte es jedem recht machen	Ist eher rücksichtslos
Gesellig	Einzelgänger
Ist ungern allein	Ist gerne allein
Ist eher vertrauensselig	Ist eher misstrauisch
Eher suggestibel	Eher stur
Fähnchen im Wind	Verfolgt seine Ziele

Gemeinsamkeiten mit dem selbstbezogenen Stil

Beiden Stilen gemeinsam ist, dass die Personen egozentrisch und leicht zu kränken sind. Beide haben Angst vor Kritik und sind abhängig von anderen Menschen. Sie haben viele „Freunde", aber wenig echte Freunde.

4.2.3 Der im Zweifelsfall eher zu gewissenhafte Verhaltens- und Kommunikationsstil

Nachfolgend wird der gewissenhafte, genaue oder auch bestimmende, kontrollierende Verhaltens- und Kommunikationsstil beschrieben.

Allgemeine Beschreibung

Menschen mit einem gewissenhaften Stil haben starke Überzeugungen und Prinzipien. Sie zeigen ein hartes Arbeitsverhalten und den Willen, immer das Richtige zu tun. Gewissenhafte Menschen lieben Ordnung, Sauberkeit, Listen, Pläne und gehen ohne viel Diskussion an die Arbeit. Sie sind in allen Lebensbereichen eher behutsam und vorsichtig. Oftmals sammeln und verwahren sie alles Mögliche.

Menschen mit diesem bevorzugten Stil lassen sich wie folgt beschreiben durch:

- ständige Beschäftigung mit Details, Listen, Plänen, Ordnungen;
- Perfektionismus, der die Fertigstellung von Aufgaben behindert;
- hohe Gewissenhaftigkeit;
- die Sichtweise, die Arbeit sei der Schlüsselbereich des Daseins;
- Kompetenz, gute Organisation, Perfektion im Detail, Loyalität;
- den Sinn für das Detail, eher nicht für das große Ganze;
- den Willen zur Anstrengung;

- das Anstreben von Karrieren aufgrund harter Arbeit;
- das Respektieren von Autoritäten;
- starke Leistungsbezogenheit unter Vernachlässigung von Vergnügen und zwischenmenschlichen Beziehungen;
- das Bestehen darauf, dass andere sich exakt den eigenen Gewohnheiten unterordnen;
- die Abneigung, andere etwas machen zu lassen;
- die Bereitschaft, viel Zeit für harte Arbeit zu investieren;
- übermäßige Vorsicht;
- starke Zweifel;
- die häufige Position des „zweiten Mannes hinter den Kulissen";
- Probleme beim Setzen von Prioritäten;
- die Tendenz, dass das Einhalten von Regeln und formalen Kriterien schnell zum Selbstzweck werden kann;
- die Schwierigkeit, zu entspannen, zu genießen und Spaß zu haben;
- ein oft ungesundes Verhältnis zwischen An- und Entspannung;
- häufige Ratschläge an andere Personen;
- eine starke Kopfsteuerung;
- eher geringe Handlungsimpulse durch Gefühle, Launen, Bedürfnisse, Begierden;
- die geringe Fähigkeit, auf Intuition, Inspiration und Gefühle zu reagieren;
- die intensive Vorbereitung auch banaler Entscheidungen;
- die Unterordnung persönlicher Bedürfnisse unter die Aufgabe;
- die Orientierung an absoluten Wahrheiten, an richtig oder falsch;
- eine starke Sach- und ein geringe Beziehungsorientierung.

Positiv bewertete Verhaltensweisen:

Menschen mit einem sehr gewissenhaften Verhaltens- und Kommunikationsstil zeigen folgende Verhaltensweisen, die in der Regel von anderen Menschen als positiv bewertet werden, sie:

- haben eine präzise Sprache;
- bevorzugen Listen und Pläne;
- haben starke moralische Prinzipien;
- haben absolute Überzeugungen;
- sind das Rückgrat der Industrienationen;
- haben einen starken Willen, die richtigen Dinge zu tun;
- lieben Ordnung und Sauberkeit;
- sind hingebungsvoll in ihrer Arbeit;
- arbeiten mit der richtigen Methode, perfekt bis ins Detail.

Negativ bewertete Verhaltensweisen:

Menschen mit einem gewissenhaften Verhaltens- und Kommunikationsstil zeigen folgende Verhaltensweisen, die von anderen Personen in der Regel negativ bewertet werden, sie:

4.2 Beschreibung der Verhaltens- und Kommunikationsstile

- bevorzugen Ordnung, Perfektion und Kontrolle auf Kosten von Flexibilität;
- schenken auch nebensächlichen Details viel Aufmerksamkeit;
- vertiefen sich oft derart in Detail, dass die eigentliche Arbeit nicht zum Abschluss kommt;
- haben oft wenig Zeit für Freude und Vergnügen;
- empfinden freie und nicht verplante Zeit zumeist als Stress;
- erwarten, dass andere Personen auch ihren Arbeitsstil haben oder ihn übernehmen;
- reagieren auf Verbesserungsvorschläge oft überrascht und irritiert;
- legen wenig Wert auf die Meinung anderer Personen, da sie aus ihrer Sicht genau wissen, was richtig ist;
- planen übermäßig viel;
- können schlecht delegieren;
- sind eher streng;
- reagieren stark auf Status- und Autoritätsunterschiede;
- ignorieren oft ihre eigenen Bedürfnisse;
- haben wenig Zugang zu den Bedürfnissen und Wünschen anderer Personen;
- leben Feindseligkeiten dadurch aus, dass sie im Namen von Autoritäten Bestrafungen vornehmen.

Abgrenzung zu anderen Stilen
Sowohl beim selbstbezogenen als auch beim gewissenhaften Stil spielen Regeln eine große Rolle, sie haben jedoch unterschiedliche Funktionen: Die Regeln beim selbstbezogenen Stil sind auf die Person bezogen, beim gewissenhaften Stil sind sie dagegen universell. Der Selbstbezogene ist der „Regelsetzer", der Gewissenhafte der „Erste Regelbefolger". Der Selbstbezogene leitet die Regeln aus seinen eigenen Bedürfnissen ab, der Gewissenhafte aus allgemeinen Normen. Der Selbstbezogene kann seine Regeln kaum allgemein begründen, der gewissenhafte dagegen schon. Der Selbstbezogene hat eher die Rolle Gottes (der die Regeln macht), der Gewissenhafte eher die Rolle des Moses (der die gegebenen Regeln verkündet und exekutiert).

4.2.4 Der im Zweifelsfall eher zu lässig-kritische Verhaltens- und Kommunikationsstil

Gegenstand der nächsten Beschreibung ist der lässig-kritische oder auch mürrische, negativistische, sich verweigernde Verhaltens- und Kommunikationsstil. Charakteristisch für diesen Stil ist seine Zweigeteiltheit, wie sie auch schon in dem Begriff „lässig-kritisch" anklingt. Welcher der beiden Teilstile dominant ist, hängt davon ab, ob sich die entsprechende Person in ihrer Freiheit eigenschränkt fühlt. Ist dies der Fall, so wird die kritische Komponente in den Vordergrund rücken.

Allgemeine Beschreibung
Menschen mit einem lässig-kritischen Verhaltens- und Kommunikationsstil folgen den Regeln und erfüllen ihre Verantwortlichkeiten und Pflichten. Sobald dieses definierte Soll jedoch abgeleistet ist, lassen sie sich von keiner Institution oder Person daran hindern, ihr eigentliches Lebensziel zu verfolgen, nämlich ihr persönliches Glück zu suchen. Das Zentrale Bedürfnis dabei ist es, das zu tun, was sie wollen. Sobald sie diese Freiheit bedroht sehen, wandelt sich der lässige Stil in den kritischen – die persönliche Freiheit wird dann nachhaltig verteidigt.

Menschen mit diesem Stil glauben an ihr Recht, es sich gut gehen zu lassen. Sie sind damit einverstanden, die Arbeit nach den geltenden Regeln zu verrichten. Sie liefern ab, was von ihnen erwartet wird – aber auch nicht mehr. Sie rechnen damit, dass auch die Personen in ihrem Umfeld diese Grenzen respektieren. Sich abzugrenzen und sich nicht ausnutzen zu lassen, fällt Menschen mit diesem Verhaltens- und Kommunikationsstil eher leicht. Von Autoritäten lassen sie sich nicht einschüchtern. Die Frage der Legitimation von Autorität und Führung stellt sich bei diesen Menschen besonders intensiv, da sie Autorität und Führung generell zunächst einmal ablehnen.

Innerhalb sozialer Systeme (z. B. in Organisationen) können sie gut funktionieren. Anders als z. B. gewissenhafte Menschen tragen sie jedoch keine allzu großen selbstkritischen Lasten mit sich herum. Wenn die Verpflichtungen erfüllt sind, wenden sie sich dem zu, was für sie am wichtigsten ist, das eigene Wohlergehen, z. B. durch Sport, Kunst, Entspannung, politisches Engagement, Lesen, Natur etc. Im Gegensatz zu selbstbezogenen Menschen haben lässig-kritische Menschen nicht das Selbstbild, dass sie etwas Besonderes sind. Sie fühlen sich eher als ein Rad im Getriebe, aber als ein glückliches Rad. Sie müssen eine Rolle spielen, eine Arbeit tun, eine Leistung erbringen, aber sie lassen sich von niemandem zum Sklaven machen und übernehmen die Werte anderer Personen oder Institutionen nur sehr bedingt.

Gute Beziehungen werden zwar geschätzt, sie werden aber nicht eingesetzt, um anderen Personen zu gefallen. Beziehungen zu selbstbezogenen oder zu gewissenhaften Menschen sind eher schwierig, da diese genau das fordern: ihnen zu gefallen oder sie wenigstens als Vertreter eines Systems zu akzeptieren. Auf die eigene Karriere verwenden lässig-kritische Menschen wenig Aktivität, da die Symbole und Insignien einer beruflichen Position für ihren Selbstwert relativ irrelevant sind. Sie fühlen sich auch ohne solche von außen sichtbaren Signale als vollkommen in Ordnung. Eben diese den lässig-kritischen Menschen innewohnende Selbstzufriedenheit ist für selbstbezogene Menschen in der Regel ein Problem, oftmals geradezu eine Provokation, da sie diese Selbstzufriedenheit selbst nicht besitzen. Berufliches Vorwärtskommen ist nicht so wichtig, die Opfer an Zeit und Energie erscheinen lässig-kritischen Menschen dafür zu hoch.

Lässig-kritische Menschen arbeiten nicht für Ehre und Rum, sondern für ihre Sicherheit, dafür, dass sie ihre Vergnügungen finanzieren können, oder auch zum Spaß. Sie arbeiten gut, nehmen aber keine Arbeit mit nach Hause. Sie sind gefühlsmäßig sehr ausgeglichen, außer wenn sie dazu angetrieben werden, mehr zu tun, als sie für recht und billig halten, oder wenn jemand sie dazu drängt, ihre Prioritäten zu ändern. Dies sind die Hauptursachen für Stress bei einem lässig-kritischen Menschen. Sie reagieren dann mit massivem Widerstand.

4.2 Beschreibung der Verhaltens- und Kommunikationsstile

Sobald sich eine lässig-kritische Person in ihrer Freiheit eingeschränkt fühlt, wird sie sich zunehmend „kritisch" verhalten. Dieser kritische Anteil wird nachfolgend beschrieben.

Personen mit einem kritischen Stil verhalten sich dann in der Kommunikation ähnlich wie Personen mit dem anhänglichen Stil, sie wirken sehr kooperativ. Auf diese kooperativen Worte folgen jedoch im Gegensatz zu Personen mit einem kooperativen Stil keine Taten. Auf der Ebene der Handlungen widersprechen sie dann oft geradezu dem, was sie sagen. Dieser Stil wird auch als der „Ja-aber-Stil" bezeichnet. Kritik an anderen Personen äußern sie selten offen, sondern bringen diese eher passiv in ihren Handlungen zum Ausdruck. Daher sind diese Personen für ihre Umwelt schlecht einschätzbar. Oftmals lässt auch die Umwelt keine direkte und offene Äußerung von Kritik zu. Typisch für dieses Verhaltensmuster ist die Unterscheidung in vordergründige und untergründige Verhaltensweisen. Die vordergründigen Verhaltensweisen sind dabei stets positiv, sie signalisieren Kooperation. Eben diese Kooperation wird dann jedoch untergründig mit sehr vielen, eher negativ bewerteten Verhaltensweisen sabotiert. So lange eine solche Person im Face-to-Face-Kontakt ist, ist sie kooperativ, sobald sich diese Konstellation jedoch ändert, handelt sie häufig genau entgegengesetzt.

Für diesen Stil ist es schwieriger, die als positiv und als negativ bewerteten Verhaltensbeschreibungen aufzulisten, denn bei diesem Stil ist die Aufteilung in vordergründige (eher positive) und untergründige (eher negative) Verhaltensweisen und der Unterschied zwischen Reden und Tun wichtiger.

Vordergründig eher als positiv bewertete Verhaltensweisen (reden):

Menschen mit einem kritischen Stil zeigen im direkten Kontakt und auf der verbalen Ebene folgende, eher als positiv bewertete Kommunikationsweisen, sie:

- sind kooperativ;
- sind verlässlich;
- sind kooperativ;
- bieten keine Anhaltspunkte für Streit;
- können sich anpassen;
- sind zu allem ansprechbar.

Untergründig eher als negativ bewertete Verhaltensweisen (handeln):

Längerfristig und im Handeln zeigen Menschen mit diesem Stil jedoch die eher als negativ bewerteten Verhaltensweisen, sie:

- führen Verzögerungsmanöver durch;
- werden leicht ungehalten, wenn sie etwas tun sollen, was sie nicht möchten;
- sabotieren die Arbeit;
- beschweren sich, dass andere Forderungen stellen;
- „vergessen" ihre Verpflichtungen;
- nehmen auch nützliche Ratschläge übel;
- behindern die Bemühungen anderer;
- reagieren negativ auf Autoritätspersonen;

- kritisieren diejenigen, von denen sie abhängig sind;
- werden leicht wütend, wenn man von ihnen „zu viel" verlangt;
- unternehmen Handlungen, die verwirren;
- lassen andere oft in Fallen laufen;
- versuchen, unberechenbar zu sein;
- zeigen oft Skepsis und Zynismus;
- haben immer ein „Aber" parat;
- haben eine geringe Frustrationstoleranz;
- empfinden Forderungen leicht als Übergriffe;
- rebellieren unterschwellig;
- handeln stark mikropolitisch.

4.2.5 Der im Zweifelsfall eher zu rational-distanzierte Verhaltens- und Kommunikationsstil

Ein weiterer, für unser Thema relevanter Verhaltens- und Kommunikationsstil ist der rational-distanzierte oder auch eigenbrötlerische, emotionsfreie Verhaltens- und Kommunikationsstil.

Allgemeine Beschreibung
Menschen mit einem rational-distanzierten Stil wollen ihren Mitmenschen nicht zu nahe kommen. Die Grenzen des eigenen Hoheitsgebietes sind eher nach vorn verlegt – eine unsichtbare Wand sorgt dafür, dass der gebührende Abstand gewahrt bleibt. In der Kommunikation wird Distanz geschaffen, was oft von anderen Menschen als Arroganz missverstanden wird. Das Motto dieses Stils lautet: „Die Klugheit gebietet es, die Dinge nüchtern und ohne Emotionen zu betrachten."

Positiv bewertete Verhaltensweisen:

Menschen mit einem rational-distanzierten Verhaltens- und Kommunikationsstil zeigen folgende Verhaltensweisen, die von anderen Menschen in der Regel als positiv bewertet werden, sie:

- bewahren auch in schwierigen Situationen einen kühlen Kopf;
- geraten als Vorgesetzte nicht in eine Rollenkonfusion zwischen Mitarbeiter- und Sachorientierung;
- können in entscheidenden Situationen „Nein" sagen;
- erliegen nicht kollegialer Harmonie;
- haben eine hoch entwickelte Sachwahrnehmung;
- pflegen den Umgangsstil der Berufswelt;
- wahren rollengemäße Distanz;
- haben das Motto: „Man hat sich die Kollegen nicht ausgesucht, man muss aber mit ihnen zusammenarbeiten";
- sorgen für sich selbst;
- bleiben niemandem etwas schuldig;

- sind niemandem zu Dank verpflichtet;
- haben eine förmliche Art;

Negativ bewertete Verhaltensweisen:

Menschen mit einem rational-distanzierten Verhaltens- und Kommunikationsstil zeigen folgende Verhaltensweisen, die von anderen Menschen in der Regel als negativ bewertet werden, sie:

- sind eher verschlossen;
- werden oft fälschlicherweise als arrogant und abweisend wahrgenommen;
- geben den Interaktionspartnern oft das Gefühl, nicht gemocht zu werden;
- haben eine eher gering entwickelte Beziehungswahrnehmung;
- werden schnell nervös, wenn man ihnen „auf die Pelle rückt";
- benutzen eine Sprache, die auf „Gefühlsersparnis" ausgelegt ist;
- vermitteln nach außen leicht den Eindruck, dass sie wenig berührt, dass sie wenig Gefühl hätten;
- vermitteln das Gefühl: „Großer Kopf, Herz aus Stein";
- sind ungeübt im nahen Kontakt;
- reagieren auf die Frage „Wie fühlen Sie sich gerade?" verärgert.

4.2.6 Der im Zweifelsfall eher zu kooperative Verhaltens- und Kommunikationsstil

Der sechste Verhaltens- und Kommunikationsstil ist der kooperative Verhaltens- und Kommunikationsstil, den man auch nachgiebig, anhänglich oder bedürftig nennen kann.

Allgemeine Beschreibung

Menschen mit einem eher anhänglichen Verhaltens- und Kommunikationsstil haben sich ganz den Beziehungen zu den für sie relevanten Menschen verschrieben. Ihr Leben wird dadurch lebenswert, dass sie sich um andere Menschen kümmern. Sie legen höchsten Wert auf dauerhafte Beziehungen, bemühen sich, die Beziehungen aufrechtzuerhalten, und sind dabei loyal, hilfsbereit und fürsorglich. Da sie um Harmonie bemüht sind, neigen sie zu höflichem und taktvollem Verhalten, widersprechen wenig und fallen durch besondere Rücksichtnahme auf. Sie ziehen die Gesellschaft anderer Menschen dem Alleinsein vor. Sie möchten eher folgen als führen, sind kooperativ und bemühen sich, ihr Verhalten zu ändern, wenn sie kritisiert werden.

Menschen mit diesem bevorzugten Verhaltens- und Kommunikationsstil lassen sich schlagwortartig beschreiben durch:

- die Unterordnung eigener Bedürfnisse gegenüber denen anderer Personen, zu denen eine Abhängigkeit besteht;
- die Ermunterung anderer Personen, wichtige Entscheidungen zu fällen, die sie selbst betreffen;

- die geringe Bereitschaft, gegenüber Personen, von denen sie abhängig sind, eigene Wünsche zu äußern;
- eine übertriebene Angst, nicht für sich allein sorgen zu können;
- ein häufiges Beschäftigtsein mit der Furcht, verlassen zu werden;
- die Orientierung von Alltagsentscheidungen an anderen Personen;
- die Dominanz von Beziehungen;
- die Hauptaufgabe, den wichtigen Bezugspersonen zu gefallen;
- die Tendenz, den Partner „auf ein Podest" zu stellen;
- das Ernstnehmen von Kritik und die Besserungswilligkeit;
- die gefühlte Verantwortung für Missstände und Schwierigkeiten;
- die Sichtweise, Schwierigkeiten in Beziehungen seien purer Stress;
- das Nichtäußern negativer Stimmungen;
- das maximal indirekte Benennen von Wut;
- eine geringe Impulsivität und eine hohe Selbstbeherrschung;
- das Fehlen von Konkurrenzverhalten;
- das Entstehen von Stress, wenn sie aufgrund guter Arbeit befördert werden und dann Entscheidungen treffen müssen.

Positiv bewertete Verhaltensweisen:

Menschen mit einem kooperativen Verhaltens- und Kommunikationsstil zeigen folgende Verhaltensweisen, die von anderen Menschen in der Regel als positiv bewertet werden, sie:

- kümmern sich stark um andere Personen;
- legen großen Wert auf dauerhafte Beziehungen;
- sind loyal, hilfsbereit und fürsorglich;
- sind um Harmonie bemüht;
- neigen zu höflichem, taktvollem Verhalten;
- widersprechen selten;
- sind rücksichtsvoll;
- möchten eher folgen als führen;
- sind kooperativ;
- bemühen sich, ihr Verhalten zu ändern, wenn sie kritisiert werden;
- zeigen wenig Feindseligkeit;
- sind „soft" im Verhalten;
- geben dem anderen das Gefühl stark, kompetent, überlegen zu sein.

Negativ bewertete Verhaltensweisen:

Menschen mit einem kooperativen Verhaltens- und Kommunikationsstil zeigen folgende Verhaltensweisen, die von anderen Menschen in der Regel als negativ bewertet werden, sie:

4.2 Beschreibung der Verhaltens- und Kommunikationsstile

- benötigen oft ausgiebige Ratschläge von anderen Personen;
- sind bei der Organisation wichtiger Lebensbereiche von anderen Personen
- abhängig;
- haben schnell Angst, die Unterstützung anderer zu verlieren;
- treiben viel Aufwand, um die Unterstützung anderer zu gewinnen und zu
- erhalten;
- sind sich sicher, dass andere Menschen vieles besser können;
- gehen schnell wieder eine Beziehung ein, wenn eine endet;
- haben Angst davor, allein gelassen zu werden, auch wenn kein spezieller
- Grund dafür besteht;
- übertragen gerne Entscheidungen auf andere;
- zeigen eher weniger Eigeninitiative;
- schätzen Beziehungen oft positiver ein, als diese sind.

4.2.7 Der im Zweifelsfall eher zu sensibel-vermeidende Verhaltens- und Kommunikationsstil

Der letzte hier beschriebene Verhaltens- und Kommunikationsstil ist der sensibel- vermeidende oder auch zurückhaltende, selbstkritische Verhaltens- und Kommunikationsstil.

Allgemeine Beschreibung
Menschen mit einem sensibel-vermeidenden Stil ziehen das Bekannte dem Unbekannten vor und können ihre Fähigkeiten dann entfalten, wenn ihnen die relevanten Menschen dabei vertraut sind. Sensibel-vermeidende Menschen lieben Gewohnheiten und Wiederholungen. Sie sind ihren engen Freunden tief verbunden. Im sozialen Umfeld achten Sie darauf, was andere Personen von ihnen denken, sind umsichtig und taktvoll. Sie verhalten sich liebenswürdig und beherrscht mit taktvoller Zurückhaltung.

Menschen mit diesem bevorzugten Verhaltens- und Kommunikationsstil lassen sich schlagwortartig beschreiben durch:

- das Suchen emotionaler Sicherheit, indem sie ihre eigene kleine Welt aufbauen;
- das Gefühl, außerhalb der vertrauten Atmosphäre verwundbar, wie ein Fisch auf dem Trockenen zu sein;
- das Unbehagen in neuen Situationen;
- das Erforschen des Bekannten, nicht des Unbekannten;
- die Ausrichtung auf andere Menschen, deren Bestätigung sie brauchen, um sich wohlzufühlen;
- ein Misstrauen eher den eigenen Fähigkeiten gegenüber als den Fähigkeiten anderer gegenüber;
- das Anstreben des Gefühls, einen guten Eindruck hinterlassen zu haben;

- ein offenes, spontanes Verhalten in vertrauter Umgebung;
- Stress, wenn sie mit etwas Unvertrautem (z. B. neuen Aufgaben) konfrontiert werden oder bei beruflichen Tätigkeiten, die immer neue Kontakte beinhalten.

Positiv bewertete Verhaltensweisen:

Menschen mit einem sensibel-vermeidenden Verhaltens- und Kommunikationsstil zeigen folgende Verhaltensweisen, die von anderen Menschen in der Regel als positiv bewertet werden, sie:

- ziehen das Bekannte dem Unbekannten vor;
- können ihre Fähigkeiten dann entfalten, wenn ihnen die Menschen vertraut sind;
- lieben Gewohnheiten;
- sind mit ihrer Familie und ihren Freunden eng verbunden;
- legen Wert auf das, was andere Menschen von ihnen halten;
- sind umsichtig und taktvoll;
- fällen keine voreiligen Entscheidungen;
- verhalten sich beherrscht und höflich;
- sind sehr fantasievoll.

Negativ bewertete Verhaltensweisen:

Menschen mit einem sensibel-vermeidenden Verhaltens- und Kommunikationsstil zeigen folgende Verhaltensweisen, die von anderen Menschen in der Regel als negativ bewertet werden, sie:

- sind überempfindlich gegenüber negativer Beurteilung durch andere Personen;
- haben Angst vor Kritik, Ablehnung, Zurückweisung;
- vermeiden oft berufliche Aufgaben, die viel mit Kontakten zu tun haben;
- sprechen selten über sich selbst;
- denken in sozialen Situationen oft daran, ob sie abgelehnt werden könnten;
- richten ihre Aufmerksamkeit stark auf andere Personen;
- sind eher schweigsam und zurückhaltend;
- befürchten, in sozialen Situationen zurückgewiesen zu werden;
- zeigen öfter Zeichen von Unsicherheit;
- vermeiden potenzielle Enttäuschungen;
- haben oft Selbstzweifel.

4.3 Quercheck

An dieser Stelle sollten Sie noch einmal das Ergebnis des Fragebogens zu Beginn dieses Kapitels ansehen und sich fragen, ob Sie das Fragebogenergebnis vor dem Hintergrund der Beschreibung der Verhaltens- und Kommunikationsstile anpassen sollten. Sie werden sehr wahrscheinlich bei der Beschreibung der Verhaltens- und Kommunikationsstile auch viele Querbezüge zu den RIASEC-Faktoren aus dem Kap. 2 und zu den idealtypischen Gruppenmodellen aus Kap. 3 bemerkt haben. Die Zusammenschau dieser Informationen wird eine präzisere Einordnung des eigenen Verhaltens- und Kommunikationsstils ermöglichen.

4.4 Abgrenzungen der Stile zueinander

Einige der beschriebenen Stile habe gewisse Ähnlichkeiten. Nachfolgend sind einige zentrale Unterschiede nochmals zusammengefasst, die ausschlaggebend für die Beurteilung sind, um welchen relevanten Stil es sich tatsächlich handelt.

Selbstbezogen – Dramatisierend
Der Selbstbezogene lebt in der Vorstellung, er sei ein Prinz, der a priori bewundert werden muss. Der Dramatisierende dagegen ist mit einem Schauspieler zu vergleichen, der das Publikum beeindrucken muss, im Zweifelsfall sogar mit seinem intensiven Scheitern. Für den Selbstbezogenen ist das Thema „Oben und Unten" zentral, für den Dramatisierenden das Thema „Nähe". Der Selbstbezogene ist dann glücklich, wenn er sagen kann: „Ich bin unantastbar", der Dramatisierende dann, wenn er sagen kann: „Ich bin so unterhaltsam."

Gewissenhaft – Dramatisierend
Der Dramatisierende initiiert viel („Allem Anfang wohnt ein Zauber inne"), bringt dann aber wenig zu Ende. Der Gewissenhafte ist bei Neuem eher vorsichtig, macht die Dinge, die er anfängt, aber komplett. Der Dramatisierende fühlt sich auf der Schlagwortebene wohl, der Gewissenhafte auf der Detailebene.

Gewissenhaft – Selbstbezogen
Der Gewissenhafte hält sich an universelle Regeln, die für alle Menschen – auch für ihn – gelten, der Selbstbezogene *macht* dagegen die Regeln, die für andere Menschen gelten und für ihn nur dann, wenn sie ihm nützen. Der Gewissenhafte ist im Vergleich eher Moses, der die göttlichen Regeln überbringt, der Selbstbezogene ist eher Gott persönlich, der die Regeln definiert. Der Selbstbezogene fühlt sich oben in einer Hierarchie wohl (da er dann die Regeln bestimmen darf), der Gewissenhafte fühlt sich in der Mitte einer Hierarchie wohl (da die Regeln gesetzt sind und umgesetzt werden müssen).

Dramatisierend – Kooperativ
Der Kooperative passt seine Aktivität den anderen Menschen an. Der Dramatisierende ist generell aktiv.

Kooperativ – Sensibel-vermeidend
Der Kooperative hat wenige eigene Wünsche. Der Zurückhaltende hat zwar eigene Wünsche, aber doch Bedenken, sie durchzusetzen.

Selbstbezogen – Sensibel-vermeidend
Diese Stile, die auf den ersten Blick sehr konträr erscheinen, können in manchen Fällen jedoch die gleiche Wurzel haben. Der selbstbezogene Stil kann eine spezielle Form sein, mit der eigenen Vermeidung umzugehen. Man kann etwas passiv vermeiden, indem man versucht, der Thematik aus dem Weg zu gehen – das ist der sensibel-vermeidende Weg. Man kann aber auch etwas vermeiden, indem man sich aktiv Situationen schafft, in denen das, was es zu vermeiden gilt, möglichst nicht vorkommt. Fürchtet man z. B. Kritik, so kann man mit der passiven Strategie versuchen, Bewertungssituationen zu vermeiden. Man kann aber auch mit der aktiven Strategie zunächst einmal andere Personen kritisieren und so die eventuelle Kritik an der eigenen Person vermeiden. Wenn man Angst vor Nähe hat, kann man versuchen, soziale Situationen einfach zu vermeiden (passive Strategie). Man kann jedoch auch versuchen, sehr viele soziale Beziehungen zu haben, die dann natürlich nur sehr oberflächlich sein können, und mit dieser Strategie die Angst vor sozialer Nähe reduzieren (aktive Strategie). Oftmals sind selbstbezogene Menschen im Grunde sensibel-vermeidende Personen, die jedoch aktive Vermeidungsstrategien anwenden, die man aufgrund des aktiven Charakters nicht so leicht als Vermeidungsstrategien erkennt.

Pointierte Zusammenfassung der Stile
Man könnte sich nun plakativ fragen, was denn eine jeweilige Person mit einem stark ausgeprägten Verhaltens- und Kommunikationsstil auf die Frage antworten würde: „Was ist ein Verhaltens- und Kommunikationsstil?" Was würden die Personen wohl antworten? Die Antworten könnten folgende sein:

- **Der Selbstbezogene**: „Haben Sie meine Theorie dazu nicht verstanden?"
- **Der Dramatisierende:** „Da könnte ich Ihnen stundenlang interessante Dinge darüber erzählen."
- **Der Gewissenhafte:** „Das ist vollständig im ICD, Kapitel F, Punkt 3a geregelt."
- **Der Lässig-Kritische**: „Das ist eine interessante Frage (auf die ich keine Lust habe zu antworten)."
- **Der Rational-Distanzierte**: „Damit möchte ich nichts zu tun haben."
- **Der Kooperative**: „Da vertraue ich voll auf Ihre Sichtweise."
- **Der Sensibel-Vermeidende:** „Ich bin mir nicht sicher, ob ich die richtige Antwort weiß."

4.5   Erkennen der Stile im Gespräch

Es ist wichtig, dass man ein genaues Bild seiner zukünftigen sozialen Umgebung, und dabei speziell der Konstellation zu seinem Vorgesetzten, hat. Zu Beginn dieses Kapitels ging es darum, sich selbst als Person zu betrachten. Das war noch relativ einfach, da man ja einen guten Zugang zu sich selbst hat. Um eine zwischenmenschliche Konstellation beurteilen zu können, braucht man jedoch zusätzlich eine Einschätzung der anderen Person. Diese kann auf mehreren Quellen beruhen: auf der Anwendung der obigen Beschreibungen, auf dem

Interaktionsgefühl, auf den Interaktionstests und auf Informationen aus Feedbacks. Diese Quellen werden nachfolgend beschrieben. Die Informationen werden immer eher indirekt zustande kommen, trotzdem macht es Sinn, sich zumindest begründete Hypothesen zu bilden.

4.5.1 Die Anwendung der obigen Beschreibungen

Man kann sich anhand der obigen Beschreibungen ein Bild der anderen Person machen. Man überlegt dabei, welche beiden Beschreibungen am ehesten auf die Person passen könnte. Wenn man die Gelegenheit und die Zeit dazu hat, kann man dabei auch auf konkrete Erlebnisse in der Interaktion mit dieser Person zurückgreifen – besonders wertvoll sind hier natürlich schwierige Interaktionen. Dies wird in einer kurzfristigen Interaktion wie einem Vorstellungsgespräch aber eher schwierig sein. Als interner Bewerber kann man jedoch gut auf solche Informationen zurückgreifen.

4.5.2 Das Interaktionsgefühl

Eine weitere Einschätzungsquelle stellt das Interaktionsgefühl dar. Dazu muss man sich nur nach einer Interaktionssequenz (z. B. einem Vorstellungsgespräch), am besten in unmittelbarem Anschluss an eine solche Sequenz, etwas Zeit nehmen und auf das eigene dominante Gefühl während der Interaktion achten. Noch besser ist es natürlich, „live" in der Sequenz auf das eigene Gefühl zu achten.

Der zentrale Vorteil dabei ist der, dass dieses rein subjektive Gefühl der „objektivste" Indikator dafür ist, wie Sie die Interaktion erleben. Dieses subjektive Erleben wird dabei durchaus unterschiedlich sein können, je nachdem, welchen eigenen Verhaltens- und Kommunikationsstil Sie haben. Aber genau in dieser Subjektivität liegt die psychologische Relevanz für Sie. Fragen Sie sich daher nicht: „Welches Interaktionsgefühl löst die Person generell aus?", sondern: „Welches Interaktionsgefühl löst die Person rein subjektiv bei mir aus?"

Das nachfolgende Schema stellt den Zusammenhang zwischen subjektiv empfundenem Interaktionsgefühl und dem Verhaltens- und Kommunikationsstil dar, der dieses Gefühl sehr oft auslöst.

Interaktionsgefühl und wahrscheinlicher Verhaltens- und Kommunikationsstil des Interaktionspartners:

Verhaltens- und Kommunikationsstil	Dominates Interaktionsgefühldes Interaktionspartners
Selbstbezogen	Angst oder Mitleid
Dramatisierend	Langeweile
Gewissenhaft	Mühsal, Zähigkeit

Verhaltens- und Kommunikationsstil	Dominates Interaktionsgefühldes Interaktionspartners
Rational-Distanziert	Wenig Gefühl wahrnehmbar
Lässig-kritisch	Chancenlosigkeit
Sensibel-Vermeidend	Sicherheit vermitteln wollen
Kooperativ	Sagen, wo es langgeht

4.5.3 Interaktionstests

Man kann Verhaltens- und Kommunikationsstile auch an den jeweiligen so genannten „Interaktionstests" von Personen erkennen. Diese „Interaktionstests" werden von Menschen unbewusst durchgeführt, um die Art und die Qualität einer Beziehung auszuloten. Die nachfolgenden „Interaktionstests" werden von Personen mit den entsprechenden Verhaltens- und Kommunikationsstilen oft durchgeführt. Die jeweiligen aufgeführten Fragen sollen mit den „Interaktionstests" beantwortet werden:

Von selbstbezogenen Personen
„Würdigt mein Gegenüber meine besonderen Kompetenzen?"
„Ist mein Gegenüber bereit anzuerkennen, dass ich hier die Kontrolle habe?"

Von dramatisierenden Personen
„Ist mein Gegenüber mir zugewandt?"
„Bleibt die Person auch an meiner Seite, wenn ich sie attackiere?"

Von gewissenhaften Personen
„Kann mein Gegenüber meinen Normen uneingeschränkt zustimmen?"
„Argumentiert mein Gegenüber gegen mein Weltbild?"

Von kritischen Personen
„Wird vom Gegenüber Druck ausgeübt?"
„Gibt es Anweisungen, die meine Grenzen beeinträchtigen?"

Von rational-distanzierten Personen
„Kommt mit mein Gegenüber zu nahe?"
„Respektiert der andere meine Grenzen?"

Von sensibel-vermeidenden Personen
„Kritisiert mich hier jemand?"
„Was könnte im Zweifelsfall eher gegen mich sprechen?"

Von kooperativen Personen
„Ist die Beziehung zum Gegenüber auch wirklich stabil?"
„Steht die andere Person auch tatsächlich an meiner Seite?"

Wenn Ihnen eine Interaktionssequenz (z. B. während eines Vorstellungsgespräches) etwas seltsam erschien, können Sie sich fragen, ob das entsprechende Verhalten der anderen Person ein Beziehungstest gewesen sein könnte. Solche recht seltsam anmutenden Interaktionssequenzen, die man spontan schwer einordnen kann, liefern oftmals gute Hinweise auf Verhaltens- und Kommunikationsstile. Fragen Sie sich dann weiter, welche Frage mit dem jeweiligen Beziehungstest beantwortet werden sollte.

4.5.4 Feedback

Eine weitere, sehr effiziente Methode, um die andere Person einschätzen zu können, stellt das Feedback dar, wenn man es in der richtigen Weise zu deuten weiß. Gemeinhin wird die Funktion von Feedback so verstanden, dass der Feedbacknehmer vom Feedbackgeber etwas über sich erfahren kann. Feedback ist so gesehen eine Art Selbsterfahrung für den Feedbacknehmer, bei der ihm der Feedbackgeber dabei hilft, „blinde Flecken" zu erkennen, um sich daraufhin persönlich optimieren zu können. Dies ist – besonders in der Personalentwicklung – eine weitverbreitete Sichtweise von Feedback.

Bei genauerer Betrachtung zeigt sich allerdings, dass Feedback diese Funktion nicht erfüllen kann. Um in der Analogie der blinden Flecke zu bleiben: Da der Feedbackgeber selbst auch blinde Flecken besitzt, würde beim Feedback also ein zumindest partiell Blinder einem anderen auch zumindest partiell Blinden die Welt erklären. Man könnte nun versuchen, sich über eine große Zahl an Feedbacks der „Realität" anzunähern. Damit handelt man sich jedoch nur weitere Probleme ein. Erstens hat man in der Regel gar nicht die Möglichkeit, Feedback von sehr vielen unterschiedlichen Menschen zu bekommen (was eine Grundvoraussetzung für ein solches „statistisches" Vorgehen wäre). Zweitens ist es ziemlich sicher, dass man von unterschiedlichen Menschen sehr unterschiedliche, oftmals sogar konträre Hinweise erhalten würde, weil ein und dasselbe Verhalten einer Person von verschiedenen Personen völlig unterschiedlich, zum Teil gegensätzlich beurteilt wird. Eine Beurteilung erfolgt schließlich immer vor dem Hintergrund des Verhaltens- und Kommunikationsstils des *Feedbackgebers* mit seinen spezifischen Bedürfnissen und Ängsten. Was nützt also das Feedback einer großen Anzahl von Personen, um etwas über sich selbst zu erfahren? Gar nichts, da man sich letztendlich heraussuchen kann, was man von dem jeweiligen Feedback glauben möchte und was nicht. Demzufolge kann man sich die ganze Prozedur auch sparen, sofern man versucht, mittels Feedback etwas über sich selbst zu erfahren.

Wenn man den Spieß jedoch herumdreht, kann Feedback sehr informativ sein. Der Feedbackgeber projiziert bei einem Feedback *seine* subjektive Weltsicht, die von *seinen* Interaktionsbedürfnissen und -ängsten geprägt ist, auf den Feedbacknehmer, über den er glaubt, etwas auszusagen. In Wirklichkeit sagt der Feedbackgeber wesentlich mehr über sich und seine Maßstäbe und Filter aus, mit denen er sich *seine* subjektive Weltsicht zurechtlegt. Feedback ist so gesehen ein effektives Mittel, um relevante Informationen über den *Feedbackgeber* zu erhalten.

Fragen Sie sich daher nach einem Feedback nicht: „Was kann ich daraus über mich selbst lernen?", sondern fragen Sie sich:

- Was hat der Feedbackgeber mit dem Feedback *über sich selbst* preisgegeben?
- Welche Maßstäbe legt er an andere Menschen an?
- Was sagt das Feedback darüber aus, wie der Feedbackgeber sich die Welt subjektiv zurechtfiltert?
- Auf welche zentralen Ängste des Feedbackgebers lässt das Feedback schließen?
- Welche Rolle spielen ich wohl als Person im Hinblick auf die zentralen Ängste des Feedbackgebers?
- Auf welche zentralen Bedürfnisse des Feedbackgebers lässt das Feedback schließen?
- Welche zentralen Bedürfnisse des Feedbackgebers erfülle ich ggf. nicht?
- Möchte ich mich von einer Person mit dieser subjektiven Weltsicht führen und beurteilen lassen?
- Welche Auswirkungen hat die Weltsicht des Feedbackgebers in Kombination mit meiner subjektiven Weltsicht auf die Qualität der Konstellation?

Wie oben schon erwähnt, handelt es sich dabei immer um eher indirekte Methoden, in aller Regel liefern sie jedoch Hinweise auf den Verhaltens- und Kommunikationsstil des Gegenübers.

Um zu entscheiden, welche Qualität die Beziehung zu einem potenziellen Vorgesetzten wohl haben wird, brauchen Sie die Einschätzung Ihres eigenen Verhaltens- und Kommunikationsstils. Notieren Sie die beiden Verhaltens- und Kommunikationsstile, zu denen Sie am ehesten neigen. Verwenden Sie dazu die Auswertung des Fragebogens und die obigen Beschreibungen der jeweiligen Stile.

Eigene Verhaltens- und Kommunikationsstile
Notieren Sie dann nach einem Vorstellungsgespräch die vermutlich von Ihrem potenziellen Vorgesetzten bevorzugten zwei Verhaltens- und Kommunikationsstile. Schätzen Sie diese mit den oben beschriebenen Methoden ab.

Vermutete Verhaltens- und Kommunikationsstile des potenziellen Vorgesetzten
Die Abschätzung der Qualität dieser jeweiligen Konstellation erfolgt mit der im Kap. 8 beschriebenen Methode.

Literatur

Hofmann, E. (2011). Verhaltens- und Kommunikationsstile erkennen und optimieren. Göttingen: Hogrefe.

Das Vorstellungsgespräch 5

> **Zusammenfassung**
>
> Erwarten Sie sich von diesem Kapitel bitte nicht eine Zusammenstellung der wichtigsten Fragen im Vorstellungsgespräch und der „besten" Antworten darauf. Dieses Vorgehen würde in den Bereich der Absurditäten gehören, die hier nicht weiter ausgebreitet werden sollten (vergl. Kap. 1). Es geht stattdessen in diesem Kapitel darum, den Informationsgehalt eines Vorstellungsgespräches zu verbessern.
>
> Es ist von zentraler Bedeutung, sich in einem Vorstellungsgespräch zumindest fundierte Hypothesen über die Passung der zukünftigen Arbeitssituation und der eigenen Person zu machen. Wenn man sich mit beruflichen Entwicklungsmöglichkeiten beschäftigt, muss man sich ein möglichst präzises Bild von den verschiedenen beruflichen Situationen machen, die prinzipiell als Handlungsoption in Frage kommen. Man kann leider nicht davon ausgehen, dass man in einem Gespräch diese relevanten Informationen „automatisch" erhält, man muss etwas dafür tun. Was man hierfür tun kann, wird in diesem Kapitel beschrieben.
>
> In der Regel erhält man diese Informationen in einem oder mehreren Gesprächen mit dem oder den zukünftigen Vorgesetzten. Oft sind diese Gespräche sogar die einzigen Informationsquellen, die man zur Verfügung hat. Bei solchen Gesprächen gibt es jedoch eine ganze Reihe von Schwierigkeiten, die dem Ziel einer möglichst genauen Erfassung der Merkmale der zu erwartenden Situation entgegenstehen. Das berufliche Entscheidungsproblem wird bei einer unklaren Beschreibung der potenziellen Handlungsoptionen zu einem schlecht definierten Problem (Dörner 1989), da man sich einerseits entscheiden muss und andererseits die Alternativen nicht genau kennt und daher natürlich auch nicht systematisch bewerten kann. Die Schwierigkeiten bei der Erfassung der Eigenheiten beruflicher Situationen werden in diesem Kapitel beschrieben und mögliche Lösungswege aufgezeigt.

5.1 Schwierigkeiten bei der Informationsgewinnung im Gespräch

Nachfolgend sind einige Schwierigkeiten bei der Informationsgewinnung in Gesprächen allgemein und im Besonderen im Vorstellungsgespräch beschrieben.

5.1.1 Unklare Anforderungen

Eine Schwierigkeit bei der Erfassung von relevanten Anforderungen einer Stelle besteht in der Tatsache, dass es gar keine eindeutige Wahrnehmung dessen gibt, was die Stelleninhaber eigentlich tun. Das hört sich im ersten Moment vielleicht etwas seltsam an, soll aber nachfolgend belegt werden. Die Skepsis der Auffassung gegenüber, man wisse relativ gut, was ein Stelleninhaber tut, rührt aus Untersuchungen zu parallelen Vorgängen. Bei so genannten parallelen Vorgängen handelt es sich um Tagebuchaufzeichnungen, mit deren Hilfe Personen ihren Arbeitsalltag dokumentierten und dieselbe Episode wie etwa eine Besprechung (an der natürlich beide beteiligt sein mussten) z. B. vom Vorgesetzten und vom Mitarbeiter (oder auch von Kollegen) einer Kategorie zugeordnet wurden. Untersuchungen zu solchen parallelen Vorgängen erzeugen immer wieder die gleichen Ergebnisse:

So fand z. B. Burns (1961) heraus, dass Vorgesetzte 165 Episoden als „Anweisungen geben und Entscheidungen treffen" betrachteten, von diesen 165 Episoden jedoch nur 85 auch von ihren Mitarbeitern so gesehen wurden. Die restlichen Episoden kategorisierten sie als „Information und Beratung erhalten". Harper und Argent (1975) untersuchten 1 548 parallele Vorgänge und fanden 40 Prozent Übereinstimmung in der Kategorisierung zwischen Vorgesetzten und Mitarbeitern. Wohlgemerkt wurden von den jeweils Beteiligten immer dieselben Interaktionen bewertet.

Die Ergebnisse der Untersuchungen zeigen, dass es offensichtlich schwierig ist, eine Arbeitssituation zu beschreiben. Anscheinend gibt es „die" Arbeitssituation gar nicht, sondern es gibt mehrere unterschiedliche Wahrnehmungen der jeweiligen Arbeitssituation. Die Schnittmenge der Wahrnehmungen der verschiedenen Personen dazu ist dabei eher gering.

5.1.2 Verwendung wohlfeiler Begriffe

Eine weitere Schwierigkeit im Vorstellungsgespräch liegt im Gebrauch wohlfeiler Begriffe. Dabei werden aus dem Pool wohlklingender Begriffe oft diejenigen gewählt, die gerade allgemein diskutiert und kommuniziert werden. Damit ist man vermeintlich „auf der sicheren Seite", da man ja mit Begriffen arbeitet, die „Allgemeingut" sind. Diese Begriffe kann man z. B. im Stellenteil der „FAZ" in komprimierter Form finden (vgl. Kap. 1), ebenso in Online-Jobbörsen. Die Anforderungen an den zukünftigen Stelleninhaber werden oft mit Begriffen beschrieben, wie beispielsweise:

- Flexibilität
- Kommunikationsstärke
- Aufgeschlossenheit
- Engagement
- Lernbereitschaft
- Teamorientierung

Man kann solch wohlfeilen Begriffe auch in populärwissenschaftlichen Zeitschriften und Büchern zum Thema Management finden, wenn man diese danach durchforstet, was „man" (zumindest anscheinend) gerade so diskutiert. Die Wahrscheinlichkeit ist relativ groß, dass man diese Worte dann im Vorstellungsgespräch wiederfindet. Um einem möglichen Missverständnis vorzubeugen: Die jeweiligen aktuell diskutierten Konzepte und Begriffe können für sich genommen (als teilweise auch akademische Diskussion) durchaus sinnvoll und relevant sein. Die Frage ist jedoch, was diese Begriffe mit der zu erwartenden konkreten Arbeitssituation zu tun haben. Bei der Beantwortung dieser Frage helfen wohlfeile Begriffe, Konzepte und Idealvorstellungen nicht weiter.

Diese eher „wolkigen" Begriffe taugen maximal zum Einstieg in eine Diskussion, sind jedoch keinesfalls valide Informationen zur Arbeitssituation. Auf der Ebene der „wolkigen" Begriffe ist man sich in der Regel schnell einig, dass man das Gleiche meint. Wenn man nun auf dieser Ebene bleibt, ist die Gefahr groß, dass man nicht erkennt, dass diese „wolkigen" Begriffe entweder an sich ziemlich bedeutungslos sind oder für verschiedene Personen völlig unterschiedliche Bedeutungen haben können. Letztendlich geht es aber darum, genau über diese individuellen Bedeutungen zu sprechen.

5.1.3 Personal-Marketing

Es geht in Gesprächen und Anzeigen, die eine zu besetzende Stelle betreffen, oft auch darum, Selbstdarstellung und Marketing für das Unternehmen zu betreiben. Wie bei jeder Art von Marketing soll das „Produkt" Stelle mit positiv besetzten Begriffen assoziiert werden. Dies ist aus Marketinggesichtspunkten durchaus verständlich und keineswegs verwerflich. Man darf dann nur nicht annehmen, dass man dadurch auch differenzierende Information über die Anforderungen einer Stelle geschaffen hat.

In diesem Kapitel werden nachfolgend Gesprächstechniken vorgestellt, mit deren Hilfe man den oben beschriebenen Problemen entgehen kann. Dazu wird zunächst die formelle Art der Fragestellung thematisiert, mit der man die eigenen Fragen zur jeweiligen Stelle am besten formuliert, um mit höherer Wahrscheinlichkeit verwertbare Informationen zu erhalten. Im nächsten Abschnitt geht es um die Rolle des Nachfragens, gefolgt von einem Abschnitt, in dem ein so genannter „Mikroprozess" vorgestellt wird, mit dessen Hilfe man sicherstellen kann, dass man zu einem tieferen Verständnis der Information kommen kann, die in einer Antwort auf eine Frage steckt. Den Abschluss dieses Kapitels bildet ein Modell aus der formalen Syntaktik, mit dem man quasi „automatisch" diejenigen Stellen in einer Antwort auffinden kann, die man nachfragen muss, um der jeweiligen Aussage Sinn zu verleihen.

5.2 Relevante Fragearten

Dieser Abschnitt befasst sich mit der formellen Art der Fragestellungen im Vorstellungsgespräch. Verschiedene Fragearten werden im Hinblick auf ihre Vor- und Nachteile zur Informationsgewinnung betrachtet.

Übung
Bevor Sie weiterlesen, schreiben Sie bitte zunächst möglichst viele Frage in wörtlicher Rede auf, möglichst genau so, wie Sie diese im Vorstellungsgespräch auch stellen würden.

_____
_____
_____
_____
_____
_____
_____
_____
_____

Die Art der Fragestellung beeinflusst in ganz besonderer Form den möglichen Verlauf eines Gespräches. Je nachdem, wie eine Frage gestellt ist, regt sie mehr zu einer ausführlichen oder mehr zu einer weniger ausführlichen Beantwortung an. Besonders wichtig sind dabei zwei Fragearten: die offenen und die geschlossenen Fragen. Nach meiner Erfahrung dominieren bewerber- und unternehmensseitig die geschlossenen Fragen in Vorstellungsgesprächen.

So genannte „geschlossene" oder „enge" Fragen fordern dazu auf, kurz und knapp beantwortet zu werden, sie können mit „Ja", „Nein", einer Zahl oder irgendeinem anderen Fakt sehr knapp beantwortet werden. Eine „offene" („weite") Frage dagegen kann meist nicht nur kurz und knapp beantwortet werden, sie lässt dem Befragten eher die Möglichkeit, vieles und Unterschiedliches auf die Frage zu antworten. Die offene Frage schneidet dabei den Themenbereich, um den es gehen soll, gewissermaßen nur an. Der Befragte kann dann im ersten Schritt selber wählen, wie intensiv und in welche Richtung er antworten will. Zur Beantwortung einer geschlossenen Frage muss der Befragte nur in geringem Umfang seine Aufmerksamkeit aktivieren, die entsprechende Antwort ist meist nach nur sehr kurzem Nachdenken gefunden. Bei der offenen Frage dagegen muss der Befragte in größerem Umfang nachdenken. Ein weiterer zentraler Nachteil geschlossener Fragen ist, dass diese in aller Regel suggestiv sind. Die Frage: „Ist Ihr Unternehmen auch familienfreundlich?" transportiert zum Beispiel neben der eigentlichen Frage auch die Erwartung, dass dies so sein sollte. Die vermutliche Antwort wird – insbesondere auf dem Hintergrund der derzeitigen Diskussion zur Familienfreundlichkeit – sehr wahrscheinlich „Ja" lauten. Der Befragte weiß bei einer geschlossenen Frage in aller Regel sehr genau, was Sie wohl gerne von ihm hören möchten. Eigentlich könnte man dann die Frage auch umformulieren in die Aufforderung: „Bitte erklären Sie mir, warum Ihr Unternehmen so familienfreundlich ist."

Geschlossene Fragen:
- Sind leicht mit Ja/Nein/einem Fakt zu beantworten
- Die Antworten auf geschlossene Frage geben in der Regel wenig Ansatzpunkte für weitere Nachfragen
- Sind für den Befragten oft einfach zu beantworten
- Sind in der Regel suggestiv und daher wenig informativ, da die Antwort schon vorab zu erwarten war, die Antwort ist in diesen Fall trivial
- Geschlossene Fragen sind für das Abklären von Detailfragen sinnvoll, jedoch für den Einstieg in ein Thema eher ungünstig

Offene Fragen:
- Sind nicht nur mit Ja/Nein/einem Fakt zu beantworten und daher sind die Antworten auf offenen Fragen in der Regel informativer als die Antworten auf geschlossene Fragen
- Machen es für den Befragten oft notwendig, vor der Beantwortung nachzudenken
- Die Antworten enthalten oft viele Ansatzpunkte für weitere Nachfragen

▶ Formale Aspekte

Man kann auch mithilfe einer formalen Prüfung relativ leicht feststellen, ob eine Frage eher offen oder eher geschlossen gestellt ist.

Offene Fragen:
Offene Fragen beginnen in der Regel mit einem „W", sie werden daher gelegentlich auch „offene W-Fragen" genannt. Sie enthalten z. B. Frageworte wie:
- „Wie kam es … ?"
- „Was waren die Gründe für … "
- „Wie sieht … aus?"
- „Welche … ?"

Geschlossene Fragen:
Beginnen häufig mit Worten wie z. B.:
- „Sind ... ?"
- „Ist ... ?"
- „Glauben Sie ... ?"
- „Werden Sie ... ?"
- „Würden Sie ... ?
- „Haben Sie ... ?"
- „Gibt es ... ?"
- „Können Sie ... ?

▶ Vorteile offener Fragen

Nachfolgend sind noch einmal die Hauptvorteile der offenen (weiten) Frageart aufgeführt:

- Sie erhöhen die Wahrscheinlichkeit, dass der Befragte viel und qualitativ hochwertiges verbales Material liefert, an dem der Fragende dann weiter anknüpfen kann, und befreit den Fragenden außerdem zu einem gewissen Grad vom Formulieren neuer Fragen.
- Sie bieten dem Befragten die Freiheit, sich denjenigen Aspekt der Frage herauszugreifen, über den er reden möchte. Ist dies nicht der vom Fragenden anvisierte Aspekt, kann dieser immer noch (z. B. auch mit geschlossenen Fragen) nachfragen.
- Sie fordern zu ihrer Beantwortung vom Befragten ein höheres Maß an geistiger Beteiligung als geschlossene Fragen.
- Der Stil der Beantwortung offener Fragen sagt etwas über das Kommunikationsverhalten des Befragten aus.
- Offene Fragen sind in der Regel deutlich weniger suggestiv als geschlossenen Fragen.

Beispiel 1

Auf die geschlossene Frage: „Gibt es in Ihrer Firma auch die Möglichkeit, an Weiterbildungsseminaren teilzunehmen?" wird die Antwort höchstwahrscheinlich lauten: „Ja, selbstverständlich", da geschlossene Fragen auch fast immer suggestiv sind. Die offenere Frage: „Wie funktioniert das Personalentwicklungssystem in Ihrem Unternehmen?" dagegen ermöglicht es dem Befragten, auf verschiedenen Gebieten zu antworten. So kann er z. B. erklären, wie das System der Führungskräfteentwicklung des Unternehmens aussieht, welche Weiterbildungen angeboten werden, wer über die Teilnahme entscheidet usw. Die offene Frage bietet dem Befragten die Möglichkeit, aus einem ganzen Spektrum von Antwortmöglichkeiten auszuwählen. Die Auswahl wird dabei nicht zufällig erfolgen, sondern aufgrund der Wichtigkeit, die der Befragte dem

5.2 Relevante Fragearten

Aspekt zumisst. Mit der Auswahl des jeweiligen Antwortbereiches gibt der Befragte daher auch Werthaltungen seitens des Unternehmens oder der eigenen Person preis.

Sollten Sie sich zusätzlich für einen sehr speziellen Aspekt der Weiterbildung interessieren, so können Sie diesen immer noch mit geschlossenen Fragen erfragen. Zunächst ist es jedoch immer günstiger, mit offenen Fragen zu beginnen.

Beispiel 2

Auf die geschlossene Frage: „Ist Teamarbeit in Ihrem Unternehmen wichtig?" werden Sie mit sehr wahrscheinlich die Antwort erhalten: „Ja, Teamarbeit ist bei uns sehr wichtig." Diese Antwort war aufgrund des suggestiven Aspekts der Frage natürlich zu erwarten und hat daher keinen informativen Wert. Offene Fragen zu diesem Thema wären z.B.: „In welchen Arbeitsformen wird in Ihrem Unternehmen gearbeitet?" oder: „In welchen Bereichen setzen Sie Teamarbeit ein, in welchen nicht?" Der Befragte kann bei der ersten Frage sämtliche Arbeitsformen aufführen, die in dem Unternehmen angewandt werden, und man kann diese Formen weiter diskutieren und bewerten. Die zweite Frage animiert dazu, sich zu den Vor- und Nachteilen der Teamarbeit im Zusammenhang mit verschiedenen Aufgaben zu äußern. Beide Fragen haben einen deutlich höheren Informationsgehalt als die ursprüngliche, geschlossene Frage.

▶ Die „Warum"-Frage als Indikator für geschlossene Fragen

Antwortet der Befragte auf eine geschlossene Frage mit einer kurzen und knappen Antwort, so kommt es häufig vor, dass der Fragende seine geschlossene Frage noch dadurch zu retten versucht, dass er eine „Warum-Frage" nachschiebt und so versucht, den Befragten doch noch zum Sprechen zu bringen. Die „Warum-Frage" hat aber den Nachteil, dass sie (zumindest bei häufiger Verwendung) relativ schnell einen Verhörstil erzeugt, was sich dann negativ auf die Beziehungsebene auswirken kann. Der Befragte kann sich durch „Warum-Fragen" leicht zur Rechtfertigung seiner Antworten gedrängt fühlen. Daher sollte die „Warum-Frage" (insbesondere zur „Rettung" einer geschlossenen Frage) möglichst vermieden werden.

▶ Die Konstruktion offener Fragen

Im nachfolgenden Abschnitt wird ein Schema vorgestellt, mit dem man relativ leicht offene Fragen generieren kann (s. Abb. 5.1).

Zu der angestrebten Frage wird ein Themengebiet gesucht, das die Frage selbst beinhaltet, aber auch noch zusätzlich andere Themen zulässt, also eine Art „Oberthema" zu der jeweiligen angestrebten Frage und dazu eine Frage. Eine geschlossene Frage beinhaltet dagegen immer nur eine Teilmenge einer offeneren Frage.

Vorgehen beim Generieren offener Fragen:

Abb. 5.1 Offene Fragen

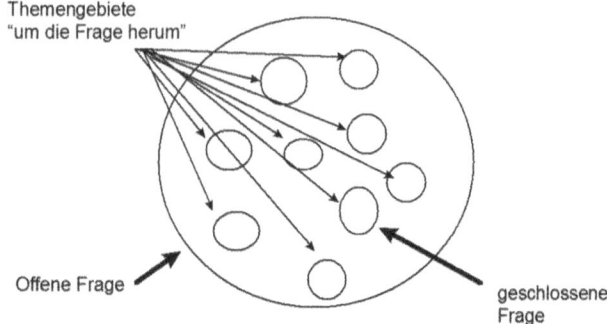

1. Überlegen Sie sich, was Sie inhaltlich erfahren wollen, formulieren Sie dazu spontan eine Frage.
2. Prüfen Sie, ob die entsprechende Frage nicht offener gestellt werden könnte. Formulieren Sie die Frage gegebenenfalls offener um.
3. Behalten Sie die geschlossene Frage als Nachfrage im Hinterkopf.

Formale Konstruktion offener Fragen

Man kann das Stellen offener Fragen auch auf einer sehr formalen Ebene üben (s. Abb. 5.2). Dazu sieht man sich die spontan formulierte Frage zunächst an und prüft, ob diese Einschränkungen enthält. Danach muss man nur noch diese Einschränkung beseitigen und man hat eine offenere Frage.

Die Frage: „Wie viele Stunden beträgt die Arbeitszeit an einem normalen Tag?" enthält die Einschränkung „Tag". Mit dieser Art der Fragestellung teilt man dem Befragten implizit mit, er solle bitte nichts erzählen über die Wochen-, Monats-, Jahresarbeitszeit. Zudem enthält sie die weitere Einschränkung „normal". Dadurch fordert sie dazu auf, nichts über die „unnormalen" Tage zu berichten. Eine offenere Frage wäre z. B.: „Wie wird in Ihrem Unternehmen gearbeitet?"

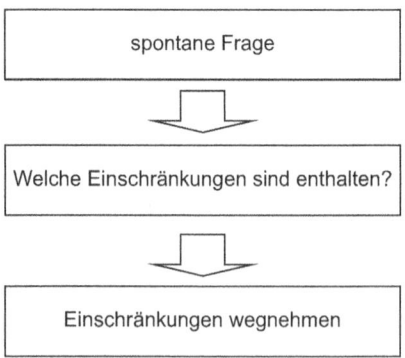

Abb. 5.2 Formale Konstruktion offener Fragen

5.2 Relevante Fragearten

Die Frage: „Wie beurteilen Sie die Zukunft des Geschäftsfeldes?" enthält die Einschränkung „Zukunft" und fordert damit den Befragten zwischen den Zeilen auf, z. B. nichts über die derzeitige Beurteilung des Geschäftsfeldes zu erzählen. Eine offenere Frage wäre z. B.: „Wie beurteilen Sie das Geschäftsfeld?" Diese Frage beinhaltet auch, aber nicht nur die Beurteilung der Zukunft des Geschäftsfeldes und ist damit offener.

In der Frage: „Was ist bei der Arbeitsaufgabe besonders motivierend?" steckt die Einschränkung „besonders motivierend". Man fordert damit den Gesprächspartner auf, nichts über die negativen Aspekte der Arbeitsaufgabe, ja noch nicht einmal etwas über das zu sagen, was „normal" motivierend ist. Eine offenere Frage, die diese Einschränkung vermeidet, wäre z. B.: „Wie sehen Sie die Vor- und Nachteile der Arbeitsaufgabe?"

Zusätzlicher Effekt der offenen Frage
Auf eine offene Frage wird in der Regel vom Befragten mehr verbales Material geliefert als auf eine geschlossene Frage. Daher ist die Wahrscheinlichkeit höher, dass der Befragte Inhalte äußert, die mit darauf aufbauenden offenen (oder auch geschlossenen) Fragen weiter hinterfragt werden können.

Spricht der Befragte z. B. auf die (offene) Frage: „Wie sind in Ihrem Unternehmen die Arbeitsbedingungen?" nicht wie vom Fragenden zunächst vielleicht beabsichtigt, über Teamarbeit, sondern z. B. über die technische Ausstattung des Arbeitsplatzes, hat der Befragte ein neues Themengebiet eröffnet, das mit neuen (zunächst vielleicht wieder offenen, später dann eher geschlossenen) Fragen weiter diskutiert werden kann. Die ursprünglich beabsichtigte Frage nach der Teamarbeit kann natürlich immer noch gestellt werden.

Mithilfe offener Fragen kann –auf diese Weise – ausgehend von einer spezifischen Frage – die Zahl der Fragen wesentlich erhöht werden, ohne dass sich der Fragende permanent neue Fragen ausdenken muss. Der Befragte hilft dem Fragenden gewissermaßen bei der Generierung neuer Fragen, indem er von sich aus zusätzliche Themenbereiche anspricht.

Warum sollte man das Formulieren offener Frage üben? Fragen, die uns spontan einfallen, sind in der Regel eher geschlossene Fragen. Das Formulieren geschlossener Fragen braucht man nicht zu üben. Offene Fragen fallen uns dagegen nur selten spontan ein. Daher kann man das Formulieren offener Frage nicht oft genug üben. Man braucht im Gespräch auch nicht zu befürchten, dass man die Fragen zu offen stellt. Man kann in der Realsituation beim Stellen offener Fragen so gut wie nicht über das Ziel hinausschießen.

Übung
Gehen Sie die zu Beginn dieses Kapitels gesammelten Fragen durch und entscheiden Sie bei jeder Frage, ob diese eher geschlossen oder eher offen ist. Verwenden Sie dabei das Schema der Abb. 5.2.

Bestimmen Sie den Anteil der geschlossenen Fragen an den Gesamtfragen. Sehr wahrscheinlich werden Sie bei der Auswertung feststellen, dass gegen Ende der Auswertung der Anteil der geschlossenen Fragen zunimmt. Besonders dann, wenn wir unter Druck geraten und spontan Fragen formulieren müssen, wird das Ergebnis eher in geschlossenen als in offenen Fragen bestehen.

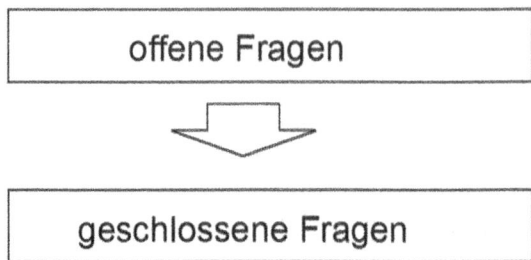

Abb. 5.3 Abfolge offener und geschlossener Fragen im Gespräch

Es fällt den meisten Menschen eher leichter, geschlossene Fragen zu formulieren als offene Fragen, daher muss das Stellen geschlossener Fragen nicht besonders geübt werden. Das Formulieren offener Fragen hingegen erfolgt in aller Regel nicht automatisch und muss daher vorab geübt werden.

▶ Reihenfolge von offenen und geschlossenen Fragen

Für die Abfolge offener und geschlossener Fragen ist es günstig, bei der Besprechung eines Gebietes zuerst möglichst viele offene Fragen zu verwenden (s. Abb. 5.3).

Übung: offene Fragen formulieren
Formulieren Sie die nachfolgenden geschlossenen Frage in offenere Fragen um. Verwenden Sie dabei die Schemata aus den Abb. 5.1 und 5.2.

Beispiel

Geschlossene Frage: „Wer ist mein direkter Vorgesetzter?"
   Offene Frage: „Wie ist die hierarchische Einordnung?"

- Gibt es ein Einarbeitungsprogramm?
- Gibt es einen Organisationsplan der Firma?
- Wurde die Stelle neu geschaffen?
- Kann ich meinen zukünftigen Arbeitsplatz sehen?
- Mit welchen Kollegen werde ich besonders eng zusammenarbeiten?
- Gibt es abteilungsübergreifende Projektarbeit?
- Kann ich als Mitarbeiter Weiterentwicklungsmöglichkeiten nutzen?
- Ist Gleitzeit vorgesehen?
- Gibt es besondere Sozialleistungen?
- Wie lange hatte mein Vorgänger die Position inne?
- Welche wesentlichen Veränderungen gab es in den letzten Jahren?
- Gibt es Entwicklungs- und Aufstiegsmöglichkeiten?

- Mit welchen Organisationseinheiten muss ich besonders eng zusammenarbeiten?
- Wurden in letzter Zeit Dienstleistungen ausgelagert?
- Wurden in den letzten 24 Monaten Abteilungen zusammengeführt?
- Wurden Zeitarbeiter ins Unternehmen geholt?

5.3 Nachfragen

Neben der Art der Fragestellung als offen oder geschlossen ist es im Vorstellungsgespräch sehr wichtig, die auf der ersten Ebene gegebenen Antworten nachzufragen. In aller Regel enthalten Antworten auf der ersten Antwortebene nämlich keine differenzierten Informationen. Diese ergeben sich erst durch Nachfragen.

Eine zentrale Schwierigkeit beim Vorstellungsgespräch besteht darin, das Gespräch auf eine möglichst konkrete Ebene zu bringen. Häufig antwortet der Gesprächspartner (der Bewerber wie auch der Unternehmensvertreter) auf Fragen nur sehr allgemein. Solche allgemeinen Antworten enthalten natürlich nur wenige nützliche und verwertbare Informationen. Daher ist es wichtig, den Befragten zu möglichst konkreten Antworten zu bewegen.

Ein Grund, vage zu antworten, liegt im Kompromiss zwischen der Notwendigkeit, auf eine Frage antworten zu müssen, und der Tendenz, mit der Antwort möglichst wenig Information transportieren zu wollen. Weiterhin scheint das konkrete Beschreiben vielen Menschen generell schwerzufallen. Im therapeutischen Bereich ist es häufig ähnlich schwer, z. B. auf die Frage nach konkreten körperlichen Beschwerden oder nach bestimmten Gedanken (z. B. in Stresssituationen), eindeutige Antworten zu bekommen.

Auf die konkrete Frage: „Welches Personalentwicklungssystem gibt es in Ihrem Unternehmen?" könnte die Antwort z. B. lauten:

„In unserem Unternehmen verfügen wir über alle gängigen Instrumente der Potenzialeinschätzung und des auf die individuellen Förderbedarfe abgestimmten Trainings."

Diese Antwort hört sich vordergründig sehr gut an, bei genauem Hinsehen erkennt man jedoch, dass der definitive Informationsgehalt sehr gering ist.

Um wirklich verstehen zu können, was damit gemeint ist, muss man z. B. nachfragen:

„Welche Potenzialeinschätzungsverfahren benutzen Sie?",
„Welche Trainings führen Sie durch",
„Wie erfolgt die individuelle Erhebung des Förderbedarfs?"

Da man in Vorstellungsgesprächen häufig mit solchen eher diffusen Antworten seitens des Unternehmens (und das Unternehmen seitens des Bewerbers) konfrontiert wird, ist es nützlich, im Vorfeld einige Formulierungen bereitzuhalten, um die Antworten auf die gestellten Fragen auf ein möglichst konkretes Niveau zu bringen. In der praktischen Gesprächsführung ist es zumindest am Anfang günstig, im Vorfeld einen Pool von Einstiegs- und darauf folgenden Nachfragen zu erstellen, da die spontane Generierung der Nachfragen im realen Interview sehr wahrscheinlich nicht leichtfallen würde.

Mögliche Beispielformulierungen, um ein Thema zu konkretisieren:

- Wie muss ich mir das konkret vorstellen?
- Wie sieht das ganz konkret aus?
- Wie waren die Rahmenbedingungen dabei?
- Können Sie das noch etwas genauer erklären?
- Können Sie ein konkretes Beispiel für … nennen?
- Wann/Wie ist … genau passiert?
- Wer initiiert wann was?

▶ Effekte des Nachfragens

Nachfolgend die verschiedenen Effekte des Nachfragens im Rahmen des Vorstellungsgespräches:

Bessere Verwertbarkeit der erhaltenen Information:
Erstens dient das Konkretisieren zur besseren Beurteilung und Einordnung des Gesagten. Mit allgemeinen Antworten kann der Fragende wenig anfangen, der Informationsgewinn ist bei allgemeinen Antworten sehr gering. Die Konkretisierung steigert den Informationsgehalt der erhaltenen Antworten.

Personenbezogene Informationen:
Zweitens kann der Befragte mit relativ allgemeinen Antworten leicht über Dinge reden, die ihn selber nur wenig betreffen, er kann z. B. über Firmenpolitik, Handlungsweisen anderer Kollegen, theoretische Ansichten etc. reden. Bei konkreten Antworten dagegen wird der Befragte deutlich mehr von sich zeigen.

Auswirkungen auf die Beziehungsebene:
Drittens wird mit dem Konkretisieren allgemeiner Antworten dem Befragten signalisiert, auf welcher Abstraktionsebene der Fragende bereit ist, das Gespräch zu führen. Je abstrakter das Gespräch geführt wird, desto weniger muss das Unternehmen von sich preisgeben.

▶ **Beim Nachfragen gilt die Regel:**

- Man kann nicht zu viel, sondern eher zu wenig nachfragen.
- In der Regel ist die erste Antwort relativ inhaltsleer.

▶ Ist es überhaupt legitim, intensiv nachzufragen?

Man kann sich nun fragen, ob es in einem Vorstellungsgespräch überhaupt legitim oder angemessen ist, intensiv nachzufragen. Die Antwort darauf lautet natürlich „Ja". Es wäre im Gegenteil fatal, wenn man als Bewerber gar nicht wüsste, worauf man sich einlässt. Ziel eines Vorstellungsgespräches ist es ja, dass man die gegenseitigen Vorstellungen transparent macht und dann prüfen kann, ob sie zusammenpassen. Daher ist es nicht nur legitim, sondern zwingend notwendig, sich ein möglichst genaues Bild voneinander zu machen, und zwar sowohl das Unternehmen vom Bewerber als auch der Bewerber vom Unternehmen.

Übung

Überlegen Sie sich zu den unten stehenden Aussagen jeweils möglichst viele Fragen, um zu verstehen, was mit dieser Aussage wirklich gemeint ist.

Beispiel

„Wir fördern die Leistung der Mitarbeiter und pflegen dabei ein ergebnisorientiertes Führungsverhalten."

Diese Aussage ist für sich genommen ziemlich inhaltsleer (obwohl sie sich gut anhört). Um sie wirklich zu verstehen, könnte und müsste man Folgendes nachfragen:
Nachfragen:

„Wie fördern Sie die Leistung der Mitarbeiter?"
„Wie zeigt sich ergebnisorientiertes Führungsverhalten?"
„An welchen Ergebnissen orientiert sich das Führungsverhalten?"

- *Wir sehen den Weg zu besseren Problemlösungen in der Förderung von Teamarbeit und Kreativität.*
- *Unser Führungsverständnis baut auf Vertrauen, Eigenverantwortung und Initiative auf.*
- *Wir pflegen einen kooperativen Führungsstil, bei dem der Verantwortliche situationsgerecht entscheidet und kontrolliert.*
- *Die Leitplanken unserer Orientierung heißen: Führung, Mensch, Kommunikation und Kundenorientierung.*
- *Wir sehen Führung als einen wechselseitigen Prozess zwischen Vorgesetztem und Mitarbeiter zur Bewältigung von Aufgaben im Hinblick auf gemeinsame Ziele.*
- *Der Erfolg entsteht durch qualifizierte, flexible und motivierte Mitarbeiter.*
- *Durch funktionsübergreifende Teamarbeit erreichen wir eine hohe Flexibilität.*
- *Führungskräfte und Mitarbeiter informieren sich gegenseitig, rechtzeitig, situations- und stufengerecht. Indiskretionen sind dabei zu vermeiden. Auch unangenehme, wichtige Informationen müssen an die richtigen Stellen gelangen.*

5.4 Der Mikroprozess der Informationsgewinnung

Das wohl größte Hindernis für einen effizienten Informationsfluss im Vorstellungsgespräch stellt die Tatsache dar, dass man sich in einem „normalen" Gespräch sehr schnell mit Begriffen zufriedengibt und sich nicht die Mühe macht, die subjektive Bedeutung dieser Begriffe für die jeweilige Person zu erfragen. Dieser Klärung des individuellen Bedeutungsgehalts von scheinbar allgemein verständlichen Begriffen kommt im Vorstellungsgespräch eine zentrale Bedeutung zu. Jeder kennt sehr wahrscheinlich diese Situation: Ein Ehepaar erzählt die Geschichte seines Lebens. Der Zuhörer gewinnt dabei oft den Eindruck, dass es sich um zwei völlig unterschiedliche Geschichten handelt, obwohl jeder der beiden Ehepartner darum kämpft, dass seine Version die „richtige" ist und er oder sie die Version schildert, wie es „wirklich" war. Das einfache „Röhrenmodell" der Kommunikation (der Sender gibt an einem Ende der Röhre etwas hinein, das dann den Empfänger am anderen Ende der Röhre erreicht) ist zu einer Erklärung dieses Phänomens wenig geeignet.

In den meisten Fällen sprachlicher Kommunikation gibt es viele Worte, die keine festgelegte Bedeutung haben. Praktisch alle Ausdrücke, die unser Innenleben, also insbesondere auch Einschätzungen und Bewertungen, betreffen (um die es im Vorstellungsgespräch hauptsächlich geht), sind kaum interindividuell verbindlich zu definieren. Wenn Sie sich z. B. eine rote Fläche ansehen, so bezeichnen Sie die Farbe dieser Fläche als „rot". Andere Menschen tun dies wahrscheinlich auch. Welche innere Wahrnehmung Sie jedoch dabei haben, wenn Sie diese Fläche sehen, weiß eine andere Person nicht. Es kann sein, dass Sie eine völlig andere Wahrnehmung haben als eine andere Person. Wir haben lediglich gelernt, zu einer gewissen Art der Wahrnehmung „rot" zu sagen. Je abstrakter, allgemein akzeptierter oder gefühlsmäßiger eine Äußerung ist, desto geringer ist die zu erwartende Schnittmenge (s. Abb. 5.4).

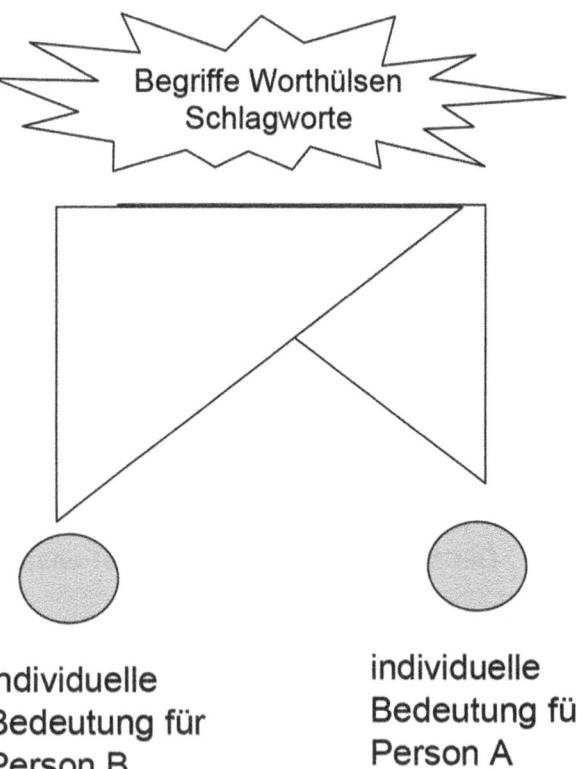

Abb. 5.4 Begriff und individuelle Bedeutung

5.4 Der Mikroprozess der Informationsgewinnung

Dieser Sachverhalt erschwert schon eine „normale" Kommunikation. Im Vorstellungsgespräch ist die Situation noch komplizierter. Es trifft sich scheinbar ganz gut, dass in der Kommunikation oft mit unpräzisen und daher immer „richtigen" Begriffen gearbeitet wird. Diese allgemeinen und wohlfeilen Begriffe sind immer „richtig", weil der Kommunikationspartner in die „Leerstelle", die „Sprechblase" dieses Begriffes die Bedeutung einsetzt, die *für ihn* richtig ist, und er stillschweigend davon ausgeht, dass dies auch die relevante Bedeutung ist, die dieser Begriff für die andere Person hat.

Beispiele für solche „hohlen" Begriffe sind:

- Kooperativ
- Konstruktiv
- Herausforderung
- Verantwortung
- Zielführend
- Flexibel
- Motivieren
- Umgang mit Menschen

▶ Der Mikroprozess als Hilfe zum Nachfragen

Um eine Antwort wirklich zu verstehen, muss man sich bei deren Bewertung immer fragen: „Worin liegt die *Nicht-Information* in der Antwort?" Man geht in diesem Schritt auf die Suche nach dem, was in der Antwort unklar ist. Dieser Suche steht jedoch der Reflex entgegen, die Antwort zu interpretieren, nämlich sich zu fragen: „Was heißt das?" In dieser Veränderung der Fragestellung liegt der Schlüssel zum Verständnis. Sobald man sich die Frage stellt „Was heißt das?", entsteht oft eher Unverständnis bzw. ein Pseudoverständnis. Dessen muss man sich im ersten Schritt bewusst sein. Im nächsten Schritt braucht man dann nur noch (möglichst offene) Fragen zu den unklaren Punkten zu formulieren. Man kann getrost davon ausgehen, dass die Antworten auf der ersten Ebene wenig bis gar keine relevante Information über individuelle Bedeutungen enthalten. Diese tauchen in der Regel erst auf der zweiten und dritten Ebene des Nachfragens auf (s. Abb. 5.5).

Wenn man diese Technik anwendet, ergibt sich ein Problem: Im ersten Antwortsatz finden sich mehrere Begriffe, die keine individuelle Bedeutung transportieren. Auf die Nachfrage eines einzelnen Elements dieses Antwortsatzes wird der Befragte sehr wahrscheinlich wieder mit inhaltsleeren Begriffen antworten, die ihrerseits wieder hinterfragt werden müssen. Man kommt dadurch vom Hundertstel ins Tausendstel. Daher hat der eigentliche Mikroprozess noch eine vierte Komponente, nämlich den Überblick zu behalten, auf welcher Ebene man gerade im Frageprozess steht (s. Abb. 5.6).

Man kann sich folgender Strategie bedienen, um aus der Antwort des Gesprächspartners das jeweils Relevante auszuwählen. Der Befragte sagt zwar in der Regel nichts, aber er sagt uns freundlicherweise, *an welcher Stelle* er uns nichts sagt, sofern wir genau zuhören:

Abb. 5.5 Der Mikroprozess

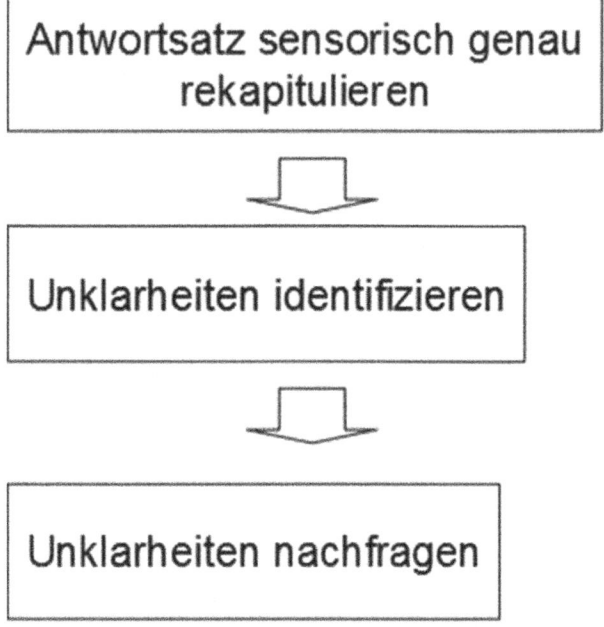

1. Sie können sich den „schwammigsten" Begriff in der Antwort heraussuchen.
2. Sie bekommen mit der Zeit ein Gefühl für die üblichen inhaltsleeren Schlagworte, die man immer nachfragen sollte. Man kann dazu anfangs auch eine Liste führen.

Wenn Sie das Meta-Modell (vgl. Abschn. 5.5) anwenden, so erhalten Sie automatisch die Stellen in der Bewerberantwort, an denen Sie in die Tiefe gehen sollten.

▶ **Als generelle Strategie bleibt jedoch:** „Fragen Sie im Zweifelsfalle eher mehr als weniger nach. Ihre Wahrnehmung gaukelt Ihnen eher ungerechtfertigtes Verständnis als zu tiefes Verständnis vor."

▶ Mögliche Einwände

Ein nach den beschriebenen Prinzipien geführtes Gespräch ist sicherlich kein „normales" Gespräch. Aus vielen Seminaren wissen wir, dass es gegen diese Art des Gespräches anfangs Vorbehalte geben kann, welche an dieser Stelle diskutiert werden sollen.

1. Einwand: „Das kostet ja unendlich viel Zeit."
   Es bedarf in der Tat einer gewissen Investition an Zeit, um ein möglichst präzises Bild der Vorstellungen des Unternehmens vom idealen Bewerber zu gewinnen. Wenn man sich jedoch vergegenwärtigt, was eine Fehlentscheidung bei der Berufswahl kostet (Umzug, Neubewerbung, Frustration, …), relativiert sich der Aufwand schnell.

Abb. 5.6 Erweiterter Mikroprozess

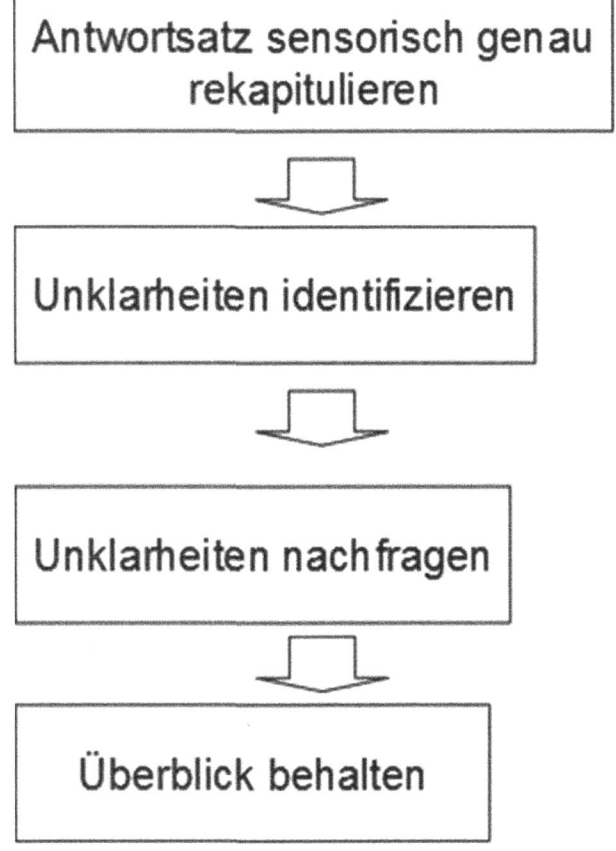

2. Einwand: „Das wird ja ein sehr mühsames und zähes Gespräch."
   Dieser Einwand ist prinzipiell berechtigt. In der Praxis wird die Situation jedoch dadurch vereinfacht, dass sich der Gesprächsstil des Gesprächspartners (insbesondere die Konkretheit der Antworten) anpasst.
3. Einwand: „So kann man doch nicht mit dem Unternehmensvertreter reden."
   Diese Art des Gespräches ist in der Tat für den Unternehmensvertreter vielleicht unerwartet und überraschend. Letztendlich kommt es auf die Zielsetzung an, die die Mittel legitimiert. Die Zielsetzung eines solcherart geführten Gesprächs ist lediglich, möglichst differenziert die Vorstellungen zu erfassen und daraus Rückschlüsse auf seine Passung in die Organisation ziehen zu können. Eine Gesprächsführung, die auf der Ebene der Schlagworte und der wohlfeilen Begriffe stehen bleibt, ist dagegen nicht vertretbar, weil sie keine vernünftige Entscheidungsgrundlage liefert.
4. Einwand: „Es muss doch auch anders gehen."
   Zu der beschriebenen Art des Gespräches gibt es aus meiner Sicht keine Alternative. Eine (Schein-)Verständigung auf der Ebene der Schlagworte, Floskeln, vagen Begriffe liefert leider keinerlei verwertbare Information, und es gibt leider auch keine „Zauberfragen", die man stellen sollte, um an die „relevante" Information zu kommen.

5.5 Automatisches Auffinden von Nicht-Information

Wenn man sich ein Bild von einer Stelle machen will, so geschieht dies fast ausschließlich auf verbalem Weg. Man spricht mit dem jeweiligen Vorgesetzten, dem Personalreferenten oder mit Kollegen/Mitarbeitern über die jeweilige Stelle. In vielen Fällen ist die Information, die man „offiziell", d. h. von dem zukünftigen Vorgesetzten und dem Personalreferenten, erhält, die einzig zugängliche Information. Die Auswertung dieser Information ist jedoch aus mindestens zwei Gründen eher schwierig. Die Informationen sind einerseits natürlich absichtlich oder unabsichtlich subjektiv gefärbt, insbesondere dann, wenn man einen Kandidaten für die Stelle unbedingt gewinnen möchte. Andererseits kann es auch bei größtmöglicher Ehrlichkeit aufgrund einiger der oben beschriebenen Eigenheiten der Kommunikation leicht zu Missverständnissen kommen.

Das in diesem Abschnitt vorgestellte Modell ermöglicht es in einer Antwort, quasi „automatisch" diejenigen Stellen zu finden, in denen Information verschleiert wird und die man unbedingt nachfragen muss, um zu einem tatsächlichen Verständnis des Gesagten zu kommen. Sollten Sie dieses Modell zu formal finden, reicht es jedoch völlig aus, das im vorigen Abschnitt beschriebene Vorgehen des Mikroprozesses anzuwenden, das Ergebnis wird das gleiche sein.

Nachfolgend wird ein Modell vorgestellt, das ursprünglich im Kontext der Psychotherapie und dort speziell der Diagnostik entwickelt wurde, das so genannte „Meta-Modell". Es ist jedoch in der gleichen Weise in Bewerbungsgesprächen einzusetzen, da es letztendlich in der therapeutischen Diagnostik wie im Bewerbungsgespräch darum geht, relevante und bedeutsame Informationen von einem Gesprächspartner (egal ob Patient, Bewerber oder Vorgesetzter) zu erhalten. Das Modell befasst sich mit der Frage, wie man in der verbalen Kommunikation Information verwischen kann, sodass im Extremfall nur noch relativ inhaltsleere Schallwellen übrigbleiben. Hat man dieses Modell einmal verstanden, wird man feststellen, in welchem Ausmaß man im alltäglichen Leben ziemlich inhaltsleere Floskeln verwendet. Dies ist beim Smalltalk auch kein Problem. Es wird erst dann zum Problem, wenn man in einer relativ kurzen Zeit Informationen erhalten will, die zu einer existenziellen (z. B. beruflcihen) Entscheidung führen sollen. Dann ist es sehr wichtig, präzise Informationen zu erhalten und genau zu verstehen, was der Gesprächspartner „eigentlich" meint. Das „Meta-Modell" liefert genau hierfür Ansatzpunkte. Es zeigt dem Empfänger, an welchen Stellen der Sender ungenaue Informationen gesendet hat und wo man daher gezielt nachfragen sollte. Ansonsten bliebe nur noch die Möglichkeit zu erraten, was der Sender „eigentlich" gemeint hat. Es geht also darum, die Stellen in der Kommunikation zu identifizieren, die relativ inhaltsleer sind und hinterfragt werden müssen. Das Modell mag unter Umständen anfänglich etwas abstrakt und sehr mechanisch und formalistisch erscheinen. Probieren Sie daher aus, ob es für Sie anwendbar ist. Wenn Sie gut mit dem Meta-Modell zurechtkommen, haben Sie damit ein effektives Mittel zur Generierung von Nachfragen zur Hand. Die Nachfragen können dann dabei helfen, die zugedeckte Information wieder zu ent-decken.

5.5 Automatisches Auffinden von Nicht-Information

▶ Veranschaulichung des Meta-Modells

Folgende Übung veranschaulicht den Prozess, der beim Vorstellungsgespräch abläuft. Sie benötigen dazu einen Übungspartner, mit dem Sie sich Rücken an Rücken setzen. Der Übungspartner benötigt zusätzlich irgendein Bild, das Ihnen nicht bekannt ist und das er Ihnen vorher auch nicht gezeigt hat (Zeitungsausschnitt, Motivpostkarte, Foto, …). Der Partner hat nun die Aufgabe, Ihnen das Bild, das er in seinen Händen hält, nur mit Worten zu beschreiben. Da Sie Rücken an Rücken sitzen, haben Sie nur die Worte des Partners, um sich ein „geistiges Abbild" von dem Bild zu machen, das Ihr Partner physisch in den Händen hält. Geben Sie dem Partner ca. fünf Minuten Zeit, Ihnen das Bild zu beschreiben, vergleichen Sie danach Ihr „inneres Abbild", das Sie sich aus den verbalen Informationen Ihres Partners gemacht haben, mit dem realen Bild, das der Partner in den Händen hält. Sie werden sehen, dass sich Ihr „inneres" Abbild nur unvollständig mit dem physisch realen Bild deckt (der Deckungsgrad hängt natürlich auch von den Beschreibungsfertigkeiten Ihres Partners ab, dieser Faktor wird hier jedoch vernachlässigt). Diese Übung kann analog für jede Art von Kommunikation und für die Bewerbergespräche im Besonderen gelten. Der Sender hat eine „innere" Vorstellung von dem, was er ausdrücken will (Gedankenwelt des Senders). Seine Worte können diese „innere" Vorstellung nur unvollständig wiedergeben (Verbalisierung des Senders). Der Empfänger hat seinerseits nur die Worte des Senders zur Verfügung und muss aus seinem verbalen Verständnis heraus aus der Verbalisierung des Senders seine „innere" Vorstellung von der „inneren" Vorstellung des Partners konstruieren. Die Schnittmenge zwischen beiden inneren Vorstellungen wird daher mehr oder weniger groß sein können (s. Abb. 5.7). In jedem Gespräch und im Vorstellungsgespräch ganz besonders geht es darum, die „innere" Vorstellung von der zu besetzenden Stelle möglichst präzise zu erfassen.

Der Empfänger hat nun aufgrund der begrenzten Deckungsgleichheit der „inneren" Vorstellungen des Senders und des Empfängers prinzipiell drei Möglichkeiten:

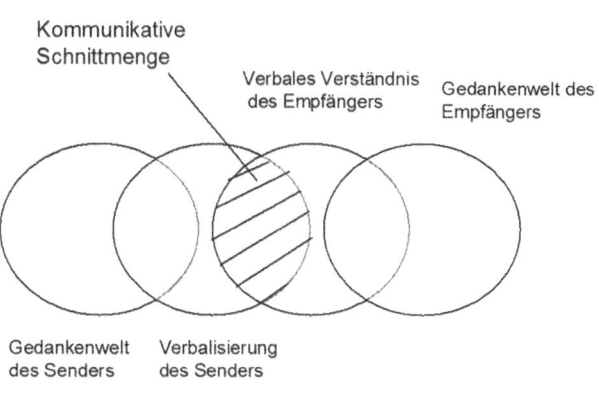

Abb. 5.7 Kommunikative Schnittmenge

1. Er akzeptiert die begrenzte Deckungsgleichheit als naturgegebene Hürde in der zwischenmenschlichen Kommunikation.
2. Er versucht, die Elemente, die über die Schnittmenge hinausgehen, zu erraten, selber zu konstruieren. Er läuft dabei natürlich Gefahr, dass er die fehlenden Elemente falsch errät und dass er einen relativ großen Teil seiner eigenen Wahrnehmung in den Gesprächspartner „hineinprojiziert".
3. Er kann versuchen, durch gezieltes Nachfragen die Schnittmenge zu vergrößern.

Dieses Nachfragen kann sich einerseits auf bestimmte Inhalte beziehen, die ihm relativ „zufällig" auffallen und nachfragenswert erscheinen, aber auch nach einem formalen Schema erfolgen. Es gibt einige formale Elemente, anhand derer man relativ leicht und formal erkennen kann, wo man nachfragen muss, um die kommunikative Schnittmenge zu vergrößern. Diese lehnen sich an das oben erwähnte Meta-Modell der Kommunikation an. Nach diesem Modell wird die kommunikative Schnittmenge seitens des Senders verkleinert durch den Gebrauch von Universalquantifizierungen, Nominalisierungen und sprachlichen Tilgungen. Um die kommunikative Schnittmenge zu vergrößern müssen diese Elemente der Kommunikation näher hinterfragt werden. Diese drei Elemente werden nachfolgend näher beschrieben. Beim praktischen Gespräch kann man diese drei Elemente als Signalgeber zum Nachfragen benutzen. Diese Signalgeber zeigen „automatisch" und formal an, an welcher Stelle es sich lohnt weiter nachzufragen, um die kommunikative Schnittmenge zu vergrößern.

5.5.1 Universalquantifizierungen

Das erste zu hinterfragende Element ist die so genannte Universalquantifizierung. Dabei handelt es sich um Formulierungen, die sich immer auf eine größere Menge von Personen, Situationen etc. beziehen und daher wenig oder gar keine spezifische Information enthalten können. Verwendet der Sender Universalquantifizierungen, so sollten diese immer hinterfragt werden. Eine Unterhaltung mit dem Gebrauch von Universalquantifizierungen bleibt stets auf einem allgemeinen, unverbindlichen Niveau. Bei einem Bewerbergespräch geht es darum, den Arbeitsplatz möglichst detailliert kennenzulernen. Universalquantifizierungen sind diesem Ziel genau entgegengesetzt. Benutzt der Sender Universalquantifizierungen, so vermeidet er eine eindeutige Stellungnahme.

Beispiele für Universalquantifizierungen:

- Wir
- Man
- Alle
- Jede(r)
- Sämtliche
- irgendeiner

5.5 Automatisches Auffinden von Nicht-Information

- immer
- die Fachwelt
- Es
- generell
- häufig
- die Firma

Diese Universalquantifizierungen können als Signalworte fungieren, die eine Nachfrage immer lohnenswert machen.

Solche Universalquantifizierungen können beispielsweise hinterfragt werden durch die folgenden Formulierungen:

„Wer genau … ?"
„Was genau … ?"
„Wie sehen Sie persönlich … ?"
„Was meinen Sie selber zu … ?"

5.5.2 Nominalisierungen

Die zweite sprachliche Konstruktion, die Information verschleiert, ist die so genannte Nominalisierung. Bei einer Nominalisierung nimmt der Sender eine Verkürzung der Beschreibung vor, indem er aus einem Prozess einen Endzustand formuliert (s. Abb. 5.8). Der Endzustand wird zwar beschrieben, nicht aber der Weg, der zu diesem Endzustand geführt hat. Der individuelle Prozess der Entstehung eines Endzustandes ist es jedoch, der essenzielle Informationen liefert. Ein Endzustand dagegen kann auf vielen unterschiedlichen Wegen erreicht werden. Formal syntaktisch wird ein Nomen dort eingesetzt, wo eigentlich ein Verb hingehört. Ein Prozesswort oder ein Verb der Gedankenwelt des Senders tritt bei der Nominalisierung als Nomen in der Verbalisierung des Senders auf (s. Abb. 5.9).

Um festzustellen, ob es sich bei einem großgeschriebenen Wort tatsächlich um ein Nomen oder um eine Nominalisierung (also ein „verbogenes" Nomen) handelt, kann man sich folgende Fragen stellen:

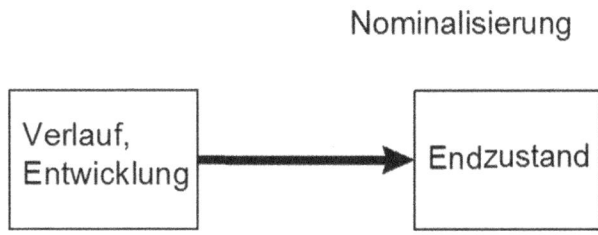

Abb. 5.8 Der sprachliche Verkürzungsmechanismus der Nominalisierung

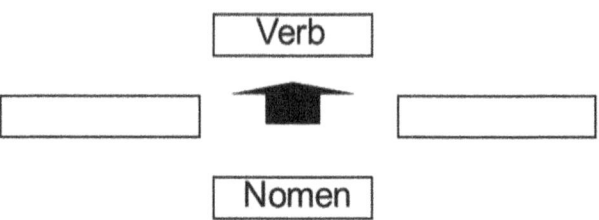

Abb. 5.9 Der Prozess der Nominalisierung. Wo eigentlich ein Verb hingehört, wird ein Nomen eingesetzt

1) Hat das Wort einen „Begleiter" (der, die, das)?
2) Kann man das mit diesem Wort Beschriebene sehen?
3) Kann man das mit diesem Wort Beschriebene anfassen?

Die Aussage „Gute Zusammenarbeit ist für uns wichtig" enthält das Nomen „Zusammenarbeit." Eine Zusammenarbeit kann man jedoch nicht anfassen, daher handelt es sich um eine im engeren Sinne grammatische Fehlkonstruktion. Ein Nomen wird also durch eine Nominalisierung „künstlich" erzeugt. Dahinter steht das Verb „zusammenarbeiten." Somit ist das Wort „Zusammenarbeit" in diesem Beispiel zu hinterfragen.

Das Nachfragen bei Nominalisierungen ist sehr einfach. Man „übersetzt" dabei nur das Nomen in das dazugehörige Verb und formuliert daraus eine Frage. Man kehrt damit den Prozess der Nominalisierung wieder um und veranlasst den Sender dazu, seine Sätze mit Information anzureichern. Um den Begriff „Zusammenarbeit" nachzufragen, kann man z. B. fragen: „Wie arbeiten Sie in Ihrem Betrieb zusammen?" das nominalisierte Nomen „Zusammenarbeit" wird wieder auf das Verb „zusammenarbeiten" zurückgeführt und dadurch die Grammatik (und mit ihr das Verständnis) zurechtgerückt.

Das Nachfragen von Nominalisierungen kann auch mit „Verlaufsworten" erfolgen:

- Wie kam es, dass … ?
- Wie hat sich … entwickelt?
- Was waren die Überlegungen für … ?

Übung

Das in diesem Kapitel beschriebene Modell kann anhand der nachfolgenden Sätze geübt werden. Identifizieren Sie dazu in den nachfolgenden Sätzen zunächst die darin enthaltenen Universalquantifizierungen und Nominalsierungen. Formulieren Sie dann entsprechende Nachfragen.

Beispiel:

„Wir schaffen Freiräume, die es ermöglichen, in Eigenverantwortlichkeit einen gewissen Beitrag zum Unternehmenserfolg zu leisten."

Mögliche Nachfrage:

„Welchen Beitrag erwarten Sie von mir?"

Nominalisierungen:

„Wir schaffen Freiräume, die es ermöglichen, in Eigenverantwortlichkeit einen gewissen Beitrag zum Unternehmenserfolg zu leisten."

Mögliche Nachfragen:

„Worin kann ich frei sein (und worin auch nicht)?"
„Was kann ich selbst verantworten?"
„Was kann/soll ich selbst beitragen?"
„Wie messen Sie den Unternehmenserfolg?"

- Zielorientierung und Strukturierung in der Arbeitsweise sind zentrale Elemente der Handlungsorientierung des geeigneten Bewerbers.
- Wir setzen auf eine größtmögliche Beteiligung der Mitarbeiter bei relevanten Entscheidungen.
- Bei uns wird in Anlehnung an die neuesten Managementkonzepte mit den gängigen Führungsinstrumenten geführt.
- Sowohl die Ökonomie als auch die Arbeitszufriedenheit unserer Mitarbeiter sind zentrale Felder unseres Handelns.
- Kundenorientierung und unternehmerisches Denken sind bei uns selbstverständlich.
- Wir erwarten neben der strategischen Kompetenz auch die notwendige Detailkenntnis.
- Wir erwarten eine gereifte Persönlichkeit, die auch Kreativität für zukunftsweisende Lösungsansätze mitbringt.
- Wir pflegen eine vertrauensvolle Zusammenarbeit, bei der Konflikte zwar hart in der Sache, aber verbindlich in der Form ausgetragen werden.
- Unsere Aufbau- und Ablauforganisation orientiert sich konsequent an den Anforderungen unserer Kunden.

5.6 Praktische Konsequenzen

Versuchen Sie in Gesprächen über berufliche Entwicklungsmöglichkeiten, möglichst viel Information aus den Aussagen des Gesprächspartners herauszufiltern. Informieren Sie sich vorab über die üblichen Begriffe, die „man" gerade so benutzt und diskutiert. Nehmen Sie die Nennung dieser Begriffe als ein nahezu untrügliches Zeichen dafür, dass an dieser Stelle der Kommunikation keine Information transportiert wird. Versuchen Sie, diese „Leerstellen" der Kommunikation aufzufüllen. Versuchen Sie, die Sachanteile und die Selbstdarstellungsanteile an den Aussagen Ihres Gesprächspartners zu differenzieren. Allgemeine Strategie im Gespräch sollte sein, sich auf das zu konzentrieren, was man NICHT weiß. Diese Strategie hört sich einfach an, ist jedoch in der Praxis schwierig zu realisieren, da man normalerweise im Gespräch eher darauf achtet, was man weiß, und nicht so sehr darauf, was man eigentlich nicht weiß.

▶ **An dieser Stelle sei noch einmal darauf hingewiesen:** Man kann in einem Vorstellungsgespräch nicht zu viel fragen, nur zu wenig!

Literatur

Burns, T. (1961). Mechanisms of institutional change. *Administrative Science quarterly, 3,* 257–281.
Dörner, D. (1989). *Die Logik des Misslingens.* Hamburg: Rowohlt.
Harper, D. G., & Argent, E. (1975). An empirical study of power and bargaining in an industrial organization. In P. Abell (Hrsg.), *Organizations as bargaining and influence systems.* New York: Halsted.

Teil II

Auswahlverfahren

Der zweite Teil dieses Buches befasst sich mit Auswahlverfahren, mit denen man als Bewerber in der Regel konfrontiert wird. An erster Stelle wird dies das Vorstellungsgespräch sein. Im Kap. 5 wird beschrieben, wie man es schafft, in einem Vorstellungsgespräch wirklich relevante Informationen zur Stelle zu erhalten. Das ist durchaus nicht trivial, gehen Sie davon aus, dass die meisten Informationen, die Sie dazu in erster Näherung vom potenziellen Arbeitgeber erhalten, nicht besonders aufschlussreich sind und dass Sie einiges dafür tun müssen, dass Sie die für Sie relevanten Informationen erhalten. Das gilt spiegelbildlich natürlich auch für die Seite des Arbeitgebers. Auch er muss einiges dafür tun, damit er brauchbare Informationen vom Bewerber erhält.

Neben dem Vorstellungsgespräch werden Sie mit relativ hoher Wahrscheinlichkeit auch an einem Assessment Center teilnehmen müssen. Die Grundprinzipien des Assessment Centers sind im Kap. 6 beschrieben. Dort wird auch erläutert, wie man sicherstellen kann, dass man in einem Assessment Center nicht schlechter abschneidet, als man „eigentlich" ist.

Das Thema „Tests" wird in Teil 3 dieses Buches behandelt.

Assessment Center 6

> **Zusammenfassung**
>
> In diesem Kapitel geht es darum, das Prinzip des Assessment Centers zu verstehen, ein gut gemachtes von einem schlecht gemachten Assessment Center unterscheiden zu können (oftmals wird das Assessment Center auch als die Spielwiese der Laiendiagnostik bezeichnet) sowie um die Frage, wie man sich als Bewerber sinnvoll auf ein Assessment Center vorbereiten kann.

Die Wahrscheinlichkeit, dass man als Bewerber an einem Assessment Center teilnehmen muss, ist relativ groß, denn dieses Verfahren hat sich in den letzten Jahren immer weiter durchgesetzt. Je qualifizierter die Stelle ist, die besetzt werden soll, desto wahrscheinlicher ist es, dass man ein Assessment Center für die Auswahl der Bewerber anwendet. Insbesondere dann, wenn es um eine Führungsstelle geht, werden Assessment Center eingesetzt.

Hesse und Schrader (2006) nennen eines ihrer Bücher: „Die 100 wichtigsten Tipps zum Assessment Center". Interessant dabei ist, dass man aus Sicht von Hesse und Schrader während eines Assessment Centers 100 (!) Tipps beachten sollte, und das sind nur die wichtigsten. Wenn man zusätzlich dazu auch noch die weniger wichtigen beachten wollte, sind des wohl Hunderte von Tipps. Zusätzlich sollte man sich bei einem Assessment Center auch noch auf die zu erledigenden Aufgaben konzentrieren. Ein Assessment Center scheint so betrachtet wahrlich eine Aufgabe, die nur jemand bewältigen kann, der über eine unendlich große Aufmerksamkeit verfügt.

6.1 Was ist ein Assessment Center?

Die Frage ist gar nicht so einfach zu beantworten. Es herrscht beim Thema Assessment Center eine ziemliche Verwirrung, die schon bei dem Begriff selbst anfängt. Der Begriff bezeichnet ein Verfahren, obwohl er eigentlich einen Ort bezeichnet, ein Zentrum für Beurteilungen. Ein solches Zentrum gab es, ein Gebäude der Firma AT&T, in dem systematische Beurteilungen der Mitarbeiter stattfanden: das „Assessment Center" (s. Abb. 6.1).

Der Begriff Assessment Center wird heute ähnlich schwammig verwendet wie beispielsweise der der Psychoanalyse. Wenn mich heute jemand fragt, was ich von einem Assessment Center halte, frage ich zuerst, was er denn damit meint. Oftmals stellt sich schnell heraus, dass damit irgendein Auswahlverfahren gemeint ist, das auch aus Interviews, Tests etc. bestehen kann. In diesem Kapitel beschränke ich mich auf die Bedeutung des Begriffes in seiner engen, ursprünglichen Form. Diese ursprüngliche Form folgt der Definition eines Assessment Centers.

▶ **Bei einem Assessment Center werden**

- mehrere Teilnehmer
- von mehreren Beobachtern
- bei der Bearbeitung mehrerer relevanter Aufgaben beobachtet.

Das heißt, bei einem Assessment Center geht es immer darum, dass mehrere Personen miteinander real interagieren. Der Begriff des Einzel-Assessment-Centers ist daher auch ziemlich abwegig. Die Beobachtung durch mehrere Beobachter stellt sicher, dass versucht wird, der individuellen Subjektivität der Beurteilung dadurch zu entgehen, dass Beobachtungen im Beobachterkreis diskutiert werden müssen und dass es jeweils zu unterschiedlichen Bewerber-Beobachter-Konstellationen kommt.

Abb. 6.1 Das Assessment Center

6.1 Was ist ein Assessment Center?

Abb. 6.2 Setting eines Assessment Centers

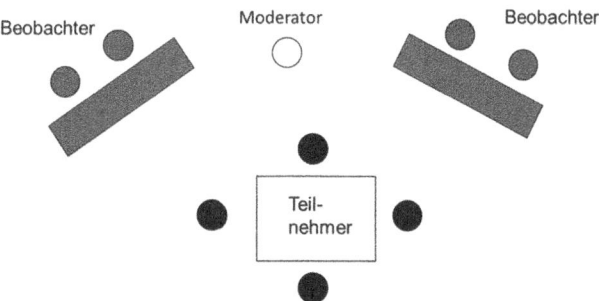

Diese Beobachtung erfolgt bei mehreren Aufgaben, wobei die Aufgaben relevant für die zu besetzende Stelle sein müssen (eine Vorgabe, die oft verletzt wird und die Brauchbarkeit der Assessment-Center-Ergebnisse stark einschränkt).

Nur Verfahren, die diese Bedingungen erfüllen, entsprechen in einem engeren Sinne der Definition eines Assessment Centers. Das Setting sieht dabei so aus, dass mehrere Bewerber an einem Tisch sitzen und Aufgaben in der Gruppe bearbeiten, während etwas entfernt mehrere Beobachter sitzen und die Beobachtung vornehmen. Meist gibt es auch noch einen Moderator (s. Abb. 6.2).

6.1.1 Was passiert inhaltlich bei einem Assessment Center?

Wie bei der Definition schon angemerkt, sollten bei einem Assessment Center inhaltlich nur solche Aufgaben Verwendung finden, die die spätere Arbeitssituation möglichst exakt abbilden. Diese werden dann in einem Assessment Center in Form folgender Aufgabentypen gestellt:

- Gruppendiskussionen
- Entscheidungsübungen
- Fallstudien
- Planspiele
- Präsentationen
- Computersimulationen
- Rollenspiele
- Gesprächssituationen
- etc.

Man kann die Übungen grob unterscheiden in Standardübungen wie z. B. die leider immer noch verwendete Nasa-Übung (in einer eher unkreativen Abwandlung auch als Seenotübung oder Flugabsturzübung), bei denen es eine eindeutige, „richtige" Lösung gibt, und Standardübungen, bei denen es keine richtige Lösung gibt. Der Vorteil von solchen

Standardübungen ist, dass sie leicht greifbar (kopierbar) sind. Von Nachteil ist, dass die Teilnehmer im Verlaufe ihres Bewerbungsprozesses teilweise mehrfach mit diesen Übungen konfrontiert werden, zudem sind diese Übungen auch für Bewerber gut zugänglich (Antons 1976).Damit ist es möglich, das Ergebnis zu verzerren, wenn ein Teilnehmer das „richtige" Ergebnis schon kennt. Etwas besser sind Standardübungen, bei denen es kein richtiges Ergebnis gibt. Bei allen Standardübungen sollte man sich als Bewerber fragen: „Was hat das alles mit meinem späteren Job zu tun?" Die Erklärung, dass man damit irgendwelche „allgemeinen" Fähigkeiten messen würde, ist dabei nur eine Euphemisierung der Tatsache, dass man nicht über ein Anforderungsprofil verfügt (was gar nicht so selten ist) oder dass man keine speziellen Übungen konstruieren kann oder möchte.

Weitaus besser als Standardübungen sind eigens konstruierte Fallstudien, die die Realität der jeweiligen beruflichen Tätigkeit abbilden und automatisch auch eine hohe Augenscheinvalidität haben.

> **Man kann dabei verschiedene Fallstudien unterscheiden:**
> **Problemfindungsfall:**
> Die Teilnehmer erhalten dabei umfangreiches Material, aber keine explizite Aufgabenstellung. Die Aufgabe besteht darin, aus dem Material die teilweise offenen und teilweise verdeckten Probleme der beschriebenen Situation zu analysieren.
> **Entscheidungsfall:**
> Bei dieser Fallart erhalten die Teilnehmer ebenfalls umfangreiches Material, jedoch im Gegensatz zum Problemfindungsfall auch noch mit einer expliziten Problemstellung. Verschiedene Lösungsalternativen müssen entwickelt und bewertet werden.
> **Beurteilungsfall:**
> Beim Beurteilungsfall erhalten die Teilnehmer eine Problembeschreibung plus einer bereits erarbeiteten Lösung. Sie müssen diese Lösung bewerten und gegebenenfalls Lösungsalternativen entwickeln.
> **Informationsfall:**
> Bei einem Informationsfall ist der Fall nur lückenhaft beschrieben. Die Teilnehmer erarbeiten die dazu fehlenden relevanten Fragen.

Die Vorteile von Fallstudien bestehen darin, dass:

- theoretisches Wissen unmittelbar angewandt werden muss,
- die Relevanz der Aufgabe nicht angezweifelt werden kann (im Gegensatz zu Standardübungen),
- die Komplexität des tatsächlichen Handelns besser abgebildet werden kann,
- Problemlöseprozesse und Interaktionsprozesse geleichzeitig abgebildet werden können.

6.1 Was ist ein Assessment Center?

Wie bereits erwähnt steht und fällt die Aussagekraft eines Assessment Centers mit der Auswahl der Aufgaben. Es ist erstaunlich, wie wenig professionell hierbei manchmal gearbeitet wird. Ein guter Teil der Übungen, die häufig in Assessment Centern verwendet werden, stammt aus dem Buch von Klaus Antons „Praxis der Gruppendynamik", das in den 60er Jahren des letzten Jahrhunderts erstmals veröffentlicht wurde. In ihm sind auch die beliebten Übungen „Turmbau", „Nasa-Übung" oder „Dienstwagen" beschrieben.

Eine Anekdote am Rande:

In der Erstauflage des Buches von Antons ist bei der Dienstwagen-Übung von einem Ford 12 M die Rede, einem in den 60er Jahren gängigen Automodell (s. Abb. 6.3). Ein Berater wollte mir ernsthaft diese Übung verkaufen und zwar in der Originalform. Die Übung war schon arg veraltet. Diese Episode zeigt jedoch, wie manche schlecht vorbereiteten Assessment Center zusammengestellt sein können.

Nach wie vor beliebt sind Postkorb-Übungen, bei denen der Bewerber einen Korb mit der Eingangspost bekommt und diesen bearbeiten muss, indem ihm gesagt wird, er sei ein bestimmter Mitarbeiter in einer gewissen Organisation. Diese Übung hatte in den letzten Jahrzehnten eine hohe Augenscheinvalidität, die sie jedoch durch die jetzige Arbeitsweise verloren hat. Zwar gibt es die „alten" Postkörbe heute auch in elektronischer Form, ein Kritikpunkt an dieser Art Übung ist aber, dass die individuelle Lösung mit einer Musterlösung verglichen wird. Dies ist jedoch nicht sehr sinnvoll, da jeder einen anderen Arbeitsstil hat, der zum Erfolg führen kann.

Die Auswahl der Übungen, die man den Bewerbern zumutet, zeigt Ihnen, wie professionell der Arbeitgeber die Personalarbeit betreibt (s. Abb. 6.4). Sie können dieses unbeabsichtigte „Outing" des Arbeitgebers nutzen, indem Sie sich nach einem Assessment Center fragen, wie angemessen und sinnhaft die Übungen des Verfahrens waren (siehe auch Kap. 7).

Abb. 6.3 Ford 12M

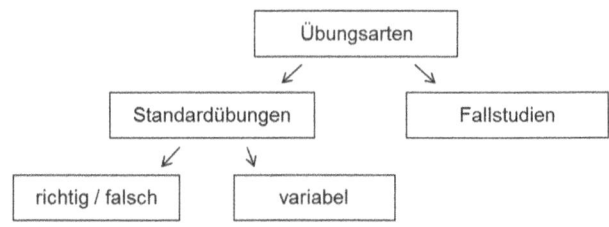

Abb. 6.4 Übungsarten im einem Assessment Center

6.1.2 Der zentrale methodische Schritt des Assessment Centers

Ein Assessment Center zeichnet sich gegenüber anderen Verfahren (Interview, Tests etc.) dadurch aus, dass man nicht nur darüber redet, wie man etwas machen würde (wie dies z. B. im Interview geschieht), sondern dass man die Teilnehmer real agieren lässt. Warum ist dieser Schritt notwendig? Man könnte ja annehmen, dass Menschen das, was sie sagen, auch tun. Diese Annahme ist jedoch falsch. Vergleicht man verbales und reales Verhalten, so merkt man sehr schnell, dass beides nur wenig miteinander zu tun hat. Diese Lebenserfahrung belegt auch z. B. eine große Studie von Furst (1983).

Furst (1983) führte Untersuchungen in verschiedenen Ländern an repräsentativen Stichproben durch, indem er über einen längeren Zeitraum Personen befragte, welche Mengen Alkohol sie trinken, die Personen mussten Strichlisten führen und diese dann anonym (!) an Furst schicken. Die Mengen wurden aufaddiert und mit der Menge an Alkohol verglichen, die im betreffenden Zeitraum in den betreffenden Regionen verkauft wurde. Eigentlich müssten sich beide Mengen decken: Das, was verkauft wird, wird auch getrunken. Furst kam jedoch zu dem Ergebnis, dass die verbalen Berichte über den Alkoholkonsum nur ca. 40 Prozent des realen Alkoholabsatzes erklärten und das, obwohl die verbalen Angaben anonym gemacht wurden.

Überall, wo man sich mit dem Verhältnis von verbalem zu realem Verhalten befasst, kommt man zum gleichen Ergebnis. Beides steht nur in loser Relation zueinander. Ajzen und Fishbein (1977) haben ein Modell entwickelt, das sich mit dem Verhältnis von Absichtserklärung und realem Verhalten befasst. Der Weg von der Verhaltensabsicht zum realen Verhalten ist dabei keineswegs geradlinig und zwingend (s. Abb. 6.5). Die tatsächliche Verhaltensabsicht wird zunächst mit der sozialen Erwünschtheit des Verhaltens abgeglichen. Nicht alles, was man tun will, ist auch opportun. Die daraufhin geäußerte Verhaltensabsicht wird modifiziert durch Verhaltensgewohnheiten. Jeder Raucher weiß, dass die Absicht, mit dem Rauchen aufzuhören, sehr schnell von der Gewohnheit zu rauchen durchkreuzt wird. Das Ganze wird zudem durch situative Gegebenheiten modifiziert. Von einer geäußerten Verhaltensabsicht auf reales Verhalten zu schließen, wäre ein Trugschluss.

Diese Erkenntnis ist übrigens gar nicht so neu, schon Goethe lässt den Faust sagen:

> Geschrieben steht: Im Anfang war das Wort. Hier stock´ ich schon, wer hilft mir weiter fort? Ich kann das Wort so hoch unmöglich schätzen. (…). Jetzt weiß ich Rat und setz´: Am Anfang war die Tat.

Abb. 6.5 Von der Verhaltensabsicht zum realen Verhalten

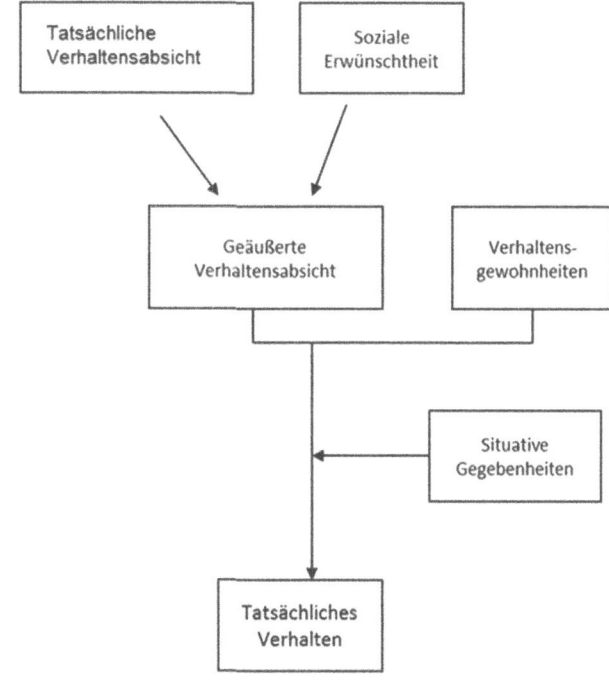

Er hat damit das Prinzip des Assessment Centers schon deutlich beschrieben: der Übergang vom verbalen zum realen Verhalten, von der Absichtserklärung zum realen Tun. Der generell eher lose Zusammenhang zwischen verbalen Daten und realem Tun könnte prinzipiell das Ergebnis einer absichtlichen Täuschung sein. Dies ist jedoch nicht zwingend der Fall. Man unterliegt ständig Selbsttäuschungen, die dazu führen können, dass man – subjektiv von der Wahrheit überzeugt – Unwahrheiten erzählt. Fragt man Menschen danach, wie gut sie sich in Bezug auf verschiedene Fähigkeiten (z. B. Autofahren, …) im Vergleich zu anderen Menschen einschätzen, fällt das Ergebnis stets gleich aus: Menschen schätzen sich zu ca. 70 bis 80 Prozent besser ein als der Durchschnitt, egal, welche Fähigkeiten man dabei abfragt. Das kann natürlich nicht sein, denn der Durchschnitt muss ja definitionsgemäß bei 50 Prozent liegen. Wir haben also alle eine generelle Tendenz, uns selbst zu überschätzen. Diese Tendenz kann durchaus gesund sein, da sie uns dabei hilft, uns subjektiv kompetent zu fühlen, was jedoch nur bedingt etwas mit der „objektiven" Realität zu tun hat.

Ein weiterer wichtiger Effekt im Kontext der Selbsteinschätzung ist der so genannte Dunning-Effekt. Während es beim obigen Effekt darum ging, die generelle Fähigkeit einzuschätzen, hat sich Dunning mit der Einschätzung der Problemlösefähigkeit bei konkreten Aufgaben beschäftigt. Dunning und Kruger (1999) hat untersucht, wie sich die subjektive Einschätzung zu der objektiven Leistung bei komplexen Problemlöseaufgaben verhält. Unabhängig von den Aufgaben zeigt sich dabei immer das folgende Muster: Je weniger kompetent Personen objektiv betrachtet sind, desto kompetenter schätzen sie sich in Bezug auf eine konkrete Problemlösungsleistung bei komplexen Problemen ein. Wie ist das zu erklären? Um eine komplexes Problem durchdringen zu können, braucht man die Fähigkeit zum komplexen Denken, damit man auch die verschiedenen Dimensionen des Problems mit ihren gegenseitigen Abhängigkeiten erfassen und durchdringen kann. Aufgrund dieser Fähigkeit weiß man, welche Unwägbarkeiten bei der Problemlösung möglich sind, und schätzt das eigene Ergebnis daher eher relativ ein. Verfügt man über die Fähigkeit zum komplexen Denken dagegen in eher geringerem Ausmaß, so reduziert sich eine entsprechende Problematik auf sehr wenige, (scheinbar) klare Aspekte, die man natürlich auch glaubt, vollständig durchdringen zu können.

Dunning:

> Wenn jemand inkompetent ist, dann kann er nicht wissen, dass er inkompetent ist. Die Fähigkeiten, die man braucht, um eine richtige Lösung zu finden, sind genau jene Fähigkeiten, die man braucht, um eine Lösung als richtig zu erkennen. (Dunning und Kruger 1999)

Schwächere Leistungen gehen in der Regel mit höherer Selbsteinschätzung einher, jedoch muss eine hohe Selbsteinschätzung nicht notwendigerweise eine schlechtere Leistung bedingen.

Das Assessment Center umgeht all die Probleme von der geäußerten Verhaltensabsicht zum realen Verhalten, indem es sich auf das Verhalten als Endpunkt dieses Prozesses konzentriert.

6.2 Geschichte des Assessment Centers

Das Assessment-Center-Verfahren hat eine fast hundertjährige Tradition, auch wenn es in seinen Anfängen nicht so hieß. Die Geschichte des Assessment Centers beginnt in den 20er Jahren des letzten Jahrhunderts in Deutschland. Die Reichswehr musste damals abgerüstet werden und durfte nach den Versailler Verträgen nur noch 100 000 Personen umfassen. Da aber am Ende des Ersten Weltkrieges mehrere Millionen Menschen Soldaten waren, musste man nun entscheiden, wer Soldat bleiben durfte und wer die Armee verlassen musste. Besonders relevant war dabei der Bereich der Führungspositionen. Die Auswahl derjenigen Soldaten, die in der Reichswehr verbleiben konnten, erfolgte mit einem Prüfprogramm. Dieses enthielt ein „Rundgespräch", heute würde man es eine führungslose Gruppendiskussion nennen, einer „Befehlsreihe", die man heute als eine Delegationsübung bezeichnen würde, und einer „Führerprobe", die man heute als ein Rollenspiel bezeichnen würde. In den 30er Jahren wurde das Verfahren dann immer weiter ausdifferenziert zu einem „Charakterologischen Verfahren zur Offiziersauswahl", welches insbesondere von dem Heerespsychologen Johannes B. Riefert betrieben wurde. In diesem Verfahren findet sich erstmals auch die „Brückenbauübung", bei der aus vorgegebenem Material (Papier etc.) eine Brücke gebaut werden muss, die möglichst lang sei soll und dabei ein definiertes Gewicht tragen können muss. In erstaunlich vielen Assessment Centern findet sich diese Übung auch heute noch! Interessant ist neben der methodischen Entwicklung des Assessment Centers in der deutschen Heerespsychologie noch eine weitere Intention: Mit diesem Verfahren sollte die Besetzung relevanter Stellen im Offizierskader auch „objektiver" gemacht werden. Man muss sich dazu bewusst machen, dass das Militär über Jahrhunderte vom Adel dominiert wurde. Der Erstgeborene des damaligen Landadels erhielt in der Regel den Besitz als Erbe, um eine Landteilung zu verhindern. Die anderen Söhne des Adels wurden im Militär versorgt. Diese Vorgehensweise konnte bis in die 80er Jahre des letzten Jahrhunderts in der Bundeswehr nachgewiesen werden (Kutz 1992). Um dem entgegenzuwirken, wurde das Riefert'sche Prüfverfahren mit entwickelt. Man findet hier schon sehr früh die richtungsweisende Idee, dem Selektionsprozess eine objektivere und in einem gewissen Sinne auch eine demokratischere Note zu geben. Eine Stärke des Assessment Centers liegt darin, dass es einen stärkeren Legitimationscharakter als andere Verfahren besitzt. Ab 1942 wurde ein ähnliches Verfahren in Englandeingesetzt, um Piloten und Offiziere auszuwählen. Hier findet sich auch erstmals eine Präsentation als ein Element des Assessment Centers. Ebenfalls in den 40er Jahren begann der Einsatz von Assessment Centern in den USA, dort besonders für die Auswahl von Agenten, Saboteuren und Propagandaexperten. Mit diesen Aktivitäten ist der Name Henry A. Murray eng verbunden. Murray war ein Psychologe der Universität Harvard und sollte in den Folgejahren starken Einfluss auf die Entwicklung der Eignungsdiagnostik ausüben. In diesem Verfahren findet sich erstmals die „Turmbauübung", eine wenig kreative „Weiterentwicklung" der Brückenbauübung, in der die Baurichtung von der horizontalen in die vertikale Richtung gedreht wurde und die Aufgabe nun darin bestand, aus vorgegebenem Material (in der Regel ebenfalls Papier) einen möglichst hohen und möglichst stabilen Turm zu bauen. In vielen Assessment Centern soll diese Übung ebenfalls heute noch eingesetzt werden!

Die Erfahrungen, die weltweit mit der Assessment-Center-Methode hauptsächlich im militärischen Anwendungsbereich gemacht wurden, wurden nach dem Zweiten Weltkrieg dann in die Wirtschaft, zuerst in Amerika, übertragen. Entscheidend für den Durchbruch des Verfahrens war die „Management-Progress-Studie" der Firma AT&T.

Bei AT&T wurden potenzielle Führungskräfte einem Assessment Center unterzogen (Bray und Grant 1966). Die Ergebnisse wurden dann, und das ist das Besondere an dieser Studie, geheim gehalten und die Entwicklung der Kandidaten über die folgenden acht Jahre beobachtet, ohne dass die Kandidaten oder andere Personen bei AT&T die Ergebnisse des Assessment Centers kannten. Es handelte sich quasi um eine Blindstudie, die man sonst im Personalbereich nur sehr selten antrifft. In der Regel verwendet man die Ergebnisse eines Auswahlverfahrens dazu, eine Personalentscheidung zu treffen, und kann dann natürlich nicht abschätzen, was passiert wäre, wenn man eine andere Entscheidung getroffen hätte. Dieser Sachverhalt macht die Management-Progress-Studie besonders wertvoll. Das Ergebnis der Studie war sehr ermutigend. Die Tab. 6.1 zeigt die Übersicht über die Ergebnisse. Sie zeigt, wie groß der Anteil der Personen ist, die bei einer guten Prognose auch tatsächlich eine hierarchische Entwicklung durchgemacht hatten, und wie groß der Prozentsatz derjenigen Personen war, die trotz einer schlechten Prognose eine

Tab. 6.1 Ergebnis der Management-Progress-Studie von AT&T

Prognose	N	Realität	
		ohne College	mit College
Positiv	203	64%	40%
Negativ	219	32%	9%
Validität		0,46	0,46

hierarchische Karriere erlebt hatten. Die Auswertung erfolgte zusätzlich noch getrennt für Kandidaten mit bzw. ohne Collegeabschluss.

Aus den Ergebnissen errechnet sich eine Validität des Verfahrens von 0,46 (zum Validitätsbegriff siehe Kap. 7). Anderen Verfahren war daher das Assessment-Center-Verfahren deutlich überlegen.

Im Assessment Center der Firma AT&T wurde auch erstmals der heute erstaunlicherweise immer noch sehr beliebte Postkorb verwendet.

Nachdem Assessment Center in Amerika erfolgreich in der Wirtschaft angewandt wurden und beflügelt durch die AT&T-Studie wurden Assessment Center auch in Deutschland ab den 70er Jahren verwendet. Zuerst kamen diese in Unternehmen zur Anwendung, die amerikanischen Ursprungs waren wie z. B. IBM und BAT. Danach verbreitete sich die Methode in der gesamten deutschen Wirtschaft. Es wird heute kaum noch ein Großunternehmen in Deutschland geben, das keine Assessment Center einsetzt. Meist kommt es bei solch rasanten Entwicklungen dabei auch zu starken Verwässerungen des eigentlichen Konzepts. Heute nennt sich – wie eingangs erwähnt – fast jedes Verfahren Assessment Center, ohne zwingend ein Assessment Center im eigentlichen Sinne zu sein.

Assessment Center haben gegenüber anderen Verfahren folgende Vorteile:

- Sie haben die empirisch höchste Validität.
- Zudem haben sie eine hohe Augenscheinvalidität.
- Sie haben eine hohe Akzeptanz bei den Bewerbern.
- Sie sind handlungsorientiert.
- Zudem stellen sie nicht selten eine Personalentwicklungsmaßnahme- für die Beobachter dar (was für Sie als Bewerber jedoch ohne Bedeutung ist).

Die genannten Aspekte gelten dabei natürlich nur für Assessment Center, die auch der engen Definition eines Assessment Centers.

6.3 Assessment Center Training

Wie gut kann man sich nun auf ein Assessment Center vorbereiten. Prinzipiell kann jemand in der Realität für eine Stelle geeignet sein oder auch nicht. Ergebnis eines Assessment Centers kann prinzipiell sein, dass der Bewerber geeignet ist oder auch nicht. Daraus kann man nun eine Vierfeldertafel entwickeln, die das Verhältnis von Realität und Assessment-Center-Ergebnis reflektiert (s. Abb. 6.6).

Der Quadrant links oben beschreibt den Zustand, dass der Bewerber in der Realität für eine Stelle geeignet ist und auch das Ergebnis des Assessment Centers in diese Richtung geht. Das ist dann erstens schön für den Bewerber und zweitens deckt sich das Assessment-Center-Ergebnis mit der Realität. Im Quadrant rechts unten entsteht die Situation, dass der Kandidat in der Realität für die Stelle nicht geeignet ist und das Ergebnis des Assessment Centers zur gleichen Aussage kommt. Das ist dann zwar weniger schön für den Bewerber, aber auch in diesem Fall ist das Assessment Center nahe an der Realität. Denkbar ist auch der Quadrant rechts oben, in dem der Kandidat zwar in der Realität nicht geeignet ist, das Assessment Center aber fälschlicherweise zu dem Ergebnis kommt, dass der Bewerber geeignet ist. Ist dies der Fall, so hat sich der Bewerber offenbar „gut verkauft", sogar „über seinem Preis". Er hat die Beobachter offenbar erfolgreich geblendet, vielleicht weil er all die Tipps in den entsprechenden Ratgebern befolgt hat. In Wirklichkeit ist dies jedoch pure Illusion. Dies wird deutlich, wenn man sich Folgendes vor Augen führt:

Der Bewerber hat dann offenbar so getan, als könne er etwas, was er eigentlich jedoch gar nicht kann. Er hat dann z. B. offensichtlich nur so getan, als könne er die anderen Mitglieder der Gruppe in eine gewisse Richtung beeinflussen, und diese haben dies offenbar akzeptiert. Die Beobachter haben dabei auch nicht bemerkt, dass er etwas tut, was er eigentlich gar nicht kann. Wenn dies der Fall ist kann er auch tatsächlich die Gruppe beeinflussen.

Ein anderes Beispiel: Wenn ein Bewerber in Wirklichkeit gut präsentieren kann, in einem Assessment Center aber überzeugend so tut, als könne er es, und die Zuhörer dies

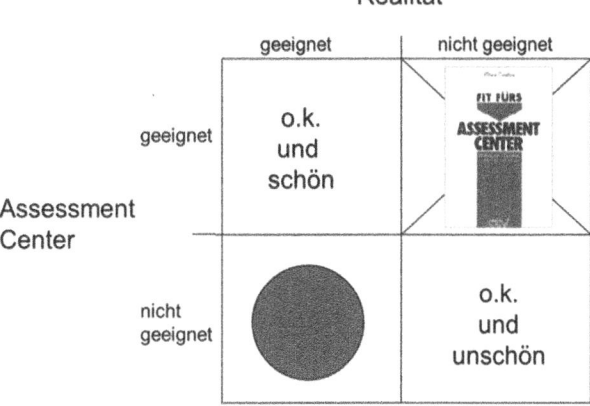

Abb. 6.6 Assessment Center – Ergebnis und Realität

auch nicht bemerken, dann kann er es auch. Der Quadrant rechts oben existiert in Wirklichkeit überhaupt nicht. Zumindest wenn ein Assessment Center halbwegs vernünftig konstruiert ist.

Der Quadrant links unten ist dagegen (leider) wirklich existent. Es kann sein, dass der Kandidat in der Realität für eine Stelle geeignet ist, das Assessment-Center- Ergebnis aber fälschlicherweise lautet, dass der Kandidat nicht geeignet ist. Der Kandidat verkauft sich dann „unter seinem Preis", er kann nicht zeigen, was er „drauf hat", er stellt sein Licht unter den Scheffel. Wie kann dies passieren?

Dafür gibt es mehrere mögliche Gründe:

Der Kandidat kann z. B. einen schlechten Tag gehabt haben. Es verhält sich ganz so wie bei der Olympiade, der Termin ist festgelegt, der eine oder andere Athlet hätte noch einige Tage Training gebraucht, für andere Athleten hingegen kam der Termin gerade etwas zu spät. Dagegen kann man leider nichts machen.

Ein weiterer Grund kann in der Strategie der „null Fehler" liegen. Sie besteht darin, im Zweifelsfall eher nichts zu machen als etwas „Falsches". Diese Strategie ist in einem Assessment Center eher weniger gut geeignet, da man prinzipiell vorher nicht wissen kann, was „falsch" ist. Deshalb führt diese Strategie generell eher zu übermäßiger Zurückhaltung, was in einem Assessment Center sehr ungünstig ist. Dort kann nur Verhalten beobachtet und bewertet werden, nicht jedoch Nicht-Verhalten. Daher ist es besser, sich zu sagen: „Ich mache lieber etwas mehr, auch auf die Gefahr hin, etwas falsch zu machen", als die Strategie anzuwenden: „Ich mache lieber nichts, damit auch nichts Falsches." In einem Assessment Center kommt es nicht zu einer Kompetenzunterstellung. Es kann nur das bewertet werden, was auch an wahrnehmbarem Verhalten vom Bewerber gezeigt wird.

Ein weiterer Weg in den Quadranten links unten besteht darin, dass man sich zurückhält, wenn eine Übung „ganz automatisch" im eigenen Sinne verläuft.

Hier unterscheidet sich das Assessment Center etwas von der Realität. Wenn ein Prozess in der Realität so läuft, wie man es gerne hätte, kann man sich getrost zurückhalten. In einem Assessment Center können die Beobachter dagegen nicht differenzieren, weshalb ein Bewerber ruhig ist: Weil es in seinem Sinne läuft? Weil er ganz andere Ideen hat? Weil er gar nicht bei der Sache ist? Daher müssen Sie Ihre Reaktion für die Beobachter transparent machen, wenn eine Situation sich in Ihrem Sinne entwickelt.

Auch Nervosität kann dazu führen, dass man im Quadrant links unten landet. Das Verhältnis von Anspannung (Stress, Nervosität etc.) und Leistungsfähigkeit ist in dem so genannten Yerkes-Dodson-Gesetz beschrieben (vgl. Kap. 9). Bei einem mittleren Anspannungsniveau ist unsere Leistungsfähigkeit am größten. Man hat dann Zugriff auf alles Wissen und alle Fähigkeiten, die man besitzt. Steigt die Anspannung über dieses optimale Niveau hinaus weiter an, so sinkt die Leistungsfähigkeit. Man ist dann blockiert und kann nicht mehr alles abrufen, was man eigentlich beherrscht. Ist die Anspannung jedoch geringer als das optimale Niveau, so sinkt die Leistungsfähigkeit ebenfalls (s. Abb. 6.7).

Das bedeutet, dass man in einer Auswahlsituation gar nicht den Anspruch haben sollte, ganz cool (auf der linken Seite der Kurve) zu sein. Dies wäre erstens unrealistisch und zweitens sogar leistungshemmend! Das Problem ist also nicht die Anspannung an

6.3 Assessment Center Training

Abb. 6.7 Anspannung und Leistungsfähigkeit

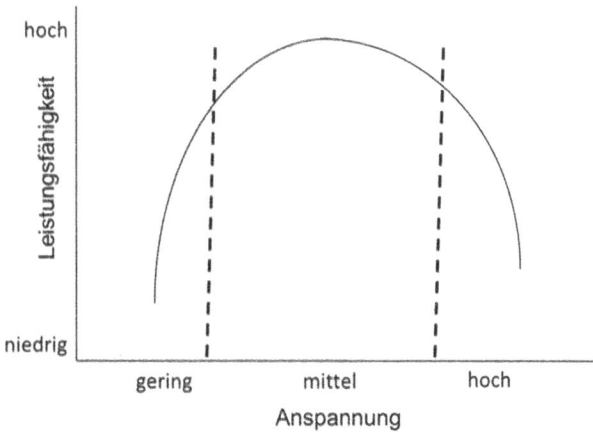

sich, sondern lediglich die zu hohe Anspannung. Effiziente Methoden zur Kontrolle der Anspannung finden sich in Kap. 9.

Eine weitere Problematik des Quadranten links unten besteht in dem so genannten egozentristischen Wahrnehmungsfehler. Dieser besagt, dass ein Individuum stets mehr Informationsquellen zur Verfügung hat als Außenstehende, wenn es darum geht, die Frage zu beantworten, wie sehr man mit einer Aufgabe beschäftigt ist (s. Abb. 6.8).

Nur wir selbst haben Zugriff auf unsere Gedanken, ein Außenstehender kann diese ja nicht wahrnehmen. Daher ist ein Außenstehender darauf angewiesen, ersatzweise das, was wir sagen, als einen Gradmesser dafür zu betrachten, wie sehr wir gedanklich in eine Aufgabe involviert sind. Dies führt in der Regel dazu, dass andere Personen den Grad, mit

Abb. 6.8 Egozentristischer Wahrnehmungsfehler

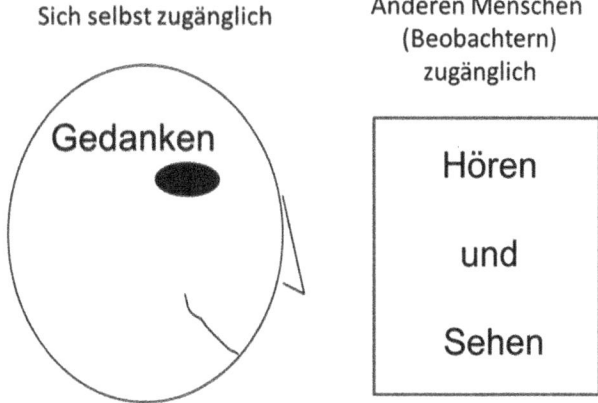

dem wir gedanklich in eine Aufgabe involviert sind, unterschätzen. Das bedeutet für das Assessment Center: Sie müssen in einem Assessment Center weit mehr als im „richtigen Leben" darauf achten, dass das, was in Ihrem Kopf vorgeht, auch für andere Personen sicht- und hörbar wird. Das gilt für das Ergebnis von Überlegungen, aber auch für den Prozess des Nachdenkens. Gehen Sie zu Ihren Ungunsten davon aus, dass Sie in einem weit stärkeren Ausmaß annehmen, andere Personen könnten wahrnehmen, was in Ihnen vorgeht, als dies tatsächlich der Fall ist. Seien Sie sich bei einem Assessment Center des egozentristischen Wahrnehmungsfehlers bewusst, versuchen Sie bewusst, die Außenperspektive einzunehmen, und fragen Sie sich: „Wie kann ich sicherstellen, dass das, was in meinem Kopf vorgeht, auch für die Beobachter wahrnehmbar, d. h. sicht- und hörbar, wird?" Teilnehmer an einem Assessment Center und die Beobachter leben quasi in zwei getrennten Wahrnehmungs-Welten. Stellen Sie daher sicher, dass sich beide Welten möglichst decken. Es gehört zu den Grundprinzipien des Assessment Centers, dass nur das bewertet wird, was sicht- und hörbar ist, und dass keine Spekulationen darüber angestellt werden, was „im Inneren" der Kandidaten vor sich geht.

Dieses methodische Prinzip kann jedoch dazu führen, dass sich Teilnehmer, die sich des egozentristischen Wahrnehmungsfehlers und der unterschiedlichen Perspektive von „außen" und „innen" nicht bewusst sind, daher unter Preis verkaufen, da sie fälschlicherweise davon ausgehen, dass die Beobachter schon irgendwie erkennen werden, was in ihnen vorgeht.

In einem Assessment Center wird es eine Vielzahl an unterschiedlichen (im Idealfall auch anforderungsrelevanten) Übungen geben. Manche Übungen sind schon dadurch motivierend, das man sie interessant findet, eine mögliche Lösung parat hat, die Übung sich mit dem eigenen Tätigkeitfeld deckt etc. Solche Übungen sind natürlich unproblematisch. Schwieriger sind solche Übungen, mit denen man eigentlich nichts anfangen kann, die eher weniger motivierend sind. Bei solchen Aufgaben hilft folgendes Vorgehen: Machen Sie sich AKTIV klar und bewusst, dass Sie diese Aufgabe nicht mögen. Beschließen Sie dann, sich trotzdem mit umso größerer Energie der Aufgabe zu widmen. Wenn Sie inhaltlich keine Ideen haben, schalten Sie um auf andere Ebenen (siehe unten). Das Ablehnen von Aufgaben wird in einem Assessment Center (wie auch im richtigen Leben) ganz sicher nicht honoriert. Zeigen Sie, dass Sie auch mit einer solchen Situation umgehen können. Sie können durchaus verbal kundtun, dass Sie sich schwer tun mit der Aufgabe. Dabei sollten Sie es natürlich nicht belassen, sondern trotzdem aktiv an die Aufgabe herangehen.

6.3.1 Was kann ein Assessment Center-Training leisten?

Ein gutes Assessment Center Training macht die Möglichkeiten, sich unter Preis zu verkaufen, bewusst, es stellt sicher, dass sich ein Bewerber in einem Assessment Center seinen tatsächlichen Fähigkeiten entsprechend darstellen kann. Trainings, die versprechen, dass man in ihnen lernt, wie man sich besser darstellt, als man eigentlich ist, halte ich aus den oben genannten Gründen für absolut sinnlos. Selbst wenn dies gelingen würde und der Bewerber eine Stelle ergattern würde, für die er eigentlich ungeeignet ist, wäre nichts gewonnen. Er würde sich nur vielgestaltige Probleme einhandeln.

Man kann sich durch ein gutes Training auch etwas mit der besonderen Situation eines Assessment Centers vertraut machen. Das kann im Idealfall dazu führen, dass man in der realen Situation dann etwas weniger vom allgemeinen Setting abgelenkt ist und sich daher eher auf die eigentlichen Aufgaben konzentrieren kann.

Insbesondere lohnt es sich, den Effekt des egozentristischen Wahrnehmungsfehlers in einem Training „live" zu erleben.

Man kann noch eine weitere Strategie in einem Assessment Center Training erlernen. Bei der Bearbeitung einer Aufgabe in einer Gruppe von Menschen gibt es immer drei Aspekte: den Inhalt, den Prozess und den Kontakt der beteiligten Personen untereinander (s. Abb. 6.9).

Es kann vorkommen, dass Sie inhaltlich zu einer Aufgabe weniger beitragen können. Eher ungünstig wäre es dann, sich zu sagen: „Diese Runde ist eben verloren, Pech gehabt, hoffentlich ist die nächste Aufgabe besser." Sollten Sie bei einer Aufgabe inhaltlich überfordert sein, so können Sie trotzdem konstruktiv an der Aufgabe mitarbeiten, indem Sie sich auf den Prozess der Problemlösung und auch auf den Kontakt der Mitglieder der Gruppe fokussieren. In der Regel gibt es Gruppenmitglieder, die inhaltlich stärker sind, aber gerade dann durch die starke inhaltliche Involvierung die Bereiche des Prozesses und des Kontakts eher aus den Augen verlieren. Wenige Teilnehmer werden in allen drei Bereichen der Problemlösung gleich stark sein, daher ist es nicht ausschlaggebend, wenn Sie bei einer Übung inhaltlich nicht sehr gut sind. Konzentrieren Sie sich in einer solchen Situation auf den Prozess und auf den Kontakt der Mitglieder der Gruppe untereinander. Sie können ziemlich sicher sein, dass die Gruppenmitglieder, die inhaltlich stärker involviert sind, nicht auch gleichzeitig in den Bereichen Prozess und Kontakt stark sind.

All die Anmerkungen gelten für ein „gutes" Training. Achten Sie, wenn Sie ein solches Training besuchen wollen, darauf, dass der Dozent auch über entsprechende praktische Erfahrung verfügt, d. h., ob er für seine Organisation (am besten noch für sich selbst) häufig Assessment Center durchgeführt hat.

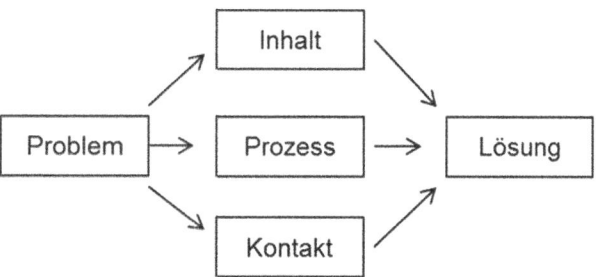

Abb. 6.9 Dimensionen der Problemlösung in Gruppen

6.4 Identifikation von Blendern

Ein Kritikpunkt am Assessment-Center-Verfahren besteht darin, das Blender hier die Chance haben, sich zu produzieren und dabei über Gebühr abzuschneiden. Bei einem schlecht gemachten Assessment Center ist dies sogar gut denkbar. Man kann jedoch Blender gezielt mit folgendem Vorgehen identifizieren:

Man gibt den Bewerbern individuelle Tests zum Problemlösen und erhält damit einen Wert, der die individuelle Problemlösefähigkeit des Bewerbers repräsentiert. Nun beobachtet man die Bewerber in Gruppenproblemlöse-Situationen und kann die dabei erzielten Bewertungen mit den individuellen Testergebnissen vergleichen. Aus den dabei prinzipiell denkbaren Ausprägungen ergeben sich wieder vier Felder (s. Abb. 6.10). Ein Kandidat kann im individuellen Problemlösen gut sein und auch in der Gruppe, das ist natürlich der optimale Kandidat. Ein Kandidat kann im individuellen Problemlösen schlecht sein und auch in der Gruppe schlechte Ergebnisse erzielen. Dies ist dann natürlich ein weniger geeigneter Kandidat. Wenn eine Kandidat individuell gute Ergebnisse erzielt, in der Gruppe dagegen schlechtere, so spricht dies dafür, dass er durch die Gruppe eher gebremst wird, und er wird auf einem Arbeitsplatz, bei dem dies keine Rolle spielt, einsetzbar sein. In Arbeitsgruppen wird ein solcher Kandidat nur einen Teil seiner Leistungsfähigkeit realisieren können. Im vierten Quadrant befinden sich die Blender. Dies sind Kandidaten, die individuell nur schlechte Problemlösungsergebnisse erzielen, beim Gruppenproblemlösen dagegen (trotz nachgewiesener Inkompetenz) die Gruppe dominieren und die Beobachter blenden können. Man könnte nun argumentieren, dass solche Blender die idealen Führungspersönlichkeiten wären, die – nicht durch Fachwissen gebremst – auf jedem Gebiet die Führung übernehmen können– allerdings eine sehr seltsame Vorstellung von Führung!

Abb. 6.10 Identifikation von Blendern

		Individuell	
		gut	schlecht
in der Gruppe	gut	++ Kandidat	Blender
	schlecht	Verkauft sich unter Preis	-- Kandidat

6.5 Semantische Differenziale

Mit der Methode der Semantischen Differenziale kann man Bewertungen auf eine indirekte, für den Bewertenden schwer transparente Art erfassen (s. Abb. 6.11). Das Verfahren wurde von Osgood entwickelt und 1976 veröffentlicht. Dazu werden Begriffe, Gegenstände oder auch Personen zwischen zwei Polen lokalisiert, z. B. zwischen den Polen „stark" und „schwach". Aus diesen Bewertungen kann man dann mithilfe der Methode der Faktorenanalyse die Dimensionen bestimmen, in denen z. B. eine Person „wirklich" bewertet wird.

Die Ergebnisse der Forschung zu den Semantischen Differenzialen sind für das Thema Assessment Center von besonderer Bedeutung. Personen werden demnach lediglich auf drei impliziten Dimensionen bewertet:

Aktivität, Power und affektive Bewertung. Diese Dimensionen scheinen die „sozio-emotionale Grundausstattung" von Menschen zu sein und dies unabhängig von Sprache und Kultur.

Diese drei Bewertungsdimensionen stehen gewissermaßen „hinter" all den Kategoriensystemen zur Verhaltensbeschreibung. Wenn man die Bewertung einer Person bezüglich dieser Dimensionen kennt, kann man auch die anderen Dimensionen, die (scheinbar) beobachtet werden, hinreichend genau konstruieren.

Das bedeutet: egal, welche Dimensionen die Beobachter in einem Assessment Center vorgeben und auch zu beurteilen glauben, sie beurteilen letztendlich nur diese drei Dimensionen. Die Unterschiede von Personenbeurteilungen, egal in welchem Kategoriensystem sie auch erhoben wurden, lassen sich letztendlich auf diese drei Faktoren zurückführen.

Ein Assessment Center erfüllt neben der diagnostischen Funktion auch noch weitere Funktionen innerhalb einer Organisation. Eine ältere, aber immer noch lesenswerte kritische Abhandlung zu diesem Thema, die auch speziell auf die impliziten Funktionen des Assessment Centers abseits der eigentlichen rationalen Personalauswahl eingeht, findet sich bei Kompa 1989.

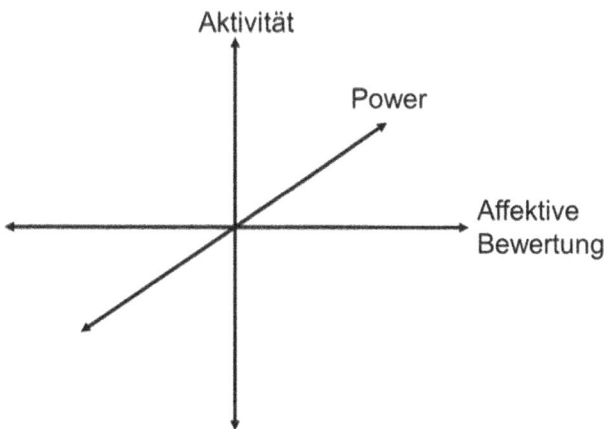

Abb. 6.11 Dimensionen des Semantischen Differentials

> **Wenn Sie die Erkenntnisse zu den Semantischen Differenzialen in einem Assessment Center anwenden möchten, können Sie daraus Folgendes ableiten:**
> - Wichtig ist Aktivität. Nur Verhalten, das auch real gezeigt wird, wird bewertet, Nicht-Verhalten (abwarten, denken etc.) wird nicht honoriert. Nur wer aktiv ist, gesehen wird, hat eine Chance auf eine gute Beurteilung.
> - Es geht um Einfluss („Power"), den ein Bewerber auf die geforderte Problemlösung hat. Dieser kann auf dem Inhalt, dem Prozess oder auf der Beziehung liegen. Einflusslosigkeit wird jedoch nicht honoriert.
> - Die Dimension „affektive Bewertung" durch die Beobachter kann man nur schwerlich beeinflussen. Durch eine größere Anzahl der Beobachter und die Rotation der Beobachter soll es hier zu einer „gerechteren" Bewertung kommen.

Literatur

Ajzen, I., & Fishbein, M. (1977).: Attitude-behaviour-relations: a theoretical analysis and review of empirical research. *Psychological. Bullet, 84,*

Antons, K. (1976). *Praxis der Gruppendynamik.* Göttingen: Hogrefe.

Bray, D. W., & Grant, D. L. (1966). The assessment center in the measurement of Potential for business management. *Psychological Monographs, 80,* Whole No. 625.

Dunning, D., Kruger, J. (1999). Unskilled and unaware of it. *Journal of Personality and Social Psychology, 77,* 1121–1134.

Furst, M. (1982). Estimating alcohol prevalence. In M. Galanter (Hrsg.), *Recent development in alcoholism.* New York: Plenum Press.

Hesse, J., & Schrader, H. C. (2006). *Die 100 wichtigsten Tipps zum Assessment Center.* Frankfurt: Eichborn.

Kompa, A. (1989). *Assessment center: Bestandsaufnahme und Kritik.* Mering: Hampp.

Kutz, M. (1992). *Karrieren und Kriterien. Informationen für die Truppe.*

Osgood, C. E. (1976). *Focus on meaning, Vol. 1. explorations in semantic space.* The Hague: Mouton.

7 Drehen Sie den Spieß um!

Zusammenfassung

Normalerweise dient ein Auswahlverfahren dazu, den Bewerber zu beurteilen. Als Bewerber können Sie jedoch zumindest einen Teil des potenziellen Arbeitgebers sehr gut beurteilen: dessen Auswahlverfahren. In ihm bringt der zukünftige Arbeitgeber (ohne es vielleicht zu wollen) deutlich zum Ausdruck, wie er mit potenziellen und später realen Mitarbeitern umgeht, und dies nicht auf einer verbalen Ebene der Absichtserklärungen oder gar auf der Ebene der Werte, die der Arbeitgeber zu vertreten vorgibt, sondern auf der Ebene des realen Verhaltens.

Zugespitzt könnten Sie sich die Frage stellen: „Möchte ich in einer solchen Organisation, die auf diese Weise mit ihren Bewerbern (und wohl auch mit ihren Mitarbeitern) umgeht, arbeiten?" Im Auswahlverfahren „outet" sich der Arbeitgeber „unbewusst". In diesem Kapitel wird der Stand der Wissenschaft zur Bewertung von Auswahlverfahren dargestellt. Dieser müsste eigentlich jedem, der sich mit dem Thema Personalauswahl professionell beschäftigt, geläufig sein, in Kap. 1 wurde schon beschrieben, dass dies jedoch nicht immer der Fall ist.

An dieser Stelle betrachten wir Assessment Center (vergl. Kap. 6) und Tests (Leistungs- und Persönlichkeitstest), das Interview wurde in Kap. 5 bereits beschrieben.

Um das Vorgehen des potenziellen Arbeitgebers bei der Personalauswahl systematisch beurteilen zu können, sind nachfolgend einige Kriterien aufgelistet, die nach dem Stand der Wissenschaft für verschiedene Auswahlinstrumente gelten.

Als Bewerber kann man damit überprüfen, wie systematisch, reflektiert und erfahrungsbasiert ein Arbeitgeber vorgeht. Oder anders herum: wie unstrukturiert, planlos, etc. ein Arbeitgeber vorgeht, wenn es darum geht, die für den Arbeitgeber so wichtige Entscheidung, nämlich die Personalentscheidung, zu treffen. Oftmals werden Sie als Bewerber natürlich nicht alle relevanten Informationen zu den jeweiligen Auswahlverfahren erhalten, häufig werden Sie sich auch mit einer eher subjektiven und vagen Einschätzung begnügen müssen. Trotzdem lohnt es sich, sich die relevanten Fragen zu stellen. In der Regel sind dabei jedoch die intuitiven Einschätzungen gar nicht so schlecht. Zudem können Sie anhand der Fragen, die Sie an die Anwender der Verfahren stellen können, erkennen, ob diese die notwendige Fachkompetenz besitzen. Oft zeigt bereits die Reaktion auf die Fragen den Kompetenzstand Ihres Gesprächspartners, auch ohne inhaltlich tief einsteigen zu müssen. Auf der Metaebene gewinnt man schon durch einige wenige Fragen einen Eindruck davon, wie der potenzielle Arbeitgeber mit Fragen zum Verfahren umgeht, ob er sich angegriffen, infrage gestellt, herausgefordert, kooperativ, offen, interessiert etc. zeigt. Betrachten wir zunächst das Assessment Center.

7.1 Bewertungskriterien für Assessment Center (AC)

Wie schon in Kap. 6 erwähnt, werden heutzutage viele Verfahren als Assessment Center bezeichnet, ohne dass es sich im engeren Sinne auch um ein solches handelt. Die nachfolgenden Aussagen beziehen sich auf „echte" Assessment Center. Bezüglich der Gestaltung solcher „echten" Assessment Center gibt es klare Leitlinien, die z. B. der Arbeitskreis Assessment Center (www.arbeitskreis-ac.de) definiert hat Anforderungsbezug, Kriterien und Übungen, Verhaltensbeschreibungen für die Beurteilungsskalen, Beobachterschulung, Vorinformationen für die Beobachter, Inhalt des ACs (Übungen), Rollenspiele, Kontakt zu den Bewerbern außerhalb der Übungen und die Auswertung eines ACs.

7.1.1 Anforderungsbezug

Um ein AC sinnvoll gestalten zu können, muss es die für eine Stelle relevanten Anforderungen abbilden. Diese Anforderungen sollen systematisch erhoben werden und nicht nur intuitiv oder plausibel sein. Zudem sollten die Kriterien spezifisch sein und nicht allgemein formuliert wie z. B. „Führungskompetenz", „Kommunikationsfähigkeit" etc. (zum Begriff „Teamfähigkeit" siehe Kap. 3). Auch die beliebten Kompetenzmodelle sind hierbei nicht sehr hilfreich.

Nun werden Sie wenig Einblick in die Konstruktion eines ACs nehmen können, aber Sie können sich selbst oder auch ggf. den Anwendern des ACs einige Fragen stellen, um einen Eindruck davon zu gewinnen, wie sinnvoll und sorgfältig die Anforderungen erhoben werden.

Fragen, die Sie sich (oder dem potenziellen Arbeitgeber) stellen können:

- Ist der Anforderungsbezug der angewandten Verfahren für Sie erkennbar?
- Wird dieser Bezug vom Arbeitgeber dargestellt?
- Hat der Arbeitgeber klar definierte Anforderungen?
- Kann man Ihnen den Anforderungsbezug erklären?

7.1.2 Kriterien und Übungen

In den einzelnen AC-Übungen werden jeweils verschiedene Kriterien beobachtet, dabei muss sichergestellt werden, dass die einzelnen Kriterien in unterschiedlichen Übungen beobachtet werden. Wenn ein Kriterium nur einmal oder nur wenige Male beobachtet wird, so kann die Bewertung dieses Kriteriums prinzipiell auch auf Zufällen beruhen. Je öfter man das Kriterium beobachtet, desto sicherer kann man sich sein, dass das Kriterium auch stabil erfasst wird. Man möchte ja wissen, wie sich ein Bewerber in einer Auswahl unterschiedlicher Situationen verhält und nicht nur, wie er sich in einer spezifischen Situation verhält. Bei den einzelnen Übungen dürfen nicht zu viele Dimensionen beobachtet werden, die Forschung zeigt eindeutig, dass Beobachter bei mehr als drei Dimensionen überfordert sind. Wenn man nun maximal drei Dimensionen pro Übung beobachten kann und man die einzelnen Dimensionen in unterschiedlichen Übungen beobachten sollte, so ergibt sich die Höchstzahl von etwa sechs Kriterien.

Fragen, die Sie sich (oder dem potenziellen Arbeitgeber) stellen können:

- Werden die Kriterien offengelegt?
- Wie gut sind die Kriterien in der Übung beobachtbar?
- Wie hoch ist die Anzahl der beobachteten Kriterien?

7.1.3 Verhaltensbeschreibungen für die Beurteilungsskalen

Eine Beurteilungsdimension ist niemals selbsterklärend. Sie muss durch Verhaltensbeschreibungen auf den verschiedenen Ausprägungsstufen ergänzt werden. Wenn dies nicht der Fall ist, so verwendet jeder der Beobachter seine eigene Definition der jeweiligen Dimension. Jeder Mensch hat eine „intuitive" Idee davon, was die jeweilige Dimension im Detail bedeutet, die von Mensch zu Mensch differiert. Wenn solche beschriebenen Verhaltensabstufungen nicht existieren, kommt es oftmals dazu, dass das beobachtete Verhalten nicht gegen die jeweilige Beobachtungsdimension abgeglichen wird, sondern dass Bewerber gegeneinander verglichen werden. Das kann im Extremfall dazu führen, dass der „Einäugige der König unter den Blinden" ist.

Fragen, die Sie sich (oder dem potenziellen Arbeitgeber) stellen können:

- Gibt es Verhaltensbeschreibungen zu den einzelnen Skalen?

7.1.4 Beobachterschulung

Ein weiteres Kriterium für die Beurteilung eines Assessment Centers ist das Vorhandenseins und natürlich auch die Qualität eines entsprechenden Trainings für die Beobachter. Als Bewerber werden Sie nur schwerlich brauchbare Informationen über die Vorbereitung der Beobachter auf ihre Aufgabe im Assessment Center bekommen können, Sie können es jedoch versuchen. Einfacher kommen Sie an relevante Informationen, wenn Sie ein unternehmensinterner Kandidat sind. Interessant ist auch die Zusammensetzung der Beobachter. In mehreren Studien konnte gezeigt werden, dass die Qualität der Beobachtung steigt, wenn man Psychologen als Beobachter einsetzt (z. B. Lievens 2002).

Fragen, die Sie sich (oder dem potenziellen Arbeitgeber) stellen können:

- Welche Qualifikation hat der Moderator?
- Welche Qualifikationen haben die Beobachter?
- Wurden sie geschult?

7.1.5 Vorinformationen für die Beobachter

Vorinformationen über die Bewerber in einem AC sollten vermieden werden. In vielen Untersuchungen konnte gezeigt werden, dass solche Vorabinformationen die spätere Beobachtung verzerren können. Im Idealfall beobachten die Beobachter die Teilnehmer „nur", ohne Details zu den Bewerbern zu kennen.

Fragen, die Sie sich stellen können:

- Gibt es Anhaltspunkte dafür, dass die Beobachter Vorinformationen (z. B. vorliegende Bewerbungsunterlagen) haben?

7.1.6 Der Inhalt des AC, die Übungen

Die Übungen sollen die relevanten Anforderungen der Stelle abbilden, damit man abschätzen kann, wie sich der Bewerber später im Arbeitsleben wahrscheinlich verhalten wird. Oftmals trifft man in Assessment Centern jedoch genau das Gegenteil an.

Fragen, die Sie sich (oder dem potenziellen Arbeitgeber) stellen können:

- Werden veraltete Übungen wie z. B. der Postkorb verwendet?
- Werden Standardübungen (Nasa, Dienstwagen etc.) verwendet?
- Kennen Sie die Übungen schon aus anderen Kontexten?
- Haben die Übungen einen Bezug zur konkreten Problemstellung der Tätigkeit (z. B. in Form von Fallstudien)?

7.1.7 Rollenspiele

Rollenspiele sind in einem AC nur dann sinnvoll, wenn dem Bewerber ein gut trainierter Beobachter gegenübersitzt, der auf unterschiedliches Verhalten des Bewerbers standardisiert auf unterschiedliche Weise reagieren kann, das dürften nur wenige Beobachter auch

7.1 Bewertungskriterien für Assessment Center (AC)

leisten können. Eine Situation, in der zwei Bewerber ein Rollenspiel miteinander durchführen, führt nicht zum Ziel, da man in dieser Konstellation zwei Varianzquellen hat und nicht entscheiden kann, auf welcher Varianzquelle das Verhalten basiert.

Fragen, die Sie sich (oder dem potenziellen Arbeitgeber) stellen können:

- Werden Sie dazu aufgefordert, nicht Sie selbst zu sein, sondern eine Rolle zu spielen?
- Sind weitere Bewerber Rollenspielpartner?
- Sind Beobachter Rollenspielpartner?
- Haben diese eine Art Drehbuch oder agieren sie offensichtlich ungeplant (und nennen dies ggf. auch noch „spontan")?

7.1.8 Kontakt zu den Bewerbern außerhalb der Übungen

In der reinen Form des ACs sollte kein Kontakt der Beobachter mit den Teilnehmern außerhalb der Übungen stattfinden, da sonst unstrukturierte Informationen bei den Beobachtern die Urteilsfindung verzerren könnten, es könnte zu unkontrollierter Informationsverarbeitung kommen. Der Kontakt zwischen den Bewerbern und dem Arbeitgeber wird daher optimalerweise von dem Moderator hergestellt, die Beobachter halten sich weitestgehend zurück. Eine verdeckte Beobachtung, außerhalb der eigentlichen Übungen (z. B. während der Pausen oder dem Mittag-/Abendessen), ist weder ethisch noch methodisch sinnvoll. Aus methodischer Sicht würde es auch hier zu unkontrollierter Informationsverarbeitung kommen, aus ethischer Sicht wäre es fatal, wenn man die Bewerber „bespitzeln" würde, indem man ein beobachtungsfreie Zeit vorgaukeln würde, die in Wahrheit doch der Beobachtung dient. Das Argument, man würde die Teilnehmer dabei in einer „natürlichen" Art und Weise beobachten können, greift nicht, da die Bewerber der Beteuerung, in diesen Phasen würde keine Beobachtung stattfinden, sowieso keinen Glauben schenken würden. Darüber hinausgehend ist es sinnvoll und notwendig, dass die Bewerber (genauso wie die Beobachter) wirklich eine Pause haben. Daher sollten sich die Beobachter in den Pausen demonstrativ abseits der Bewerber halten.

Fragen, die Sie sich (oder dem potenziellen Arbeitgeber) stellen können:

- Haben Sie den Eindruck von Beobachtung auch in scheinbar beobachtungsfreier Zeit?
- Werden Beobachtungen und Pausen strikt getrennt?

7.1.9 Auswertung des Assessment Centers

Auch hier wird man besonders dann, wenn man ein unternehmensexterner Bewerber ist – wenig Einblick erhalten. Idealerweise tauschen die Beobachter erst bei der Beobachterkonferenz ihre Beobachtungen und ihre Bewertungen aus. Diese Beobachterkonferenz wird von einem Moderator geleitet, wobei es besonders wichtig ist sicherzustellen, dass in der Gruppe der Beobachter möglichst wenig gruppendynamische Effekte auftreten. Im schlimmsten Fall wird die Beobachterkonferenz zu einer AC-Übung für die Beobachter mit dem Titel „Wie setze ich meine Meinung innerhalb einer Gruppe durch". Besonders bedeutsam ist dabei das Konformitätsproblem (z. B. Asch 1956).

▶ Was zeichnet ein gutes Assessment Center aus?

Wie kann man die Güte eines Assessment Centers beurteilen? Im Prinzip gelten für ein Assessment Center die gleichen teststatistischen Kennwerte wie für alle anderen Testverfahren auch (vgl. Abschn. 7.2). Da fast jedes Assessment Center anders ist, wird es jedoch keine allgemein zugänglichen teststatistischen Kennwerte dazu geben (oftmals gibt es diese auch intern nicht).

Man kann die prognostische Validität eines Assessment Centers natürlich am besten durch eine Blindstudie wie etwa von AT&T untersuchen, welche jedoch selten durchgeführt wird, da sie sehr zeitaufwendig ist.

Man kann die Güte eines Assessment Centers jedoch auch zu einem gewissen Zeitpunkt abschätzen, in dem man Berechnungen zur Konstruktvalidität anstellt (s. Abb. 7.1). Dazu geht man folgendermaßen vor: Man beobachtet bei jeder Übung mehrere Kriterien. Bei unterschiedlichen Übungen werden die Kriterien daher auch mehrfach beobachtet.

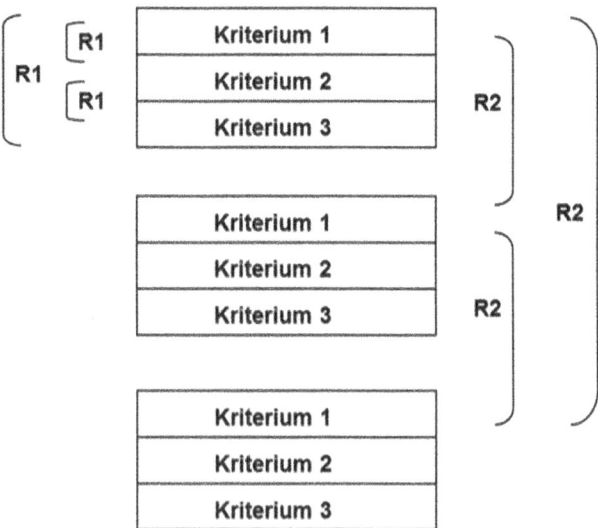

Abb. 7.1 Konstruktvalidität von Assessment Centern

Sofern man stabile Eigenschaften einer Person messen kann, müssten die Bewertungen einer Person bei einem gewissen Kriterium über viele Übungen hinweg hoch korrelieren. Die Kriterien untereinander müssten innerhalb einer Übung dagegen eher gering korrelierten, wenn sie wirklich unabhängig voneinander sind. Forschungen haben herausgefunden, dass Assessment Center prognostisch valide sind, aber oftmals nicht konstruktvalide. Die Diskussion hierzu ist bekannt als die Kleinmann-Debatte. Dies stimmt auch, wenn man die Forschung hierzu mit Studenten, oftmals mit Psychologiestudenten durchführt. Die Arbeit mit „richtigen" Versuchspersonen ist sehr aufwendig, Psychologeistudenten sind dagegen als Versuchspersonen leicht zu gewinnen, da sie eine gewisse Anzahl von Versuchspersonenstunden nachweisen müssen, um zur Prüfung zugelassen zu werden. Wenn man die gleiche Forschung jedoch mit Menschen im Arbeitsleben durchführt, kommt man zu dem Ergebnis, dass gute Assessment Center sowohl prognostisch valide als auch konstruktvalide sind.

▶ Wie können Sie als Bewerber die Qualität eines Assessment Centers beurteilen?

Da Sie nur einen geringen Einblick zum Hintergrund des Verfahrens haben werden, können Sie eine Beurteilung im engen Sinne nicht vornehmen, Sie können aber abschätzen, wie professionell die Veranstalter vorgehen. Beispielsweise können Sie diese fragen, wie es sich mit der prognostischen Validität des Verfahrens verhält. Sie können auch nach der Konstruktvalidität des Verfahrens fragen. Oftmals werden Sie nur fragende Blicke ernten, man wird Ihre Frage gar nicht verstehen – ein Indikator dafür, dass die Veranstalter nicht so genau wissen, was sie da eigentlich tun. Sie selbst können überlegen, ob Sie in den verwendeten Übungen einen Bezug zu der zu erwartenden Arbeitssituation herstellen können oder ob es sich bei den Übungen um Standardübungen handelt, die auch in vielen anderen Verfahren verwendet werden. Wenn Sie zu keiner belastbaren Einschätzung kommen, fragen Sie die Veranstalter. Wichtig ist dabei, dass Sie nicht auf der Antwortebene stehenbleiben bei Antworten wie z. B.: „Die Übungen entsprechen unserem Kompetenzmodell." Auch hier gelten die Regeln, wie in Kap. 5 beschrieben.

7.2 Bewertungskriterien für Testverfahren

Bei der Personalauswahl kommen auch immer wieder Tests zur Anwendung, von denen für das Thema dieses Buches zwei Arten von Tests relevant sind: Leistungstests und Persönlichkeitstests. Was ist nun ein Test?

▶ **Eine gängige Definition von „Tests" lautet:** „Tests sind standardisierte, routinemäßig anwendbare Verfahren zu Messung individueller Verhaltensmerkmale, aus denen Schlüsse auf Eigenschaften der betreffenden Person oder auf ihr Verhalten in anderen Situationen gezogen werden können" (Lienert und Raatz 1998).

Ein Test im testpsychologischen Sinne ist nicht unbedingt ein Papier-und Bleistifttest oder neuerdings vielleicht ein Computertest. Der Begriff „Test" sagt nur aus, dass man ein relativ kleines Verfahren in der Gegenwart anwendet, um etwas Größeres in der Zukunft vorherzusagen. In einem weiteren Sinne kann daher auch ein Assessment Center als ein „Test" aufgefasst werden.

Es existieren eindeutige und konkrete Kriterien zur Bewertung der Brauchbarkeit von Tests und eine Deutsche Industrie Norm (DIN) dazu.

Mit der Frage der Bewertung von Tests beschäftigt sich die Teststatistik. Deshalb machen wir an dieser Stelle einen kurzen Ausflug in dieses Gebiet.

7.2.1 Teststatistik

Aus dem weiten Gebiet der Teststatistik sind für den Zusammenhang dieses Buches nur einige wenige Begriffe wichtig. Es sind dies der Begriff der Korrelation und die Gütekriterien von Tests.

▶ Der Begriff der Korrelation

Sehr wichtig zum Verständnis der Teststatistik ist der Begriff der Korrelation. Dieser beschreibt abstrakt gesprochen die Ähnlichkeit zweier Zahlenreihen. Die erste Zahlenreihe könnte dabei z. B. das Testergebnis eines Eignungstests für Azubis sein, die zweite Zahlenreihe das Prüfungsergebnis der Azubis.

Nehmen wir z. B. folgende Zahlenreihen:

	Testergebnis	Prüfungsergebnis
Person 1	3	2
Person 2	1	1
Person 3	2	3
Person 4	3	4
Person 5	4	3
Person 6	1	1
Person 7	2	1
Person 8	3	4
Person 9	4	2

Man kann sich nun fragen, wie sehr sich diese Zahlenreihen ähneln. Die Person 1 wurde z. B. im Test mit 3 bewertet (Vorhersage), in der Realität (Prüfung) dann mit 2. Wie ersichtlich, gibt es in den beiden Spalten einige Gleichheiten, aber auch einige Unterschiede, man könnte daher schätzen, dass sich die Reihen mittelmäßig ähneln. Das Ganze kann man auch mathematisch beschreiben mit dem Begriff der Korrelation. Bei einer Korrelation werden zwei Zahlenreihen miteinander verrechnet und dabei wird ein Wert generiert, der das Ausmaß der Ähnlichkeit der Zahlenreihen widerspiegelt. Dieser Wert kann zwischen null und eins variieren, Je näher der Wert bei null liegt, desto geringer ist die Ähnlichkeit, je näher der Wert bei eins liegt, desto größer ist die Ähnlichkeit. Der Wert kann prinzipiell auch zwischen null und minus eins liegen. Wenn dies der Fall ist, wird man jedoch in aller Regel die Bezeichnung einer Dimension umpolen, indem man z. B. aus der negativen Korrelation eines Wertes mit dem Kriterium „Introversion" eine positive Korrelation mit dem Kriterium „Extraversion" macht. Die Korrelation wird in der Regel als „R" angegeben. Im obigen Beispiel liegt die Korrelation der beiden Zahlenreihen bei R = 0,55.

Sie können eine Korrelation leicht mit Excel bestimmen, indem Sie zwei Spalten mit Daten füllen, dann über „Statistik", „Korrelation", „Spearman Brown" korrelieren.

7.2.2 Gütekriterien von Testverfahren

Die Gütekriterien von Tests werden mithilfe von Korrelationen errechnet. Die Haupt-Gütekriterien für Tests jeglicher Art sind: Objektivität, Reliabilität und Validität eines Tests. Diese Hauptkriterien werden in Anlehnung an Bühner (2011) nachfolgend beschrieben.

▶ Objektivität eines Tests

Das erste Kriterium ist die Objektivität eines Tests. Hier kommt es jedoch zu einer Begriffsverwirrung. Alltagssprachlich würde man bei gegebener Objektivität eines Tests davonausgehen, dass der Test „objektiv" betrachtet gut ist. Dies ist jedoch mit dem teststatistischen Begriff der Objektivität nicht gemeint. Teststatistisch bedeutet der Begriff der Objektivität lediglich, dass das Testergebnis unabhängig von der Person des Testleiters ist. Sobald mehrere Testleiter unabhängig voneinander bei der Auswertung der Testrohwerte zum gleichen Ergebnis kommen, ist ein Test im teststatistischen Sinne „objektiv". Erreicht werden kann diese Objektivität durch die Standardisierung des Testmaterials, Standardisierung der Registrierung oder durch Ausbildung der Testleiter. Ein Computer, der aus einzelnen Aufgaben ein Testergebnis verrechnet, ist z. B. zu 100 Prozent objektiv, sofern das Programm richtig funktioniert.

▶ Reliabilität eines Tests

Ein zweites Hauptkriterium zur Beurteilung eines Tests besteht in der Reliabilität eines Tests. Die Reliabilität eines Tests ist die Messgenauigkeit, die Zuverlässigkeit eines Tests. Sie ist das Ausmaß der Genauigkeit, mit der der Test das misst, was er zu messen vorgibt.

Die Reliabilität eines Testes kann man auf unterschiedliche Art und Weise bestimmen. Eine Methode ist die Testhalbierungs- oder „Split-half"-Methode. Dazu wird der Test in zwei Hälften aufgeteilt und die Ergebnisse der beiden Testhälften korreliert. Je höher die Korrelation, desto besser die Testhalbierungsreliabilität. Man kann auch einzelne Skalen des Tests betrachten und jedes Item als eine Art Subtest betrachten. Danach kann man die Items korrelieren und für jede Skala die mittlere Korrelation der Items berechnen. Diese Methode nennt sich „interne Konsistenz" und wird mit der Kennzahl „Cornbach Alpha" bezeichnet. Sowohl die Testhalbierungsmethode als auch die Cronbach Alpha-Methode haben den Mangel, dass sie lediglich Aussagen zu einem Zeitpunkt zulassen, jedoch nichts über die zeitliche Stabilität des gemessenen Merkmals aussagen. In eignungsdiagnostischen Fragestellungen ist es jedoch zentral, nur Aussagen über zeitlich stabile Eigenschaften einer Person zu treffen, alles andere würde keinen Sinn machen. Zudem ist die Cronbach Alpha-Methode kein reines Testbeurteilungsverfahren, sondern wird bereits in der Testkonstruktion angewandt, um die Skalen zu konstruieren. Insofern sagt der Cronbach Alpha-Wert nur etwas darüber aus, ob man bei der Testkonstruktion einigermaßen sauber vorgegangen ist, und ist kein gutes Qualitätsmerkmal, wird jedoch oft als ein Pseudo-Qualitätskriterium verwendet. Das einzig gute Reliabilitätsmerkmal ist die so genannte Test-Retest-Reliabilität. Bei ihr wird der Test den gleichen Personen mit einem gewissen Zeitabstand vorgegeben und die Testwerte werden dann korreliert. Ein Test ist umso besser, je höher die Korrelationswerte sind und je länger der zeitliche Abstand zwischen den beiden Messungen ist. Lassen Sie sich daher nicht von der Angabe eines Cronbach Alpha-Werts blenden und fragen Sie nach der Test-Retest-Reliabilität. Diese wird deutlich unter der Cronbach Alpha-Reliabilität liegen. Oftmals sind auch gar keine Test-Retest-Reliabilitäten verfügbar, das ist immer ein schlechtes Zeichen.

▶ Die Validität

Die Reliabilität gibt an, wie gut ein Test das misst, was er zu messen vorgibt. Die zentrale Frage lautet: Misst ein Test auch tatsächlich das, was er zu messen vorgibt? Ein Test kann prinzipiell zu 100 Prozent reliabel sein, aber doch nicht messen, was er zu messen vorgibt. Ein plakatives Beispiel soll dies verdeutlichen: Wenn man versuchen würde, die Länge eines Tisches mit einem Thermometer zu messen und das Ergebnis dieser Messung wäre auch zu verschiedenen Messungen konstant 20 Grad Celsius, so läge eine 100 Prozent reliable Messung vor, obwohl es natürlich Unsinn ist, die Länge eines Tisches mit einem Thermometer zu messen. Das zentrale Kriterium zur Beurteilung eines Tests ist die Validität. Sie gibt an, wie sehr ein Test seinen Zweck erfüllt, inwieweit man aufgrund der Testwerte brauchbare Aussagen über die getestete Person machen kann. Auch bei der Validität gibt es verschiedene Formen mit unterschiedlicher Aussagekraft. Ein Kriterium ist die so genannte Augenscheinvalidität (neudeutsch: „face-validity"). Sie lässt sich nur schlecht quantifizieren und gibt das Maß an, mit dem man dem Test ansieht, dass er das richtige Kriterium erfasst. Wenn man z. B. die Schreibfertigkeit einer Sekretärin testen möchte, kann man einen standardisierten Test verwenden, bei dem die Person in einer gewissen Zeit einen Text abschreibt und man dann die Zahl der Anschläge, die Fehlerzahl etc. auswertet. Es erscheint offensichtlich, dass dieser Test dann auch das misst, was später relevant ist. Bei einem Test mit hoher Augenscheinvalidität ist auch dem Laien der Zusammenhang zwischen Test und gemessenem Merkmal klar ersichtlich. Aber Vorsicht: Auch Tests, die keine Augenscheinvalidität haben, können kriteriumsvalide (siehe unten) sein.

Aus testtheoretischer Sicht ist es ziemlich egal, warum Testwerte empirisch zwischen zwei Personengruppen differenzieren, wichtig ist, dass sie dies empirisch nachgewiesen tun. Wenn man empirisch z. B. nachweisen könnte, dass Bewerber, die braune Schuhe bevorzugen, für gewissen Stellen besser geeignet sind als solche, die schwarze Schuhe bevorzugen, so wäre dies ein guter „Test", auch wenn niemand erklären könnte, warum dies so ist. Die Augenscheinvalidität ist ein gutes Zusatzkriterium, wenn die prognostische Validität bereits gegeben ist, sie ist aber keinesfalls ein Ersatzkriterium für prognostische Validität.

Eine weitere Form der Validität ist die so genannte Konstruktvalidität. Sie gibt an, wie sehr das hinter dem Test stehende Modell theoretisch relevant und mit anderen theoretischen Konstrukten kompatibel ist. Man kann dazu z. B. die Korrelation mit anderen Tests, die gleiche oder ähnliche Merkmale messen, berechnen. Die Interpretation der Ergebnisse ist für einen Laien jedoch kaum möglich. Das zentrale Kriterium zur Beurteilung der Validität eines Tests ist die prognostische Validität, sie gibt an, wie stark die Testergebnisse mit zeitlich später erhobenen Kriterien übereinstimmen und diese somit vorhersagbar machen. Wenn man z. B. einen Test für Verkäufer entwickelt hat, so misst die prognostische Validität die Korrelation zwischen dem Testergebnis und z. B. dem Umsatz, den ein Verkäufer später generiert, oder z. B. mit der später gemessenen Kundenzufriedenheit. Ein Test hat daher nicht EINE, sondern MEHRERE prognostische Validitäten und man muss immer im Detail prüfen, ob der Test für die Vorhersage, die man treffen möchte, auch nachgewiesenermaßen geeignet ist.

▶ Das Kriterium der prognostischen Validität ist das zentrale Kriterium zur Beurteilung eines Tests.

Letztendlich muss ein Test danach beurteilt werden, welche prognostische Validität er besitzt, wobei die weniger bedeutsamen Kriterien leichter erreicht werden können als die bedeutsameren. So limitiert z. B. aus teststatistischen Gründen die Höhe der Reliabilität die Höher der Validität, ein Test kann nicht valider sein als reliabel. Die Werte werden auf jeder Stufe kleiner (s. Abb. 7.2).

7.2.3 Nebenkriterien

Zusätzlich zu den drei Hauptkriterien Objektivität, Reliabilität und Validität gibt es Nebenkriterien: die Normierung, die Ökonomie und die Fairness eines Tests.

Das erste Nebenkriterium ist die Normierung. Um halbwegs repräsentativ zu sein, benötigt man mindestens 300 Probanden. Diese müssen natürlich auch repräsentativ bezüglich Alter, Geschlecht etc. sein. Gute Tests sind anhand Zehntausender Probanden mit den entsprechenden Untergruppen (Alter, Bildungsstand, Geschlecht etc.) normiert. Ein weiteres Nebenkriterium ist die Ökonomie eines Tests. Man muss entscheiden, ob es sich lohnt, einen sehr guten Test mit großem Aufwand anzuwenden, oder ob es nicht ökonomischer wäre, einen nicht ganz so guten Test anzuwenden, der dafür aber z. B. kostengünstiger

Abb. 7.2 Stufen der Relevanz von Testgütekriterien

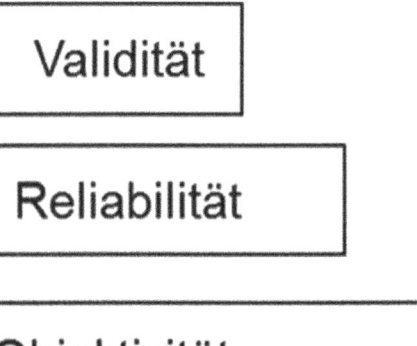

oder schneller durchzuführen wäre. Ein zusätzliches Nebenkriterium ist die Fairness eines Tests. Ein fairer Test diskriminiert keine Probanden z. B. hinsichtlich Sprache, kulturellem Hintergrund oder Bildungsstand.

7.2.4 Mindestwerte für teststatistische Kennwerte

Man kann sich nun fragen, welche Werte eine teststatistische Korrelation in der Praxis annehmen wird.

Fisseni (1997) gibt dazu folgende Richtwerte für die Höhe der Korrelationen:

Kennwert	niedrig	mittel	hoch
Objektivität	<0,6	0,6–0,9	>0,9
Test-Retest-Reliabilität	<0,8	0,8–0,9	>0,9
Validität	<0,4	0,4–0,6	<0,6

Diese Werte decken sich auch mit den in der DIN 33430 genannten Werten. Alle beschriebenen Werte müssen dabei von unabhängigen Instituten (in der Regel Universitäten) ermittelt werden. Die Daten, die der Autor des Tests erhoben hat, sind in der Regel für andere Personen nicht nachprüfbar und damit zur Beurteilung des Verfahrens unbrauchbar.

7.2.5 Wie brauchbar sind einzelne Verfahren?

Metaanalysen (also nicht einzelne Analysen, sondern Auswertungen und Gewichtungen vieler Analysen) bezüglich der Brauchbarkeit verschiedener Testverfahren (z. B. Schmidt und Hunter 1998) ergeben regelmäßig folgendes Bild:

7.2 Bewertungskriterien für Testverfahren

Testverfahren	Prognostische Validität
Interview	0,1–0,2
Persönlichkeitstests	0,1–0,2
Probezeit	0,5
Assessment Center	0,5–0,7
Kognitive Fähigkeitstests	0,5

Würde man ausschließlich würfeln, um die Eignung eines Kandidaten zu ermitteln, läge die Validität bei ca. 0,16! Verbale Verfahren erscheinen hier nicht wirklich valider. Bemerkenswert beim Interview ist der geringe Wert der Validität. Gründe hierfür finden sich im Kap. 6. Man kann die Validität prinzipiell bis ca. 0,4 steigern, das setzt aber eine besondere Methodik und besondere Erfahrung voraus. Es erscheint jedoch nicht möglich, aufgrund verbaler Daten die Schallgrenze von 0,4 zu durchbrechen.

Sehen wir uns nun einmal die beiden für das Bewerbungsverfahren relevantesten Gruppen von Tests an, die so genannten Leistungstests und die Persönlichkeitstests.

7.2.6 Leistungstests

Bei einem Leistungstest gibt es richtige und falsche Antworten. Die Aufgaben sind dabei in der Regel so angeordnet, dass sie leicht beginnen und dann immer schwerer werden. Bei der „Speeddurchführung" steht für die Bearbeitung der Fragen nur eine gewisse Zeit zur Verfügung, bei der „Powerdurchführung" gibt es keine Zeitbegrenzung, da die Aufgaben zunehmend so schwer werden, dass mehr Zeit bei der Bearbeitung auch keinen Leistungsgewinn mehr bringt.

Leistungstests sind die besten verfügbaren Tests, ihre teststatistischen Kennwerte sind sehr gut.

Hossiep (2015) nennt u. a. folgende Vorteile von Leistungstests:

- Sie lassen Rückschlüsse auf das Vermögen zur Erfassung komplexer Sachverhalte (jenseits der Fachlichkeit) zu.
- Sie erlauben Prognosen über die Lerngeschwindigkeit und Aufnahmefähigkeit.
- Intellektuelle Leistungsfähigkeit prognostiziert Berufserfolg erwiesenermaßen besser als alle anderen Indikatoren.
- Sie liefern Parameter, inwieweit der Einzelne in der Lage ist, sich erfolgreich an neue Situationen anzupassen.
- Sprachfreie Testungen erweisen sich unter interkulturellen Gesichtspunkten auch für Nichtmuttersprachler als vorteilhaft und sind weitgehend unabhängig vom Bildungshintergrund.
- Die Klassifikation in richtige und falsche Antworten unterbindet Impression-Management und sozial erwünschte Antworten.

Dennoch sind diese sehr guten Tests in Deutschland wenig verbreitet. Angesichts der nachgewiesenen prognostischen Validitäten ist dies erstaunlich, Hossiep (2015) spricht in dieser Hinsicht von Deutschland als einem Entwicklungsland. Im internationalen Vergleich werden in Deutschland deutlich weniger Leistungstests verwendet als in anderen Ländern. Deutschland wird dabei nur noch von Italien unterboten.

> Die Wahrscheinlichkeit, dass sich eine Führungskraft auf hoher Ebene in Deutschland in einem Auswahlverfahren einem äußerst validen Intelligenztest unterziehen muss, ist dreimal geringer als die Wahrscheinlichkeit, dass sie eine nachweislich völlig aussagenleere graphologische Begutachtung über sich ergehen lassen muss. (Hossiep 2015)

7.2.7 Persönlichkeitstests

Persönlichkeitstests sollen die Persönlichkeit eines Probanden erfassen, also die Bandbreite von Eigenschaften, die wenig veränderlich sind und die erheblichen Einfluss auf das Verhalten haben. Generell liegen die taststatistischen Kennwerte von Persönlichkeitstests in Auswahlsituationen unter dem akzeptablen Niveau. Für Persönlichkeitsfragebögen gelten natürlich die gleichen teststatistischen Kriterien wie für Leistungstests. Persönlichkeitstests schneiden in diesen Kriterien durchgehend schlechter ab als Leistungstests. Es zeigt sich wie oben schon beschrieben ein Paradox: Obwohl die Vorhersagekraft von Persönlichkeitstests deutlich geringer ist als die von Leistungstests, werden Persönlichkeitstests in Deutschland häufiger verwendet als Leistungstests.

> Leider existieren – trotz anderslautender Bekundungen geschäftstüchtiger Anbieter – auf dem deutschsprachigen Markt nur wenige Verfahren, die einerseits wissenschaftlich hinreichend fundiert sind und andererseits eine eindeutige Verknüpfung mit beruflichen Anforderungen ermöglichen. So haben zahlreiche, von wissenschaftlicher Seite vorgelegte Instrumente eher einen klinisch-psychologischen Hintergrund und sind darum für den Einsatz im Unternehmenskontext meist gänzlich ungeeignet. (Hossiep 2015)

▶ Woher kommen diese Unzulänglichkeiten von Persönlichkeitstests?

Ein Problem stellt bei Persönlichkeitstests die Verfälschbarkeit des Tests im Sinne einer sozialen Erwünschtheit dar. Man muss dabei prinzipiell zwei Situationen unterscheiden: Auswahlsituationen und Beratungssituationen. Im Gegensatz zu Leistungstests gibt es bei Persönlichkeitstests keine „richtigen" und „falschen" Antworten, sondern oft nur die Wahl zwischen verschiedenen Aussagen, die (zumindest scheinbar) wertfrei sind. In einer Auswahlsituation wird wohl jeder Bewerber der Aufforderung in der Instruktion für einen Persönlichkeitstest, nicht groß nachzudenken und einfach „spontan" zu antworten, natürlich gerade *nicht* nachkommen und sehr wahrscheinlich sehr genau überlegen, welche Antwort er ankreuzen soll. Gisela Gniech (1976) bringt es auf den Punkt mit der Aussage: „Die gute Versuchsperson denkt nicht." In Auswahlsituationen haben wir es jedoch mit „schlechten" Versuchspersonen zu tun, die sehr wohl ihr Gehirn benutzen.

Eigentlich sollte es bei Persönlichkeitstests keine „richtigen" und „falschen" Antworten geben. Wenn man jedoch etwas genauer hinsieht, wird man oftmals sehr wohl die sehr wahrscheinlich „richtige" Antwort finden. Dies wird insbesondere dann der Fall sein, wenn kein differenziertes Anforderungsprofil für die jeweilige Stelle vorhanden ist (das dürfte in der Mehrzahl der Fälle zutreffen). Dann bleibt nur noch der Rückgriff auf allgemein sozial erwünschte Eigenschaften, die auch der Bewerber relativ leicht erkennen kann. Einige Tests versuchen, die absichtliche Verfälschung der Bewerberantworten mit so genannten „Lügenskalen" zu messen. Die Idee dahinter: Man bietet dem Bewerber Fragen an, die geradezu nach sozialer Erwünschtheit „schreien", und zählt, bei wie vielen Fragen dieser Art er in die Falle tappt.

Beispiele für solche Aussagen sind:

- Ich lüge nie
- Ich mag jeden meiner Bekannten
- Ich habe noch nie schlecht über andere Menschen geredet
- Ich benutze nie Notlügen
- Ich bin immer freundlich und hilfsbereit

Problematisch bei solchen Skalen ist, dass sie am leichtesten zu durchschauen sind, daher bieten diese Skalen auch keinen Ausweg aus der willentlichen Verfälschbarkeit von Persönlichkeitstests. Tendenziell anders sieht es bei dem Einsatz von Persönlichkeitstests im Beratungsbereich aus. Hier kommt es nicht so sehr auf die „objektive" Beschreibung einer Person an, sondern eher auf deren subjektives Selbstbild. Zudem wird jemand in einer Beratungssituation weniger daran interessiert sein, das Ergebnis (zumindest bewusst) zu verzerren, da man sich ja nur selbst schaden würde. Von daher ist der Einsatz von Persönlichkeitstests im Beratungskontext eher vertretbar als im Auswahlkontext. Man sollte jedoch auch im Beratungskontext die Fallen der Persönlichkeitstests kennen und die Ergebnisse richtig einordnen können.

Es gibt in der Psychologie keine einheitliche Vorstellung davon, was „Persönlichkeit" eigentlich ist. Auch hier gilt ähnlich wie bei einem Intelligenztest: „Persönlichkeit ist das, was der Persönlichkeitstest misst", jedoch noch mit dem Zusatz: „und das tut er eher ungenau." Daher ist es unerlässlich, bei einem Einsatz von Persönlichkeitstests zu überlegen, welche Definition von Persönlichkeit man für richtig hält, und zu prüfen, was diese Definition mit der jeweiligen beruflichen Tätigkeit zu tun hat.

7.2.8 Wie kann man als Laie die Brauchbarkeit von Tests beurteilen?

Als Laie kann man nun schwerlich alle Studien zur Brauchbarkeit von Tests überblicken. Das ist auch nicht notwendig, denn es gibt Institutionen, die sich unter der Verwendung der DIN 33430 genau mit dieser Frage beschäftigen und die Ergebnisse veröffentlichen. Es sind dies im deutschsprachigen Raum das Testkuratorium (www.zpid.de) in Deutschland und das Schweizerische Dienstleistungszentrum Berufsbildung (SDBB CSFO (www.testraum.ch). Bei der Einschätzung von Tests kann man sich an die Beurteilungen dieser Institutionen halten.

Nachfolgend finden sich einige Auszüge aus Testbeurteilungen des Testkuratoriums (www.zpid.de) dieser Institutionen zu Verfahren, die oft in Auswahlsituationen verwendet werden.

PERSLOG Persönlichkeitsprofil
„Das Profil beruht auf einem Modell, das heute von eher wissenschaftshistorischer Bedeutung ist. Weder werden Evaluationen der vielfältigen Trainings berichtet, in denen der Test eingesetzt werden soll, noch existiert belastbare Evidenz für die Interpretation der beiden Testhälften im Sinne unterschiedlicher Komponenten des Selbstkonzepts. Auch zum Einsatz als Reflexionshilfe in der Personalauswahl fehlen empirische Belege. Solange solche Evidenz nicht vorliegt, kann der Test weder für Entwicklungs- noch für Auswahlzwecke empfohlen werden."

Golden Profiler of Personality (GPOP)
„Das Verfahren basiert auf einer veralteten, nicht empirisch geprüften Theorie. Die Verfahrensentwicklung folgt klassisch testtheoretischen Grundsätzen, weist aber deutliche Lücken auf. Schwer wiegen die Reliabilitätsmängel speziell auf der Facettenebene sowie die zu grobe Normierung. Bei der Verfahrensentwicklung zeigen sich die größten Lücken. Zusammengefasst handelt es sich beim GPOP um ein in theoretischer, empirischer und pragmatischer Sicht unzureichendes Verfahren, das nicht den TBS-TK-Ansprüchen an psychometrische Testverfahren genügt."

OPQ32
„Beim OPQ32 handelt es sich um ein valides Instrument, das auch im Vergleich zu anderen Persönlichkeitsverfahren ernsthaft in Erwägung gezogen werden sollte."

Bochumer Inventar zur berufsbezogenen Persönlichkeitsbeschreibung – Sechs Faktoren (BIP-6F)
„Insgesamt handelt es sich beim BIP-6F um ein nach wissenschaftlichen Kriterien sehr gut und sorgfältig entwickeltes Verfahren, das gleichsam eine ökonomische wie inhaltlich wertvolle Erfassung von sechs berufsbezogenen Persönlichkeitsfaktoren ermöglicht."

Das NEO-Fünf-Faktoren-Inventar (NEO-FFI)
„Der sinnvolle Einsatz im Rahmen der Berufs- und Laufbahnberatung bleibt aufgrund der deutschen Handanweisung unklar und der Nutzen wird nicht näher erläutert. Zudem kann das Problem der sozialen Erwünschtheit eine Rolle spielen. Weil das NEO-FFI verfälschbar sein dürfte, ist von seiner Verwendung abzuraten, wenn einerseits ein starkes Interesse des Probanden an seiner positiven Selbstdarstellung vermutet werden kann (so genanntes

Impression Management) und andererseits den Probanden bekannt ist, was in der jeweiligen Situation erwünscht ist (z. B. bei Selektionsentscheidungen)."

7.2.9 Unbrauchbare (Ersatz-)Kriterien

Oftmals werden zur Beurteilung von Testverfahren unbrauchbare Kriterien verwendet, z. B. plakative Werbeaussagen von Testanbietern und die Zustimmung des Probanden zum Testergebnis.

▶ Plakative Werbeaussagen

Die scheinbare Brauchbarkeit eines Tests wird oftmals mit Kriterien belegt, die in Wirklichkeit keinerlei Aussagen über die Qualität des Tests erlauben.
Solche Aussagen sind z. B.:

- In 50 Ländern eingesetzt
- In 23 Sprachen übersetzt
- In Studien überprüft
- 600 000-mal eingesetzt
- Reliabilitätskoeffizienten von 0,85–0,95 (Cronbach Alpha)

Bedeutsam zur Beurteilung eines Tests sind solche Aussagen keineswegs.

▶ Die Zustimmung der Probanden zum Testergebnis: der Barnum-Effekt

Ein weiteres Pseudo-Kriterium zur Beurteilung eines Tests ist die Zustimmung der Probanden zu dem Testergebnis, also die Frage, wie weit sich die Probanden in dem Ergebnis wiederfinden. Bei diesem Kriterium schlägt ein ganz besonderer Effekt mit aller Wucht zu: der Barnum- oder Forer-Effekt. Dieser Effekt stammt aus der Forschung zur Persönlichkeitspsychologie. Er ist seit den 20er Jahren des letzten Jahrhunderts bekannt, sehr gut erforscht und lässt sich jederzeit replizieren, trotzdem ist er relativ unbekannt. Ergebnis eines Persönlichkeitstests ist in der Regel eine Art Profil, in dem die Testwerte des Probanden auf verschiedenen Skalen verortet sind (s. Abb. 7.3).

Man kann nun den Probanden diese Profile vorlegen und sie fragen, inwiefern sie sich in diesen Beschreibungen wiederfinden. Das Ergebnis lautet regelmäßig: 70 Prozent fühlen sich sehr gut beschrieben, 20 Prozent halbwegs gut und zehn Prozent eher weniger gut. Rechnet man die 20 Prozent derjenigen, die sich halbwegs gut beschrieben fühlen, zur Hälfte der Gruppe derjenigen zu, die sich gut beschrieben fühlen, ergibt sich eine Zustimmungsrate zu solchen Profilen von ca. 80 Prozent. Diese Zustimmungsrate scheint eine Art Naturkonstante zu sein, man findet sie zuverlässig immer dann, wenn man solche

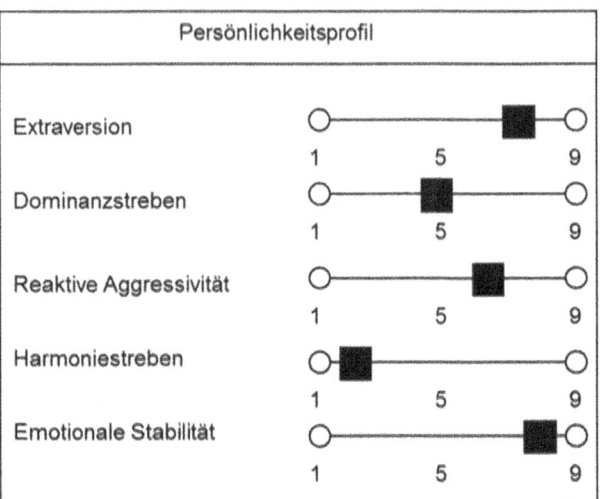

Abb. 7.3 Fiktives Persönlichkeitsprofil

Befragungen durchführt. Bei guten Tests wäre es allerdings mehr als trivial, wenn sich die Probanden auch durch den Test gut beschrieben fühlen.

Wenn man den Test formal richtig auswertet, dann aber die Testwerte auf den einzelnen Dimensionen spiegelt, also genau diejenige Beschreibung der Person verwendet, die konträr zu dem eigentlichen Ergebnis des Tests ist, und dann wiederum die Probanden fragt, wie gut sie sich durch dieses (dem „eigentlichen" Testergebnis völlig konträre Ergebnis) beschrieben fühlen, so lautet die Antwort erstaunlicherweise wiederum im Durchschnitt zu 80 Prozent „sehr gut" (s. Abb. 7.4).

Man kann noch ein Stück weitergehen und einen Test anwenden, den Test dann aber gar nicht auswerten und den Probanden ein vorab erstelltes Profil rückmelden, das eigentlich keinerlei Bezug zu dem jeweiligen Probanden hat. Man sollte dann erwarten, dass sich die Probanden überhaupt nicht mit den Aussagen dieses sie nicht betreffenden Profils identifizieren würden (man gaukelt ihnen dabei vor, es sei „ihr" persönliches Profil). Genau das Gegenteil ist jedoch der Fall, wiederum liegt die Zustimmungsquote bei 80 Prozent. Man kann den Barnum- oder Forer-Effekt folgendermaßen beschreiben: Wenn es um den Bereich „Persönlichkeit" geht, kann man den meisten Menschen fast alles über ihre Persönlichkeit unterstellen. Sofern das, was man ihnen über sie selbst erzählt, einen wissenschaftlichen Anstrich hat, wird es sehr wahrscheinlich akzeptiert.

Als ich vor 25 Jahren das erste Mal von diesem Effekt las, konnte ich das nicht glauben. An verschiedenen sehr großen Populationen habe ich dann entsprechende Untersuchungen durchgeführt mit dem immer gleichen Ergebnis. Seit Jahren demonstriere ich diesen Effekt in Vorlesungen mithilfe eines Profilblattes, das dadurch entstand, dass meine Tochter, die zu diesem Zeitpunkt noch nicht lesen konnte, einfach Kreuze auf dem Profilblatt verteilt hat. Hunderte von Personen haben sich in der Zwischenzeit mit eben diesem Profil zu 80 Prozent identifiziert – mehr als erstaunlich. Manche Testpsychologen sind

7.2 Bewertungskriterien für Testverfahren

Abb. 7.4 Spiegelung des fiktiven Persönlichkeitsprofils

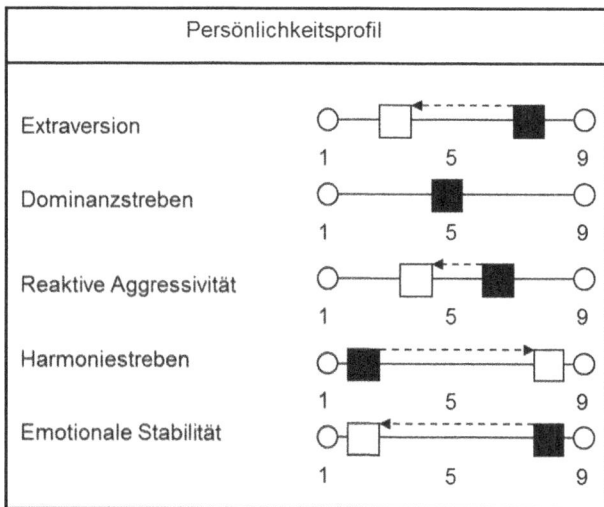

daher der Meinung, dass ein Persönlichkeitstest sehr wohl eine hohe Validität besitzen kann – sofern es um die Frage geht, wie Personen Kreuze über ein Blatt verteilen.

Nun stellt der Barnum- Effekt ein gewaltiges Problem für die Testpsychologie dar und der wurde intensiv untersucht. Was bringt Menschen dazu, fast jedem Unsinn, denn man über sie erzählt – ohne jeden Zwang – zuzustimmen?

- Je mehr das Verfahren als irgendwie „wissenschaftlich" dargestellt wird, desto stärker der Effekt.
- Das Verfahren gibt vor, die gesamte Bandbreite der Population zu erfassen, die eigene subjektive Umwelt erfasst jedoch nur einen kleinen Teil dieses Spektrums.
- Die Anzahl der Dimensionen ist bedeutsam. Je mehr Dimensionen ein Verfahren hat, desto wahrscheinlicher findet man subjektiv passende Dimensionen.
- Ein oder zwei treffende und subjektiv bedeutsame Dimensionen überstrahlen die anderen, vielleicht weniger passenden.
- Positive Beschreibungen werden sowieso gerne angenommen, auch wenn sie nicht so sehr passen.
- Die Verhaltensvariabilität eines Menschen ist sehr groß, man wird für jede Dimension Beispiele finden, wenn man lange genug nachdenkt.
- Es gibt keinen absoluten Maßstab, wie man nun „wirklich" ist. Das Selbstbild kann daher prinzipiell auch falsch sein.

▷ **Welche Bedeutung hat der Barnum-Effekt für die Beurteilung eines Tests?** Die Zustimmung einer getesteten Person zu dem jeweiligen Testergebnis ist ja scheinbar der beste Beweis für die Richtigkeit des Verfahrens. Wer sollte denn ein besserer Experte für Ihre Persönlichkeit sein als Sie selber? Wie dargestellt, trifft dies jedoch nur scheinbar zu. Die subjektive Zustimmung zu einem Testergebnis ist in Wirklichkeit völlig irrelevant, weil sie lediglich den Barnum-Effekt reproduziert. Das scheinbar beste Kriterium zur Beurteilung eines Testverfahrens ist also in Wirklichkeit das denkbar schlechteste. Für die Beurteilung eines Tests sind ausschließlich die oben beschriebenen teststatistischen Kriterien sinnvoll.

7.2.10 Was können Sie als externer Bewerber tun?

Versuchen Sie herauszufinden, welche Tests angewandt werden. In der Regel ist der Name des Verfahrens schon aus Copyrightgründen auf den Testbögen vermerkt. Wenn dies nicht der Fall ist, so spricht das schon gegen die Seriosität des Testanwenders. Wenn Sie den Namen des Tests nirgends lesen können, fragen Sie einfach danach. Recherchieren Sie dann nach relevanten Beurteilungen des Tests. Sie können sich auf diese Weise ein Bild davon machen, ob die Organisation weiß, welche Instrumente sie anwendet. Sie können sich auch fragen: „Möchte ich in einer Organisation arbeiten, die an einer zentralen Stelle (der Personalauswahl) mit dem jeweiligen methodischen Instrumentarium arbeitet?"

Außerdem können Sie vor Ort fragen, wie die Organisation sicherstellt, dass die Akzeptanz der Ergebnisse von Persönlichkeitstests auf mehr als dem Barnum-Effekt beruht. Sie werden in der Mehrzahl der Fälle in fragende Gesichter blicken. Wenn dies der Fall ist, so haben Sie eine absolut eindeutige Einschätzung darüber, wie es um die Qualifikation der mit der Einstellung betrauten Personen in dieser Organisation steht. Zusätzlich wissen Sie dann auch, wie ernst es der Organisation mit den wohlfeilen Sätzen wie „Die Menschen machen den Unterschied", „Der Mensch steht im Mittelpunkt" etc. wirklich ist.

Literatur

Asch, S.E. (1956). Studies of independence and conformity: a minority of one against an unanimous majority. *Psychological Monographs*, 70(9), 1–70.
Bühner, M. (2011). *Einführung in die Test- und Fragebogenkonstruktion*. München: Pearson.
Deutsches Institut für Normung Am DIN-Platz 10787 Berlin www.din.de.
Fisseni, H. J. (1997). *Lehrbuch der psychologischen Diagnostik*. Göttingen: Hogrefe.
Gniech, G. (1976). *Störeffekte in psychologischen Experimenten*. Stuttgart: Kohlhammer.
Hossiep, R. (2015). *Personalauswahl und –entwicklung mit Persönlichkeitstests*. Göttingen: Hogrefe.
Kanning, U. (2014). Diagnostische Prinzipien effektiver Assessment Center. In J. Sauer, & A. Cisik (Hrsg.), *In Deutschland führen die Falschen*.
Lievens, F. (2002). Trying to understand the different pieces of the construct validity puzzle of assessment centers: an examination of assessors and assessee effects. *Journal.of Applied Psychology*, 87, 675–686.
Lienert, G.A., & Raatz, U. (1998). *Testaufbau und Testanalyse*. Weilheim: Beltz.

Schmidt, F.L., & Hunter, J.E. (1998). The validity and utility of selection methods in personnel psychology: practical and theoretical implications of 85 years of research findings. *Psychological Bulletin, 124*(2), 262–274.

Schuler, H. (2007). Die Nutzung psychologischer Verfahren der externen Personalauswahl in deutschen Unternehmen. *Zeitschrift für Personalpsychologie*, 6, 60–70.

Schuler, H., & Höft, H. (2014). Eigenschaftsorientierte Verfahren der Personalauswahl. In H. Schuler (Hrsg.), *Lehrbuch der Personalpsychologie*. Göttingen: Hogrefe.

Teil III

Auswertung

Im dritten Teil dieses Buches geht es darum, die Informationen, die man im Laufe des Bewerbungsprozesses über die entsprechende Stelle gesammelt hat, systematisch zusammenzustellen und damit zu einer Entscheidung bezüglich der Passung der Stelle zu kommen.

Dazu wird in Kap. 7 der Versuch unternommen, den Spieß einfach umzudrehen. Normalerweise fragt sich der Arbeitgeber anhand der Ergebnisse der angewandten Verfahren (Vorstellungsgespräch, Assessment Center, Tests etc.), ob der Bewerber für den Arbeitgeber geeignet ist. Man kann als Bewerber jedoch etwas Ähnliches tun, indem man sich die Verfahren anschaut, die der Arbeitgeber anwendet, und sich dann fragt, ob man in einer Institution arbeiten möchte, die die Methoden entsprechend anwendet, ob man sich dadurch eher fair oder eher unfair behandelt fühlt etc. Kap. 8 enthält die Zusammenstellung aller im Bewerbungsprozess erhaltenen Informationen im Sinne einer Gesamtschau, anhand derer man die Passung des Arbeitgebers mit der zur Disposition stehenden Stelle abschätzen kann.

8 Zusammenstellung und Auswertung der Informationen zur Stelle

> **Zusammenfassung**
>
> In diesem Kapitel werden die Informationen zu einer potenziellen Arbeitsstelle synoptisch zusammengestellt. Die in den jeweiligen Kapiteln vorgestellten Analysen werden komprimiert, um dadurch eine Übersicht zu bekommen, die als Grundlage für eine berufliche Entscheidung dienen kann.

In den Kap. 2–4 wurden die relevanten Bereiche des beruflichen Umfeldes beschrieben, die darüber entscheiden, ob man sich an einer Stelle im Unternehmen strukturell eher wohlfühlt oder eben auch nicht. Daher sollten Sie sich auf jeden Fall gründlich Gedanken zu diesen Themenbereichen machen, wenn es darum geht, eine berufliche Entscheidung zu treffen. Die jeweiligen Kapitel enthalten die Fragen, die Sie sich unbedingt stellen sollten, um eine berufliche Option zu bewerten. Die jeweiligen Antworten darauf können immer nur in Form einer gewissen Näherung gegeben werden, denn Sie werden in aller Regel nicht über umfassende Informationen bezüglich der einzelnen Gebiete verfügen. Daher müssen Sie damit leben, keine Gewissheiten beurteilen zu können, jedoch durchaus begründete Hypothesen zu den jeweiligen Fagestellungen generieren zu können. Mit einer gewissen Intransparenz werden Sie bei beruflichen Entscheidungen jedoch immer leben müssen.

In einer ersten Näherung ist es hilfreich, sich zu fragen, wie genau das Bild eigentlich ist, das man von der zukünftigen Stelle im Laufe des Bewerbungsprozesses gewonnen hat. Dazu kann man einschätzen, ob einem der zukünftige Arbeitgeber ein eher konkretes oder ein eher unkonkteres Bild davon vermittelt hat. Nur dann, wenn Sie ein möglichst konkretes Bild von der Sie erwartenden Tätigkeit haben, können Sie eine berufliche Entscheidung sinnvoll treffen. Selbst dann, wenn Sie wissen, dass die potenzielle Stelle *NICHT* zu Ihnen passt, hat sich der Prozess der Bewerbung gelohnt (s. Abb. 8.1). Besser ist es natürlich für Sie, wenn sich die berufliche Option tatsächlich als interessant für Sie entpuppt hat.

Abb. 8.1 Erste Auswertung der Informationen zur Stelle

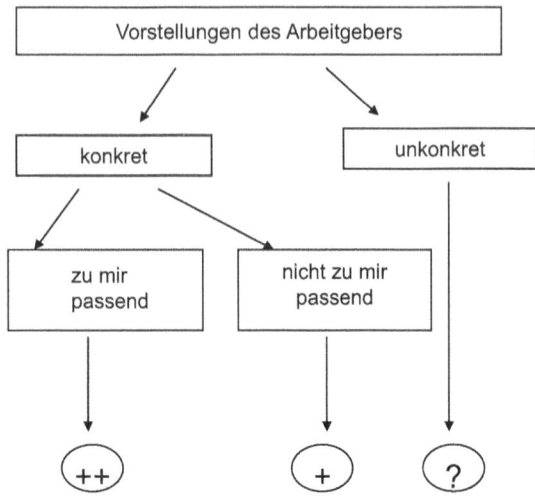

Die unbefriedigendste Situation ergibt sich jedoch daraus, wenn Sie im Verlauf des Bewerbungsprozesses trotz eigenem Bemühen kein konkretes Bild der Stelle gewinnen konnten. In diesem ungünstigen Fall wird die Entscheidung dann zu einem Glücksspiel, das keine rationale Basis hat. Dieser Fall macht für Sie transparent, dass Sie noch weitere Informationen brauchen und sich diese ggf. in weiteren Gesprächen besorgen müssen.

8.1 Die Struktur der Tätigkeit und die Struktur der eigenen Präferenzen

Ein weiterer Schritt der Auswertung ist der Vergleich zwischen den eigenen Präferenzen analog der RIASEC-Struktur (vgl. Kap. 2) und der vermuteten RIASEC-Struktur der zu erwartenden Tätigkeit. Diese Auswertung kann mittels Profilvergleich und mittels Betrachtung der Präferenz- und der Aversionspole erfolgen.

8.1.1 Profilvergleich

Zu einem Vergleich der RIASEC-Struktur der Person mit der Struktur der Tätigkeit übertragen Sie die Werte aus den beiden Teilauswertungen aus Abschn. 2.3 und 2.4 in die Tab. 8.1. Betrachten Sie die Deckungsgleichheit bzw. die Verschiedenheit der beiden Profile. Die Passung ist natürlich umso größer, je mehr sich die Profile Ihrer persönlichen Präferenzen und der Struktur der Tätigkeit decken. Je größer dagegen die Differenzen der einzelnen Werte sind, desto größer ist das Stresspotenzial.

8.1 Die Struktur der Tätigkeit und die Struktur der eigenen Präferenzen

Tab. 8.1 Vergleich von persönlicher Orientierung und der Struktur der Tätigkeit

	Person	Tätigkeit	Person	Tätigkeit	Person	Tätigkeit	Person	Tätigkeit	Person	Tätigkeit	Person	Tätigkeit
10												
9												
8												
7												
6												
5												
4												
3												
2												
1												
	R		I		A		S		E		C	

8.1.2 Betrachtung der Präferenz- und der Aversionspole

Notieren Sie die Reihenfolge der einzelnen Faktoren Ihrer Präferenzen so, dass die größte Präferenz der erste Buchstabe ist, die geringste Präferenz der letzte Buchstabe (z. B. ICECAR). Ordnen Sie dann die vermutete Wichtigkeit der einzelnen Faktoren bei der entsprechenden Stelle nach der gleichen Logik.

Reihenfolge der eigenen Präferenzen

Reihenfolge der vermuteten Wichtigkeit der Faktoren bei der Stelle

Bilden Sie nun die Präferenz- und die Aversionspole für Sie als Person, den Präferenzpol bilden dabei die ersten drei Buchstaben:

Persönlicher Präferenzpol

Der Aversionspol besteht aus den drei letzten Buchstaben Ihrer persönlichen Buchstabenkonstellation.

Persönlicher Aversionspol

Verfahren Sie ebenso bei der Betrachtung der Stelle. Bilden Sie zunächst den Schwerpunkt der Tätigkeiten an der Stelle. Notieren Sie dazu die ersten drei Buchstaben der Buchstabenkombination der Stelle.

Schwerpunkttätigkeiten der Stelle

Notieren Sie dann die letzten drei Buchstaben der Tätigkeitsstruktur der Stelle

In geringem Ausmaß geforderte Tätigkeiten

Damit Sie an der entsprechenden Stelle nicht unglücklich werden, sollten auf jeden Fall die drei Buchstaben Ihres Aversionspols nicht zu den wichtigsten Tätigkeiten der Stelle gehören. Ihr RIASEC-Präferenzpol sollte sich in der Tätigkeitsstruktur der Stelle möglichst in den ersten drei Stellen wiederfinden, wenn auch ggf. in einer anderen Reihenfolge.

Nun beinhaltet jede Stelle Tätigkeiten aus allen sechs RIASEC-Elementen, es wird sehr wahrscheinlich keine Stelle geben, die nur die Tätigkeiten Ihres Präferenzpols enthält. Es kommt jedoch auf die Häufigkeiten an. Die Tätigkeiten, die nicht Ihrem Präferenzpol entsprechen, sollten dabei nicht mehr als 20–30 Prozent der Arbeitszeit beanspruchen.

8.2 Das vorherrschende Teammodell und die eigene Teampräferenz

Der nächste Analysebereich besteht aus den Überlegungen zum Thema Team. Um entscheiden zu können, ob ein Team zu Ihnen passt oder eher nicht, ist es zunächst notwendig, sich Gedanken über die eigenen Teampräferenzen zu machen. Hierzu dient der

8.2 Das vorherrschende Teammodell und die eigene Teampräferenz

Fragebogen in Kap. 3. Legen Sie Ihren präferierten Teamquadranten im Riemann-Tomann-Kreuz fest, wie in Abb. 8.2 dargestellt.

Verorten Sie dann im nächsten Schritt anhand der Fragen in Kap. 3 die Präferenz des Teams, das Sie vorfinden werden. Auch hierbei werden Sie nicht hundertprozentig sicher sein können, Sie können aber auch an dieser Stelle mit begründeten Hypothesen arbeiten.

Betrachten Sie die Lage der Präferenzen zueinander, so gibt es folgende Möglichkeiten im Verhältnis von Person und Gruppe (s. Abb. 8.3):

- Befinden sich die Person und die Gruppe im gleichen Quadranten, so ist dies optimal, sofern die Vorstellungen der idealen Zusammenarbeit in der Gruppe auch noch zu der Aufgabe der Gruppe passen.
- Befindet sich der Schwerpunkt der Gruppe in einem Nachbarquadranten, so ergibt sich folgendes Bild: Die beiden jeweils unmittelbar an den Quadranten angrenzenden Quadranten stellen die beiden nicht optimalen, aber noch akzeptablen Quadranten dar. Diese Noch-Akzeptanz liegt darin begründet, dass die jeweiligen Quadranten noch eine Achse gemeinsam haben und sich daher zumindest ein Teil der Vorstellungen decken.
- Der Quadrant, der dem eigenen Quadranten diagonal gegenüberliegt, ist für die Person absolut inakzeptabel, da dieser Quadrant keine gemeinsame Achse (und somit keine Gemeinsamkeiten) mit dem eigenen Quadranten aufweist.

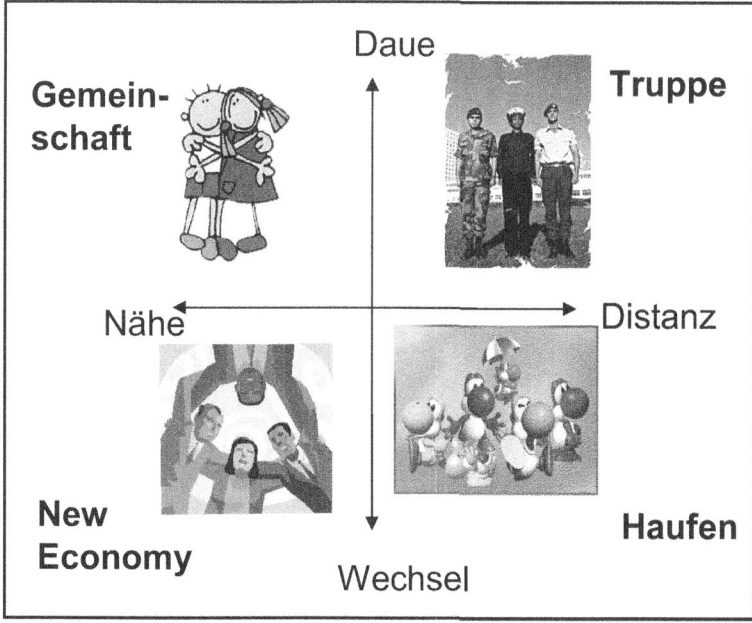

Abb. 8.2 Eigene Teampräferenz und Präferenz des vorgefundenen Teams

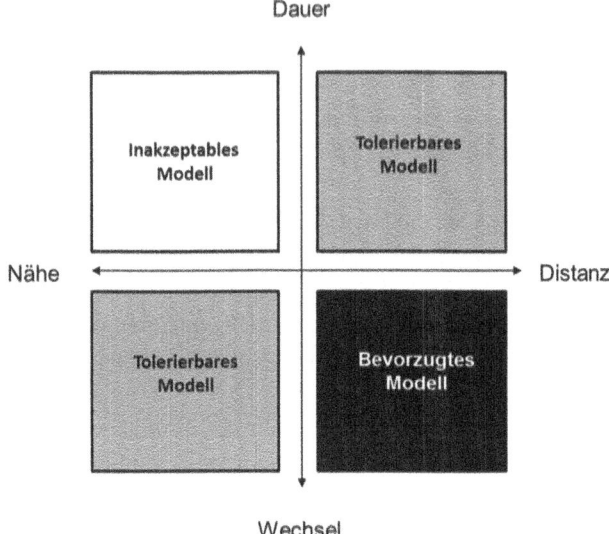

Abb. 8.3 Beispielhafte Situation bei der Präferenz „Haufen"

Beispielhaft ist dies in Abb. 8.3 dargestellt, in der der Fall beschrieben wird, dass die Präferenz auf dem Quadranten „Haufen" liegt.

8.3 Die Beziehung zum potenziellen Vorgesetzten

Ein dritter Analysebereich stellt die Beziehung zum potenziellen Vorgesetzten dar.

Führung und Geführtwerden sind immer individuelle Beziehungsgestaltung. Dabei hat jeder Vorgesetzte nur seine eigene Art zu führen zur Verfügung. In Seminaren angelerntes oder gar in Führungsgrundsätzen verordnetes Idealverhalten wird dabei nur sehr wenig Einfluss auf die konkrete Beziehungsgestaltung haben können. Das Vorhandensein dieser „Tiefendimension" der Führung drückt Neuberger (1999) drastisch aus: „Führung ist weitgehend irrational." Zumindest enthält Führung eine starke prärationale und/oder unbewusste Dimension, die sich eher mit Übertragungen und Gegenübertragungen als mit rationalen Mechanismen beschreiben lässt. Führung und Geführtwerden stellen eine wechselseitige Beziehungskonstellation dar, die dazu einlädt, frühere Lebenserfahrungen und tiefliegende Schemata, mit denen man die Welt erlebt und kategorisiert, zu aktualisieren. Dies alles erfolgt jenseits irgendwelcher Führungsmodelle und antrainierten Verhaltensweisen.

Wodurch kann die zwischenmenschliche Konstellation zur Belastung und somit zur Stressquelle werden? Die Antwort darauf lautet: hauptsächlich durch eine Einschränkung der Verhaltensvariabilität in Konfliktsituationen, durch absehbare Sollbruchstellen in der Zweierkonstellation. Diese Prozesse werden nachstehend detailliert beschrieben.

▶ Einschränkung der Verhaltensvariabilität in Konfliktsituationen

Die Qualität einer dyadischen Beziehung entscheidet sich dann, wenn es für einen oder für beide Interaktionspartner „eng" wird, wenn sie unter Druck geraten. Die Betrachtung der „Normalsituation", in der beide Interaktionspartner ruhig und flexibel sind, ist für die Bewertung der Qualität einer Interaktion eher irrelevant. Was passiert in einer Situation unter Druck?

Nach dem Yerkes-Dodson-Gesetz bewirkt jede Aktivierung, die über das mittlere Niveau hinausgeht, Einschränkungen in der Verhaltenseffektivität. In Zweierkonstellationen äußert sich diese dadurch, dass die Variabilität der zur Verfügung stehenden Verhaltensweisen eingeschränkt wird auf ein bis zwei Verhaltensstile. Die Flexibilität für andere Verhaltensweisen jenseits dieser ein bis zwei für eine Person typischen Verhaltensweisen geht dagegen unter Druck weitgehend verloren, das Verhaltensrepertoire wird dann kleiner. Zudem treten die negativ bewerteten Verhaltensweisen des jeweiligen Verhaltens- und Kommunikationsstils unter Druck häufiger auf. Durch den Druck der Arbeitswelt entsteht oft eine Situation, in der die Verhaltensvariabilität sowieso schon eingeschränkt ist und darüber hinaus auch noch die negativen Aspekte der dann noch verbleibenden Stile deutlicher hervortreten.

Sofern man „gut drauf" ist, kann man je nach den Erfordernissen der Situation die jeweils angemessene Verhaltensweise produzieren. Unter Anspannung verlieren wir schnell die Fähigkeit zur situationsangemessenen Auswahl der adäquaten Verhaltensweisen. Wenn eine soziale Konstellation eher schwierig ist, hat man somit ein doppeltes Problem: Die Konstellation ist an sich schon problematisch und erzeugt dadurch bereits Anspannung. Diese Anspannung drängt die beteiligten Personen darüber hinaus noch weiter in einen inflexiblen Verhaltensstil und die Situation eskaliert immer mehr.

Wenn man sich nun vor dem Hintergrund der im Kap. 4 beschriebenen Verhaltens- und Kommunikationsstile die prinzipiell möglichen Konstellationen ansieht, so kann jeder der an einer Zweierkonstellation beteiligten Personen jeweils einen der sieben Stile in kritischen Situationen zeigen (s. Abb. 8.4). Die in Abb. 8.5 dargestellten Zweierkonstellationen sind demnach möglich.

Man kann sich nun die prinzipiell denkbaren Zweierkonstellationen auf ihre Produktivität hin ansehen. Wenn z. B. zwei Menschen mit einem dramatisierenden Stil um die Aufmerksamkeit kämpfen, kann nur einer im Mittelpunkt stehen. Die Verfolgung des Zentralen Bedürfnisses der einen Person (Aufmerksamkeit erringen) wird dann automatisch die Zentrale Angst der anderen Person (nicht bemerkt zu werden) aktivieren. Eine solche Konstellation ist daher maximal unproduktiv und wird mit hoher Wahrscheinlichkeit zu absehbaren Konflikten führen (s. Abb. 8.6). Solche Konstellationen sind in der Matrix in Abb. 8.7 mit einem (-) gekennzeichnet.

Es kann auch sein, dass sich die Verfolgung der Zentralen Bedürfnisse oder die Vermeidung der Zentralen Ängste beider Personen sehr gut ergänzen. Diese Konstellationen sind dann sehr produktiv, Konflikte sind dabei eher nicht zu erwarten.

Abb. 8.4 Verringerung der Verhaltensvariabilität bei Anspannung

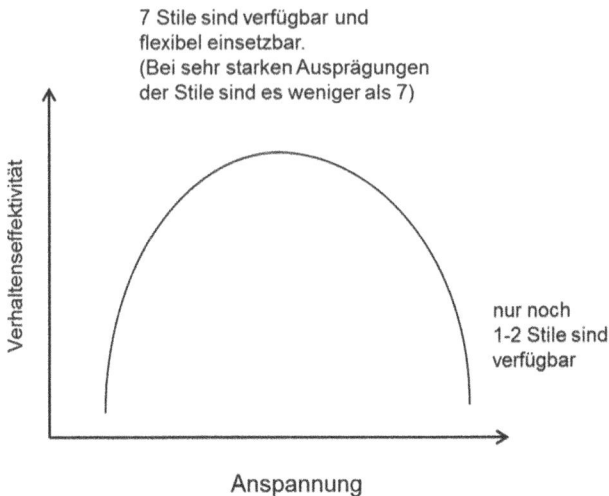

Ein eher selbstbezogener Mensch wird z. B. die Kooperation eines eher anhänglichen Menschen zu schätzen wissen, der anhängliche Mensch wird sich im Gegenzug über die „Führung" durch den eher selbstbezogenen Menschen freuen. Diese Konstellationen sind in der Matrix in Abb. 8.7 mit einem (+) gekennzeichnet.

Darüber hinaus sind auch Konstellationen denkbar, bei denen die jeweiligen Zentralen Bedürfnisse und die Zentralen Ängste in keinem Zusammenhang stehen. Solche Konstellationen sind in der Matrix mit einem (o) gekennzeichnet. Beispielsweise wäre diese Konstellation zwischen einem anhänglichem und einem gewissenhaften Verhaltens- und Kommunikationsstil gegeben.

In Abb. 8.7 ist ersichtlich, dass es eher unwahrscheinlich ist, dass passende und produktive Konstellationen zufällig entstehen. Im Gegenteil, es ist viel wahrscheinlicher, dass man sich Konstellationen gegenübersieht, die unproduktiv sind. Zur Entstehung eher unproduktiver Konstellationen, insbesondere im Berufsleben, trägt auch noch folgender Mechanismus bei: Wenn man sich Mitarbeiter aussucht, verfährt man oft implizit nach der Strategie „Schmidt sucht Schmidtchen". Man sucht sich also Menschen aus, die einem selbst ähnlich sind (gleicher Verhaltens- und Kommunikationsstil), die aber „eine Nummer

Abb. 8.5 Prinzipiell mögliche Konstellationen der Verhaltens- und Kommunikationsstile

Person 1
- gewissenhaft
- kooperativ
- rational-distanziert
- sensibel-vermeidend
- selbstbezogen
- dramatisierend
- lässig-kritisch

Person 2
- gewissenhaft
- kooperativ
- rational-distanziert
- sensibel-vermeidend
- selbstbezogen
- dramatisierend
- lässig-kritisch

8.3 Die Beziehung zum potenziellen Vorgesetzten

Prototypische Problemkonstellation

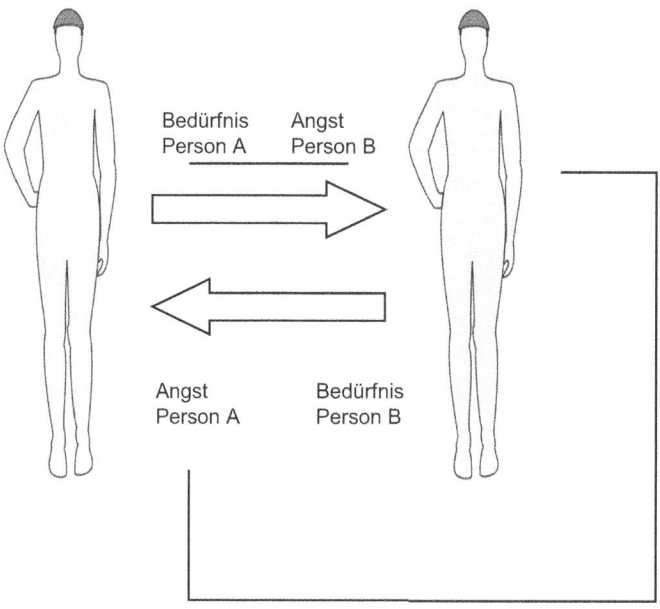

Abb. 8.6 Konstellation mit sehr hohem Konfliktpotenzial

Abb. 8.7 Die Qualität verschiedener Konstellationen

	selbstbezogen	dramatisierend	gewissenhaft	kritisch	rational-distanziert	kooperativ	Sensibel-vermeidend
selbstbezogen	-	-	o/-	-	-	+	+
dramatisierend		-	-	o/-	-	o	o/-
gewissenhaft			+	-	+	o	o/-
kritisch				o/-	o	o	-
rational-distanziert					+	-	+
kooperativ						-	+
sensibel-vermeidend							+

kleiner sind" als man selbst, d. h., die einem möglichst nicht gefährlich werden können, indem sie die eigene Position beanspruchen könnten. In der Diagonalen der Matrix (s. Abb. 8.7) ist ersichtlich, dass solche Konstellationen jedoch teilweise zu Schwierigkeiten führen können. Eine rationalere Auswahlstrategie wäre es, sich gezielt Personen mit einem solchen Verhaltensstil auszusuchen, der bewusst anders ist als der eigene, der jedoch zu einer produktiven Konstellation führen würde. Die Qualität der Beziehungen, insbesondere der (-)-Beziehungen ist dabei wiederum umso ausgeprägter, je ausgeprägter die beiden Verhaltens- und Kommunikationsstile sind.

Um die Beziehung zu Ihrem potenziellen Vorgesetzten abzuschätzen, müssen Sie wiederum auf begründete Hypothesen über dessen Verhaltens- und Kommunikationsstil zurückgreifen. Verwenden Sie dazu die in Kap. 4 beschriebenen Methoden. Anhand des Fragebogens aus Kap. 4 können Sie Ihren eigenen Verhaltens- und Kommunikationsstil abschätzen.

In Kap. 4 sind auch Methoden beschrieben, mit denen Sie eine begründete Hypothese über den bevorzugten Verhaltens- und Kommunikationsstil des potenziellen Vorgesetzten generieren können.

Stellen Sie dann anhand der Matrix (Abb. 8.7) fest, welche Qualität Ihre Beziehung wohl haben wird. Diese Überlegung ist wichtig, denn wie aus der Matrix ersichtlich ist, ist die Mehrzahl der prinzipiell denkbaren Konstellationen absehbar negativ oder neutral und nur ca. ein Drittel der Konstellationen sind positiv. Wenn es Ihnen durch begründete Hypothesen gelingt, die problematischen Konstellationen zu vermeiden, haben Sie viel gewonnen.

8.4 Die vom potenziellen Arbeitgeber angewandten Verfahren

Wie im Kap. 7 beschrieben gibt ein potenzieller Arbeitgeber durch die Verfahren, mit denen er die Bewerber konfrontiert, ungewollt sehr viel von sich preis. Gehen Sie daher noch einmal die Überlegungen und Fragen aus Kap. 7 durch und bilden Sie sich eine Meinung dazu, wie professionell der zukünftige Arbeitgeber mit seinen Bewerbern umgeht.

8.5 Quellen der Frustration

Wenn man eine potenzielle Stelle betrachtet, konzentriert man sich in der Regel stark auf die positiven Aspekte, die diese Stelle mit sich bringt. Das ist prinzipiell auch gut so. Man sollte jedoch nicht vergessen, die potenziellen Quellen der Frustration zu betrachten. Diese Frustrationsquellen können sich aus der Nichtpassung der oben beschriebenen Faktoren ergeben, sie können aber auch anderer Natur sein. Machen Sie sich daher vor einer beruflichen Entscheidung auch klar, welche Quellen der Frustration diese potenzielle Stelle wohl mit sich bringt.

```
┌─────────────────────────────────────────────┐
│              Gesamtauswertung                │
│                                              │
│  In welchen Bereichen liegen gute Passungen vor? │
│                                              │
│                                              │
│  In welchen Bereichen liegen geringe Passungen Widersprüche vor? │
│                                              │
│                                              │
│  In welchen Bereichen sind am wahrscheinlichsten Konflikte │
│  zu erwarten?                                │
│                                              │
│                                              │
│  Passung der Vorstellungen                   │
│                                              │
│         ───────────────────────              │
│         0                    100             │
└─────────────────────────────────────────────┘
```

8.6 Gesamteinschätzung

Abschließend kann es hilfreich sein, sich die wichtigsten Merkmale noch einmal zusammenzustellen (s. Abb. 8.8).

Literatur

Neuberger, O. (1999). *Führen und geführt werden*. Stuttgart: Enke.

Ruhig bleiben in Auswahlsituationen 9

> **Zusammenfassung**
>
> Eine Auswahlsituation, sei es ein Test, ein Vorstellungsgespräch oder ein Assessment Center, stellt für die meisten Menschen wohl eine eher unangenehme, stressige Situation dar. Neben dem unangenehmen Gefühl kann es auch zu einer Leistungsverschlechterung führen, wenn man in einer solchen Situation sehr angespannt ist. In diesem Kapitel wird zunächst der Mechanismus der allgemeinen Stressreaktion beschrieben. Das ist wichtig, um die dabei ablaufenden Prozesse einordnen zu können und um die Ansatzpunkte der Veränderung der Anspannung verstehen zu können. Danach erfolgt der Transfer auf die Auswahlsituation.

9.1 Wie verändert sich unser Körper in Stresssituationen?

Um die Reaktion unseres Körpers und unseres Gehirns in Stresssituationen verstehen zu können, ist es hilfreich, uns in die Welt unserer Vorfahren vor ca. 100 000 Jahren zu versetzen. Stellen wir uns folgende Situation vor: Ein Mensch vor 100 000 Jahren hört Gebrüll. Er hört Tritte im Wald und glaubt, einen Schatten gesehen zu haben. Was wird dieser Mensch tun? Er wird wahrscheinlich versuchen, blitzschnell davonzulaufen. Wenn ihm dies nicht mehr möglich ist oder wenn er glaubt, stärker zu sein als das Tier, das wahrscheinlich die Geräusche verursacht hat, so wird er sich zum Kampf mit dem Tier bereit machen. Er hat also prinzipiell zwei Möglichkeiten, um auf die potenzielle Bedrohung zu reagieren: mit Kampf oder mit Flucht. Um bei realen physischen Bedrohungen entweder kämpfen oder flüchten zu können, müssen im Körper einige physiologische Veränderungen ablaufen, die letztendlich der schnellen Bereitstellung großer Mengen von Energie dienen. Die wichtigsten dieser physiologischen Veränderungen und deren Funktion bei physisch realen Bedrohungen werden nachfolgend dargestellt.

Automatisch ablaufende physiologische Veränderungen bei physisch realer Bedrohung:
* Erhöhung der Herzfrequenz:
  Das Herz schlägt in Bedrohungssituationen schneller, dadurch wird die Durchblutung der Muskulatur erhöht, mehr Sauerstoff, der zur Energiegewinnung benötigt wird, wird in die Zellen transportiert. Mit einer Erhöhung der Herzfrequenz geht auch eine Erhöhung des Blutdrucks einher. Die Erhöhung der Herzfrequenz ist wohl die am deutlichsten spürbare Komponente der Stressreaktion.
* Beschleunigung der Atmung:
  Durch eine schnellere Atmung wird dem Körper mehr Sauerstoff zur Verfügung gestellt, der zur vermehrten Energieerzeugung notwendig ist.
* Bereitstellen von Blutfetten:
  Der Körper stellt der Muskulatur Fette zur Verfügung, um aus deren Abbau Energie zu gewinnen. Diese Fette werden über die Blutbahnen zur Muskulatur transportiert.
* Hemmung der Verdauung:
  Das Blut wird aus den inneren Organen in die Muskulatur umverteilt. Dadurch wird die Verdauung gehemmt, der Körper scheint sich zu signalisieren: „Erst der Gefahr entgehen, dann weiterverdauen, es gibt im Moment wichtigere Dinge (Kampf oder Flucht) als Verdauung." Der Körper konzentriert seine gesamten Kräfte auf diejenigen Funktionen, die akut zum Überleben wichtig sind. Das Blut wird hauptsächlich von Magen, Darm, Leber und Nieren abgezogen und stattdessen der Muskulatur zugeleitet.
* Erhöhung der Muskelspannung:
  Durch das Vorspannen der Muskulatur ist es möglich, Bewegungen schneller ausführen zu können. Die Vorspannung der Muskulatur ermöglicht ihr bildlich gesprochen einen „fliegenden Start", man ist durch die Vorspannung der Muskulatur „auf dem Sprung", um sofort reagieren zu können. Diesen Effekt kann man z. B. gut bei Tennisspielern beobachten, die einen gegnerischen Aufschlag erwarten. Der gesamte Körper ist in Anspannung und in Bewegung, um aus der Anspannung und Bewegung heraus schneller reagieren zu können. Besonders stark verspannt sich die Muskulatur in Stresssituationen im Hals- und Schulterbereich. Dies geschieht vermutlich, weil durch das Hochziehen der Schultern die großen Arterien, die im Normalzustand relativ ungeschützt am Hals entlanglaufen, geschützt werden sollen.
* Erhöhung der Blutgerinnungsfähigkeit:
  In Situationen physischer Bedrohung wird die Gerinnungsfähigkeit des Blutes reflexhaft erhöht. Bei erhöhter Blutgerinnungsfähigkeit ist es wahrscheinlicher,

im Falle einer Verletzung zu überleben, da die Wunde dann weniger stark blutet bzw. sich schneller wieder schließt.
* Senkung des elektrischen Hautwiderstandes:
Der Grund für diese physiologische Veränderung ist noch nicht genau bekannt. Der „kalte Schweiß" tritt auf. Mit der Absonderung von Schweiß geht eine Verringerung des elektrischen Hautwiderstandes einher. Die Schweißabsonderung kann jedoch nicht den Effekt der Verringerung des Hautwiderstandes zu Gänze erklären. Diese Reaktion des Körpers in Stresssituationen wird auch „Psycholgalvanischer Reflex" genannt.
* Aufmerksamkeitseinengung auf die Gefahrenquelle:
Die gesamte Aufmerksamkeit wird in physischen Bedrohungssituationen auf die tatsächliche oder vermutete Bedrohung gerichtet. Es bleibt keine Aufmerksamkeit für die Wahrnehmungen übrig, die nichts mit der Bedrohung zu tun haben. Aus Kriegsberichten ist bekannt, dass die momentane Aufmerksamkeitseinengung bei einem Feindangriff so stark sein kann, dass selbst der Verlust des eigenen Beines kurzzeitig nicht bemerkt werden kann.
* Erhöhung der Wachheit, Aktivierung:
Es kommt zu einer Erhöhung der Wachheit. Dies zeigt sich darin, dass die elektrischen Gehirnwellen hochfrequent und niederamplitudig werden. Niederfrequente und hochamplitudige Gehirnwellen, wie sie für Entspannungszustände charakteristisch sind, werden dagegen blockiert.

All diese körperlichen Reaktionen laufen blitzschnell und „unbewusst" ab. „Unbewusst" bedeutet dabei, dass wir die Veränderungen nicht willentlich herbeiführen. Der Begriff „un**be**wusst" wird in diesem Buch immer im Sinne von „un**ge**wusst" gebraucht und hat keinen Bezug zu psychoanalytischen Begriffen wie Triebe, Verdrängung etc.

Einige der Reaktionen des Körpers in physischen Bedrohungssituationen wie z. B. die Beschleunigung der Atmung oder die Erhöhung der Herzfrequenz sind zumindest prinzipiell gut bewusst wahrnehmbar. Andere Abläufe, z. B. die Veränderung der Gehirnwellen oder das Ausschütten von Blutfetten, sind unserer Wahrnehmung dagegen ohne Hilfsmittel nicht unmittelbar zugänglich.

Im Laufe der Evolution haben sich die oben beschriebenen Reaktionen herausgebildet und durchgesetzt, weil sie zu einer erhöhten Überlebensfähigkeit in einer Welt realer physischer Bedrohungen geführt haben. Diejenigen, die nicht über diesen Reaktionsmechanismus verfügten, hatten keine Chance, unsere Vorfahren zu werden, Sie wurden im Staub der Evolution zurückgelassen. Im Laufe der Evolution wurden die körperlichen Reaktionen ausgebildet, die dabei behilflich waren, die Alltagsprobleme der Jäger und Sammler zu lösen, nicht jedoch die von Bewerbern. Wir verfügen auch heute noch über diese grundlegenden Überlebensmechanismen aus der Urzeit, obwohl sich unsere Umwelt und unsere Lebensbedingungen drastisch geändert haben.

9.2 Bedrohungen früher und heute

Die Kampf-/Fluchtreaktion hatte für unsere Vorfahren unmittelbar lebensrettende Bedeutung, in der heutigen Welt geht es glücklicherweise immer weniger darum, realen physischen Gefahren (z. B. wilden Tieren, physischen Angriffen, …) zu begegnen. Auch heute noch ist die Kampf-/Fluchtreaktion in Ausnahmefällen durchaus sinnvoll, z. B. um sich mit einem gezielten Sprung vor einem mit überhöhter Geschwindigkeit herannahenden Auto zu retten. In solch einer Situation zu lange zu zögern und nachzudenken, wäre im wahrsten Sinne des Wortes tödlich. Die Mehrzahl der Gefahren, denen wir uns in unserem heutigen Leben und insbesondere in der Arbeitswelt gegenübersehen, ist jedoch eher mittelbarer und häufig psychischer Natur. Für die meisten Menschen wird die Teilnahme an einem Auswahlverfahren, einem Bewerbungsgespräch oder einem Assessment Center eine solche potenzielle Bedrohung darstellen.

Die körperliche Reaktion auf solche mittelbaren „Gefahren" ist jedoch die gleiche wie diejenige, mit der der Körper auf eine unmittelbare physisch reale Gefahr reagieren würde. Unser Körper unterscheidet nicht, ob die Bedrohung aus einem wilden Tier oder aus einer Auswahlsituation besteht, er reagiert physiologisch auf die gleiche Art und Weise, indem er sich zum Kampf oder zur Flucht vorbereitet.

9.3 Folgen der Nichtpassung

Die Tatsache, dass uns unser Körper als Reaktion auf Stressoren auf Kampf oder Flucht vorbereitet, wir aber im heutigen Leben weder physisch kämpfen noch flüchten, führt zu einer Reihe von Konsequenzen, die insbesondere in Auswahlsituationen relevant sein können.

▶ Subjektiv unangenehmes Gefühl

Die erste, unmittelbar spürbare Folge von Stresssituationen ist ein subjektiv unangenehmes Körpergefühl. Während und nach Situationen, die für uns bedrohlich und belastend sind, fühlen wir uns unwohl, wir verspüren zusätzlich eine mehr oder weniger starke Unruhe.

▶ Verringerung der Verhaltenseffektivität

Die zweite unmittelbare und in einer Auswahlsituation wichtigtse Folge ist eine verringerte Verhaltenseffektivität. Der Zusammenhang zwischen Aktivierung und Verhaltenseffektivität ist in dem so genannten Yerkes-Dodson-Gesetz (Yerkes und Dodson 1908) beschrieben (s. Abb. 9.1). Dieser Zusammenhang hat die Form einer umgekehrten U-Funktion. Hat die Aktivierung eine mittlere Intensität, ist die Verhaltenseffektivität am höchsten; ist die Aktivierung höher oder niedriger als der Idealwert, so ist die Verhaltenseffektivität relativ gering. Ziel muss es daher sein, die Aktivierung so zu kontrollieren, dass sie sich im mittleren Bereich befindet und das Verhalten somit möglichst effektiv wird. Unter Aktivierung wird im Folgenden der Zustand der körperlichen und auch psychischen Anspannung verstanden, der durch

9.3 Folgen der Nichtpassung

Abb. 9.1 Anspannung und Verhaltenseffektivität

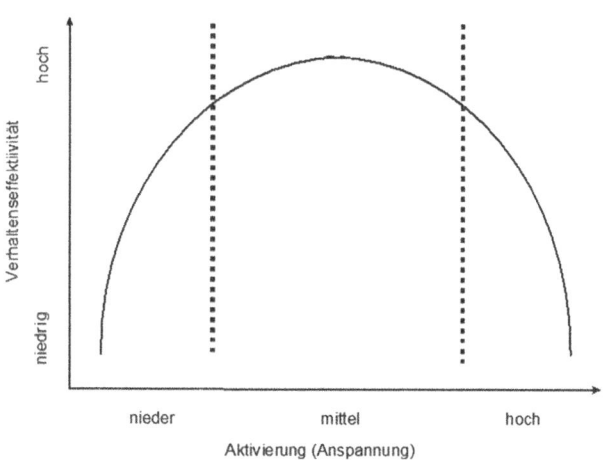

die weiter oben beschriebenen Symptome gekennzeichnet ist. Aktivierung ist dabei gleichbedeutend mit „Stress", „Anspannung", „Nervosität", „Unruhe", „Aufregung" etc. Unter Verhaltenseffektivität versteht man die Fähigkeit, alle Handlungsalternativen, über die man prinzipiell verfügt, zur Verfügung zu haben und sie auch situationsangemessen einsetzen zu können.

Bei einer mittleren Aktivierung ist unser Verhalten am effektivsten und am flexibelsten. Dann können wir unsere Erfahrung und unser Wissen am besten nutzen. Wir sind dann zu optimaler Leistung fähig und fühlen uns dabei wohl. Steigt die Aktivierung über den optimalen Bereich weiter an, so wird unser Verhalten ineffektiver. Die Wahrnehmung engt sich auf die Bedrohung ein, das Denken wird starr und unflexibel, wir können unser Wissen und die Fähigkeiten, die uns im Prinzip zur Verfügung stehen, nicht mehr einsetzen, sie sind wie verschüttet, momentan nicht mehr zugänglich. Im Extremfall droht ein Blackout. Sofern wir uns in einer Auswahlsituation im rechten Teil der Kurve befinden, besteht die Gefahr, dass wir sich „unter Preis verkaufen", da wir nicht mehr den vollen Zugriff auf die eigenen Fähigkeiten und das eigene Wissen haben.

Wo genau der mittlere und somit effektivste Bereich der Aktivierung liegt, kann für verschiedene Menschen physiologisch bedingt unterschiedlich sein. Manche Menschen werden sich schon bei geringerer Aktivierung im mittleren Bereich befinden, andere brauchen mehr Aktivierung. Die Lage der Kurve kann von Person zu Person oder von Situation zu Situation differieren. Die Kurve an sich bleibt jedoch immer gleich.

Wie kann man erkennen, in welchem Bereich der Kurve man sich befindet?

Linker Teil der Kurve (zu wenig Aktivierung):

- man fühlt sich unwohl
- Leichtsinnsfehler treten auf
- geringe Verhaltenseffektivität
- Langeweile

Mittlerer Teil der Kurve (optimale Aktivierung):

- man fühlt sich wohl
- keine Stresssymptome, hohe Verhaltenseffektivität

Rechter Teil der Kurve (zu viel Aktivierung):

- man fühlt sich unwohl
- Stresssymptome treten auf
- Toleranz gegen Störungen ist gering
- man fährt leicht aus der Haut
- geringe Verhaltenseffektivität
- im Extremfall: Blackout

9.4 Veränderung der Stressreaktion

Da sich die automatisch ablaufende Stressreaktion des Körpers ungünstig auf unser Wohlbefinden und unsere Leistungsfähigkeit in einer Auswahlsituation auswirkt, ist es hilfreich, über Techniken zu verfügen, mit deren Hilfe man dieser Reaktion entgegenwirken kann. Ziel aller Techniken ist es dabei, sich von der rechten Seite der Yerkes-Dodson-Kurve weg in Richtung des mittleren Bereiches zu bewegen, da man nur in diesem Bereich Zugriff auf das prinzipiell zur Verfügung stehende die Verhaltensweisen hat.

An dieser Stelle ist es wichtig, darauf hinzuweisen, dass es nicht erstrebenswert (und wohl auch nicht realistisch) wäre, an sich selbst den Anspruch zu haben, völlig gelassen in eine Auswahlveranstaltung zu gehen. Denn das würde ja bedeuten, dass man sich auf der linken Seite der Yerkes-Dodson-Kurve befinden würde, was ebenfalls zu einer Leistungsverschlechterung führen würde. Eine *gewisse* Anspannung in einer Auswahlsituation ist also nicht nur nicht hinderlich, sondern sogar förderlich. Problematisch ist nur eine *zu hohe* Anspannung.

Besonders wichtig ist es dabei, dass man die entsprechenden Techniken direkt in der jeweiligen Auswahlsituation anwenden kann und dass der jeweilige Effekt unmittelbar spürbar ist. Dies ist mit zwei Arten von Techniken gegeben: der Blitzentspannung durch die Veränderung der Atmung und der Blitzentspannung durch die Veränderung der Muskelspannung. Diese beiden Techniken sowie ihre Kombination werden in den folgenden Abschnitten beschrieben.

9.5 Blitzentspannung mittels Atmung

Inhalt dieses Abschnitts ist die Bedeutung der Atmung für die Stressreaktion bzw. für die gegenteilige Reaktion, die Entspannung. Zunächst wird die Funktion der Atmung für

9.5 Blitzentspannung mittels Atmung

körperliche Prozesse dargestellt, danach werden Möglichkeiten zur Reduktion der körperlichen Aktivierung durch die bewusste Veränderung der Atmung beschrieben.

Der Atmung kommt bei der Reduktion der Anspannung eine besondere Rolle zu. Sie stellt eine effiziente Methode dar, um den Grad der Aktivierung zu verändern. Dies gelingt jedoch nur, wenn man sich darüber im Klaren ist, wie die Aktivierung mit der Atmung zusammenhängt. Dieser Zusammenhang ist den meisten Menschen jedoch nicht geläufig. Die Veränderung der Atmung scheint eher „unbewusst" (im Sinne von ungewusst) zu erfolgen. Das neuroanatomische Atemzentrum ist in einem ziemlich alten Gehirnteil im Stammhirn lokalisiert und die Atmung erfährt, wie viele andere lebensnotwendige Körperfunktionen im alltäglichen Leben auch, nur sehr wenig Aufmerksamkeit.

9.5.1 Funktion der Atmung

Warum atmen wir überhaupt, welche physiologische Funktion hat die Atmung? Der Atmung kommt eine zentrale Bedeutung bei der Energieerzeugung in den Körperzellen zu. Zur Erzeugung von Energie in den Körperzellen sind einerseits Nährstoffe und andererseits Sauerstoff nötig. Der Sauerstoff gelangt von der Lunge aus über das Blut in die Zellen. Je nachdem, wie viel der Körper leisten muss, wird dazu mehr oder weniger Sauerstoff durch die Atmung aufgenommen. Bei Belastungen können wir z. B. das Zwanzigfache der Menge Sauerstoff aufnehmen, wie dies in Ruhe der Fall ist. Die Anpassung an den veränderten Sauerstoffbedarf erfolgt dabei durch eine Veränderung der Atemtiefe und der Atemgeschwindigkeit. Diese Anpassung erfolgt automatisch, ungewusst, ohne willentliche Kontrolle in der Art und Weise, dass die jeweils optimale Energiebereitstellung gesichert ist.

9.5.2 Sinn der Atmungskontrolle

In Stresssituationen verändert sich die Atmung reflexhaft, sie wird schneller und verlagert sich vom Bauch- in den Brustraum. Es gilt aber auch umgekehrt: Bei Veränderung der Atmung ändert sich die Aktivierung. Mit der Kontrolle der Atmung haben wir somit ein Instrument zur Beeinflussung der eigenen Aktivierung zur Verfügung. Da die Atmung unter Stress schneller wird und sich zum Brustraum hin verlagert, liegt es nahe, zur Gegensteuerung bei Stress willentlich die konträre Art der Atmung einzusetzen. Um die Wirkung der Atmung bei Stress zu spüren, können Sie die folgende Übung durchführen.**Übung:***Setzen Sie sich bequem hin. Legen Sie eine Hand auf den Brustkorb unterhalb des Halses. Atmen Sie nun in den Brustraum, dass sich die Hand beim Ein- und Ausatmen leicht bewegt. Atmen Sie einige Atemzüge so weiter. Beschleunigen Sie dann die Atmung, werden Sie immer schneller, bis Sie einen Atemrhythmus von etwa einer Sekunde Einatmen und etwa einer Sekunde Ausatmen erreicht haben. Behalten Sie diesen Rhythmus so lange bei, bis Sie körperliche Veränderungen bemerken. Atmen*

Sie dann wieder normal. Nehmen Sie sich –ein bis zwei Minuten Zeit und konzentrieren Sie sich auf die Veränderungen in Ihrem Körper. Nehmen Sie wahr, was sich verändert, wenn Sie schnell und flach über den Brustkorb atmen. Vergleichen Sie diese Symptome mit Ihren persönlichen Symptomen in Belastungssituationen, sie werden diesen nicht unähnlich sein.

Die oben beschriebene Art der Atmung nennt man „Hyperventilation" (Überatmung). Sie tritt immer dann auf, wenn ein Mensch schneller atmet, als dies für die Versorgung des Körpers mit Sauerstoff nötig ist, was dazu führt, dass der Kohlendioxydanteil im Blut stark abnimmt (nach 30 Sekunden Hyperventilation kann der Kohlendioxydanteil im Blut um 50 Prozent sinken). Dies wiederum bewirkt eine Veränderung des Säurewertes des Blutes. Die Erregbarkeit der Nervenzellen nimmt zu, das Nervensystem wird sensibler. Obwohl der Körper im Zustand der Hyperventilation objektiv zu viel Sauerstoff aufnimmt, hat man dabei subjektiv das Gefühl, dass man zu wenig Luft bekommt, und atmet dadurch schneller. Dieser Prozess verstärkt sich also von selbst, sobald er einmal begonnen hat. Um die körperlichen Veränderungen der Stresssituation zu erzeugen, reicht meist eine einminütige Hyperventilation aus. Die meisten Menschen wissen und bemerken gar nicht, dass sich in Stresssituationen die Atmung in Richtung Hyperventilation verändert. Sie berichten dagegen nur von den der Hyperventilation nachfolgenden Reaktionen, obwohl die Veränderung der Atmung der wesentliche Prozess bei der Erzeugung der körperlichen Symptome in Stresssituationen ist. Durch die hyperventilationsähnliche Veränderung der Atmung in Stresssituationen wird dem Körper sehr viel Sauerstoff zugeführt, mit dessen Hilfe letztendlich Glucose und Fette zur Energiebereitstellung oxidiert werden. Bleibt die biologisch vorprogrammierte Kampf-/Fluchtreaktion, der diese Energiebereitstellung letztendlich dient, allerdings aus, so wie es in den meisten heutigen Stresssituationen der Fall sein dürfte, so spüren wir nur noch die als störend empfundenen Begleiteffekte der Hyperventilation (Steigerung der Erregbarkeit, Erzeugung von Stresssymptomen, sich selbst aufschaukelnder Prozess).

Die Atmung nimmt in Bezug auf die willentliche Kontrollierbarkeit eine Zwischenstellung ein. Sie läuft einerseits komplett automatisch – und in diesem Sinne unbewusst – ab (wir müssen uns nicht auf die Atmung konzentrieren, sonst könnten wir ja z. B. niemals schlafen). Andererseits können wir die Atmung – zumindest in einem gewissen ‚Ausmaß – willentlich beeinflussen. So können wir die Atmung z. B. einige Zeit anhalten, sie verlangsamen oder willentlich beschleunigen.

9.5.3 Hauptarten der Atmung

Zu atmen heißt letztendlich, die Lungen durch deren mechanische Dehnung mit Luft zu füllen. Da die Lunge über keine eigene Muskulatur verfügt, muss das Befüllen und Entleeren über die sie umgebende Muskulatur erfolgen. Um dies zu erreichen, gibt es zwei Hauptmöglichkeiten.

9.5 Blitzentspannung mittels Atmung

> **Die zwei Hauptarten der Atmung**
> 1. Bauchatmung (Zwerchfellatmung):
>   Das Zwerchfell, ein Muskel zwischen Lunge und Bauchraum, wird nach unten gezogen, indem die Bauchdecke nach außen gewölbt wird. Um diese Art der Atmung zu spüren, legen Sie eine Hand in Höhe des Bauchnabels auf den Bauch. Beim tiefen Einatmen mit der Bauchatmung wölbt sich die Bauchdecke nach außen, beim tiefen Ausatmen mit der Bauchatmung fällt sie wieder nach innen ein.
> 2. Brustatmung:
>   Der Brustkorb wird dabei gedehnt und angehoben. Diese Art der Atmung können Sie spüren, indem Sie zuerst tief ausatmen und dann die Hände beiderseits des Brustbeins auf die Rippen legen, sodass sich die Mittelfinger gerade berühren. Beim Einatmen mit der Brustatmung können Sie fühlen, wie sich die Rippen dehnen und die Mittelfinger sich dabei voneinander entfernen. Beim Ausatmen mit der Brustatmung nähern sich die Fingerspitzen wieder an.

Mithilfe der Brustatmung kann wesentlich schneller geatmet werden als mit der Bauchatmung. Daher schaltet der Körper in Stresssituationen automatisch auf die Brustatmung um. Die Bauchatmung erfolgt dagegen in Situationen, in denen Ruhe und Entspannung vorherrschen. Eine Atmung, wie sie in Stresssituationen auftritt und die der Hyperventilation ähnelt, kann nur mittels Brustatmung erzeugt werden. Daher haben alle Techniken der Atemkontrolle die Umschaltung von der Brustatmung auf die Bauchatmung entweder als Hauptziel oder zumindest mit zum Ziel.

Sie können bei sich selbst testen, welche Art der Atmung bei Ihnen im Moment dominant ist, indem Sie eine Hand auf die Brust legen, die andere Hand auf den Bauch. Beobachten Sie die Bewegung der Hände einige Zeit. Welche Hand bewegt sich mehr, die Hand auf der Brust oder auf dem Bauch? Eine andere Methode, um die dominante Atmungsart festzustellen, ist das Zählen der Atemzüge. Zählen Sie dazu eine Minute lang Ihre Atemzüge. Der normale Atemrhythmus liegt im Ruhezustand bei –zehn bis 15 Atemzügen pro Minute. Ist er höher als dieser Wert, so ist dies ein Zeichen dafür, dass die Brustatmung einen relativ großen Anteil einnimmt. Ist der Wert geringer, spricht dies für einen relativ großen Anteil der Bauchatmung.

Die Zwischenstellung der Atmung als zum Teil reflexhaft, ungewusst ablaufend, zum Teil aber auch willentlich kontrollierbar, macht es möglich, sie zumindest teilweise direkt zu beeinflussen.

Ziel aller Atemtechniken ist es dabei:

1. die Atmung zu verlangsamen (Atemfrequenz verringern)
2. die Ausatemphase relativ zur Einatemphase zu verlängern
   (dadurch wird der Sauerstoffgehalt des Blutes verringert)

3. die Umschaltung von der Brust- auf Bauchatmung
4. die Pausen zwischen den Atemzügen zu verlängern

Dies kann auf unterschiedlichen Wegen erreicht werden, letztendlich sollen mit allen nachfolgend dargestellten Atemtechniken die oben genannten Effekte erreicht werden. Die Techniken sind dabei jedoch nur Hilfsmittel, im Prinzip reicht auch der Ratschlag, die Atmung zu verlangsamen, die Ausatemphase zu verlängern, auf die Bauchatmung umzuschalten und die Pause zwischen den Atemzügen zu verlängern vollkommen aus, um die gewünschten physiologischen Veränderungen in Richtung Entspannung herbeizuführen. In Stresssituationen ist es jedoch für viele Menschen einfacher, vorher trainierte und automatisierte Techniken anzuwenden. Die Verwendung gewisser standardisierter und eingeübter Techniken hat noch einen weiteren Vorteil: Die Anwendung der Technik wird zu einem konditionierten Auslöser für die nachfolgende Entspannungsreaktion. Alle Übungen zur Atmungskontrolle haben den Vorteil, dass man sie in praktisch jeder Situation einsetzen kann, ohne dass dies irgendjemand in der unmittelbaren Umgebung bemerken kann. Diese Eigenschaft macht sie besonders interessant für den Einsatz in Auswahlsituationen.

9.5.4 Techniken zur Veränderung der Atmung

Zur Durchführung der nachfolgenden Techniken sollten Sie sich bequem und aufrecht hinsetzen oder -stellen, damit der Atem frei fließen kann und insbesondere die Bauchatmung nicht erschwert wird. Achten Sie daher darauf, dass der Bauch nicht (z. B. durch den Gürtel) zusammengedrückt wird. Führen Sie die beschriebenen Übungen –vier bis fünf Minuten lag durch, und nehmen Sie sich danach etwas Zeit, um zu spüren, wie stark der Effekt der jeweiligen Übung spürbar ist. Führen Sie die Übungen auch in einer anderen als der unten aufgeführten Reihenfolge durch, damit Sie feststellen können, welche der vorgestellten Übungen bei Ihnen von Anfang an den stärksten Effekt hat. Sorgen Sie dafür, dass während der Übungen genügend frische Luft zur Verfügung steht. Um sich die Atmung, die normalerweise ungewusst abläuft, bewusst zu machen, sollten Sie sich vor allen Übungen ca. zwei Minuten lang auf die Atmung konzentrieren, ohne sie zu verändern. Konzentrieren Sie sich bei allen Übungen ausschließlich auf das Ausatmen, das Einatmen erfolgt ganz von alleine.

9.5.5 Technik: Verzögertes Einatmen

Konzentrieren Sie sich auf die Atmung: Atmen Sie einige Atemzüge ganz normal ein und aus. Warten Sie dann nach jedem Ausatmen –drei bis vier Sekunden, bevor Sie wieder einatmen, der jeweils nächste Atemzug wird dabei automatisch tiefer und die Anspannung verringert sich dadurch. Wiederholen Sie diese Übung mehrfach. Sie können als Hilfsmittel z. B. nach jedem Ausatmen innerlich „21–24" zählen und erst dann wieder einatmen oder sich irgendein anderes Hilfsmittel überlegen, das es Ihnen erleichtert, sich auf die Ruhephase nach dem Ausatmen zu konzentrieren und die Länge dieser Pause abzuschätzen. In dieser Ruhepause nach dem Ausatmen befindet sich der Körper in einem maximalen Ruhezustand. Sportschützen nutzen z. B. diesen Zustand der körperlichen Ruhe nach dem Ausatmen, indem sie den Schießrhythmus mit der Atmung synchronisieren und genau in diesem Moment der größten körperlichen Ruhe nach dem Ausatmen den Schuss abgeben. Versuchen Sie, im Laufe der Übungen die Ruhepause nach dem Ausatmen möglichst lange zu machen, probieren Sie aus, wie lange Sie die Ruhepause nach dem Ausatmen machen können. Sie brauchen dabei keinerlei Aufmerksamkeit auf das Einatmen zu richten, das Einatmen erfolgt ganz von alleine. Konzentrieren Sie Ihre Aufmerksamkeit bei dieser Übung ausschließlich auf das Ausatmen und die Ruhephase zwischen den Atemzügen.

9.5.6 Technik: Bauchatmung

Achten Sie bei dieser Übung besonders darauf, dass Sie keine einschnürende Kleidung tragen, öffnen Sie evtl. den Gürtel dazu. Legen Sie eine Hand locker auf den Bauch, etwa in der Höhe des Bauchnabels. Atmen Sie nun so, dass sich die Hand beim Einatmen sehr weit nach außen bewegt und beim Ausatmen sehr weit nach innen bewegt. Achten Sie darauf, dass der Weg, den die Hand – und somit die Bauchdecke – zwischen Ein- und Ausatmen zurücklegt, möglichst groß ist. Drücken Sie beim Einatmen den Bauch ganz weit heraus und ziehen Sie den Bauch beim Ausatmen ganz weit ein. Die Hand dient dabei nur als eine Art Anzeigeinstrument für die Bewegung der Bauchdecke, die Bewegung selber wird von der Bauchdecke ausgeführt. Drücken Sie also nicht mit der Hand auf die Bauchdecke, legen Sie sie nur locker als „Anzeigeinstrument" auf die Bauchdecke. Wiederholen Sie auch diese Übung mehrfach. Der Effekt dieser Übung ist umso größer, je weiter der Weg ist, den die Bauchdecke zwischen Einatmen und Ausatmen zurücklegt. Es ist unmöglich, mit dieser Art der Bauchatmung sehr schnell zu atmen, zu hyperventilieren, weil die Bewegung der Bauchdecke eine gewisse Zeit braucht. Wenn Sie einige Übung mit dieser Art der Atmung durchgeführt haben, können Sie versuchen, die Bewegung der Bauchdecke auch dann möglichst weit zu machen, wenn Sie die Hand nicht mehr auf der Bauchdecke liegen haben. Mit einiger Übung sollte es allein durch die Konzentration auf die Bewegung der Bauchdecke gelingen, die Atmung zu verändern. Zum Erlernen ist es jedoch günstig, die Hand auf der Bauchdecke einige Zeit lang als visuelles Hilfsmittel zu verwenden.

▶ An dieser Stelle sei noch einmal betont, dass alle diese Techniken nur dazu dienen, die Atmung erstens generell zu verlangsamen, zweitens die Ausatemphase länger als die Einatemphase zu machen, drittens die Atmung von der Brust in den Bauchraum zu verlagern und viertens die Pause nach dem Ausatmen bewusst wahrzunehmen und zu verlängern. Die beschriebene Techniken sind nur Hilfsmittel, um diese Effekte zu erreichen. Es ist auch jede andere Technik denkbar, mit deren Hilfe die vier genannten Ziele erreicht werden können. Es ist jedoch auf jeden Fall sinnvoll, in Auswahlsituationen eine Technik als Hilfsmittel zur Hand zu haben, mit deren Hilfe man die Atmung verändern kann.

9.5.7 Anwendung der Techniken in Auswahlsituationen

Testen Sie die oben beschriebenen Übungen mehrmals (auch zu verschiedenen Tageszeiten), nehmen Sie sich nach jeder Übung kurz Zeit, um auf die Veränderungen in Ihrem Körper zu achten. Wählen Sie diejenige Methode aus, die den jeweiligen für Sie typischen Stresssymptomen am stärksten entgegenwirkt. Wie bei allen beschriebenen Techniken sollten Sie die für Sie besonders effektiven Techniken häufig dann üben, wenn Sie sie am wenigsten brauchen, d. h., in Situationen, die ziemlich stressfrei sind. Nur dies gewährleistet, dass Sie die Techniken dann in realen Stresssituationen quasi reflexhaft, ohne viel nachzudenken, anwenden können. Atemtechniken eignen sich hervorragend dazu, in Auswahlsituationen eingesetzt zu werden. Sie können völlig unbemerkt eingesetzt und auch trainiert werden, da man ja sowieso ständig atmet, nur die Art und Weise der Atmung wird durch die jeweilige Übungen etwas verändert. Probieren Sie es beispielsweise einmal in einer langweiligen Besprechung oder in ähnlichen Situationen aus, in denen andere Menschen anwesend sind. Niemand wird bemerken, dass Sie gerade Atemtechniken üben. Diese Erfahrung wird Sie sicherlich dazu ermutigen, diese Atemtechniken in für Sie stressigen Situationen einzusetzen.

9.6 Blitzentspannung mittels Muskulatur

In diesem Abschnitt wird die Rolle der muskulären An- und Entspannung für die Veränderung der körperlichen Aktivierung dargestellt (s. Abb. 9.2). Übungen zur systematischen Reduktion der muskulären Anspannung werden vorgestellt. Zunächst folgen Standardübungen, danach wird die Modifikation dieser Standardübungen für den Einsatz in Auswahlsituationen (Vorstellungsgespräch oder Assessment Center) beschrieben. Die Muskulatur als Ansatzpunkt der Einflussnahme auf die Aktivierung ist besonders wichtig, weil die Arbeitsmuskulatur nahezu vollständig unserer willentlichen Kontrolle unterliegt und wir uns mit muskulären Entspannungstechniken innerhalb von Sekunden ein relatives Entspannungsgefühl und somit ein Kontrasterleben zur körperlichen Reaktion auf Stress verschaffen können.

Bei Stress erhöht sich blitzschnell und reflexhaft der Anspannungsgrad der Muskulatur (man ist „auf dem Sprung"). Durch die erhöhte Vorspannung der Muskulatur ist es dann möglich, Bewegungen schneller ausführen. Sehr gut kann man dies z. B. bei Sportfechtern oder Tennisspielern sehen. Sie sind ständig mit gespannter Muskulatur in Bewegung und können so im Falle eines Angriffs blitzschnell reagieren. Ebenso wie die Veränderung

Abb. 9.2 Entspannung durch Anspannung

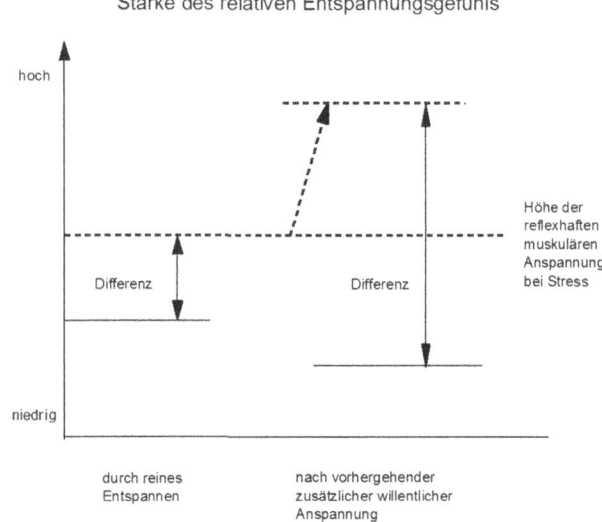

der Atmung erfolgt auch diese Anspannung der Muskulatur nicht willentlich gesteuert, sondern „automatisch". Diese Veränderung der Muskelspannung ist jedoch im Gegensatz zu vielen anderen körperlichen Veränderungen bei Stress prinzipiell gut wahrnehmbar. Die Wahrnehmung hierfür kann zusätzlich noch durch ein Anspannungs- und Entspannungstraining verbessert werden. Bei der Kampf-/Fluchtreaktion stellt der Körper der Muskulatur Energie in Form von Phosphaten, Kohlenhydraten und Fetten zur Verfügung, um gemäß dem uralten biologischen Programm kämpfen oder flüchten zu können. Auch in Auswahlsituationen, die keine unmittelbare physische Bedrohung darstellen, erfolgt diese Energiebereitstellung wie seit Urzeiten. Aber an der Stelle, an der die bereitgestellte Energie dann verwertet werden soll, nämlich in der Muskulatur, wird der Ablauf der Kampf-/Fluchtreaktion meist unterbrochen. Es erfolgt in aller Regel keine motorische Reaktion. Die Umwandlung der muskulären Energie, die uns der Körper eigentlich für Kampf oder Flucht zur Verfügung stellt, in Bewegung erfolgt nicht, sondern der biologisch vorprogrammierte Ablauf wird durch die Regeln unseres heutigen Zusammenlebens unterbrochen, indem man in vielen Stresssituationen motorisch regungslos verharrt. Kurz vor dem Endverbraucher (der Arbeitsmuskulatur) wird die vom Körper eingeleitete Kampf-/Fluchtreaktion abgebrochen. Diese motorische Regungslosigkeit ist genau das Gegenteil der Reaktion, für die uns unser uraltes biologisches Programm vorbereitet, nämlich zu kämpfen oder zu flüchten, was ja beides sehr hohe motorische Aktivität bedeutet. Diese der Muskulatur zwar zur Verfügung gestellte, aber von der Muskulatur nicht verwertete Energie spürt man dann als innere Unruhe, als Aufregung, als Nervosität etc. in oder unmittelbar nach einer Stresssituation. Die überschüssige Energie „vagabundiert" geradezu durch den Körper, und der Körper weiß nicht, wohin damit, weil ihm ja der natürliche Weg der Energieverwertung durch vermehrte körperliche Aktivität in Form von

Kampf oder Flucht sehr häufig verbaut ist. Dieser Sachverhalt wird in der Sprache intuitiv mit Begriffen formuliert, die dynamischen Charakter haben wie z. B. „man kocht innerlich", „man platzt beinahe", „man kann nicht an sich halten", „man steht unter Druck, unter Dampf" etc.

Der Ansatzpunkt der muskulären Entspannung besteht nun darin, die der Muskulatur in Stresssituationen zur Verfügung gestellte Energie auch tatsächlich in muskuläre Aktivität umzusetzen, um somit die durch den Körper vagabundierende und Unruhe erzeugende Energie zu reduzieren. Die vom Stammhirn gesteuerte Reaktion der Energiebereitstellung kann dadurch – wenn auch natürlich nicht als „rohe" Kampf-/Fluchtreaktion, sondern in einer etwas veränderten Form – tatsächlich zu muskulärer Arbeit genutzt werden. Die Nutzung der muskulären Energie findet dabei in einer „domestizierten" Form statt. Sie muss so erfolgen, dass das muskuläre Abreagieren auch in Auswahlsituationen eingesetzt werden kann und dass niemand in der Umgebung bemerkt, dass man in der Muskulatur viel Energie in Form muskulärer Arbeit umsetzt. Zusätzlich zu dem Effekt der Energieverwertung ist es möglich, sich mithilfe des muskulären Abreagierens ein sofort spürbares deutliches Kontrasterleben zur körperlichen Anspannung zu verschaffen.

9.6.1 Das Prinzip der muskulären Abreaktion

Wie nun die muskuläre Blitzentspannung genau funktioniert, wird in diesem Abschnitt erläutert. Um dies unmittelbar erlebbar zu machen, sollten Sie zunächst die nachstehende Übung durchführen, erst danach wird die Wirkungsweise detailliert erklärt.

Übung: Das Prinzip des muskulären Abreagierens
Ballen Sie Ihre rechte Hand zur Faust, spannen Sie sie ganz fest an, sodass Sie die Spannung in jedem einzelnen Finger und auch in der Handfläche spüren können. Spannen Sie dann zusätzlich noch den rechten Unterarm an, während Sie die rechte Hand weiter angespannt halten. Halten Sie die Spannung in der rechten Hand und im rechten Unterarm ca. 30 Sekunden und spannen Sie dann zum Abschluss die rechte Hand und den rechten Unterarm noch etwas stärker als bisher an.

Lassen Sie die rechte Hand und den rechten Unterarm dann schlagartig wieder locker und legen Sie den rechten Arm bequem hin. Achten Sie dabei auf den Übergang von der Anspannung vorher zur Entspannung jetzt.

Wiederholen Sie diese Übung noch einmal. Spannen Sie die rechte Hand und den rechten Unterarm noch einmal stark an, so stark, wie es Ihnen möglich ist. Da es bei dieser Übung darum geht, möglichst viel Energie aufzubringen, werden Sie einen umso stärkeren Kontrasteffekt spüren können, je stärker Sie die rechte Hand und den rechten Arm anspannen. Halten Sie die Anspannung wiederum für ca. 30 Sekunden. Lassen Sie dann die rechte Hand und den rechten Unterarm wieder locker und entspannen Sie die rechte Hand und den rechten Unterarm. Achten Sie dabei wieder auf den Übergang von der Anspannung zur Entspannung.

9.6 Blitzentspannung mittels Muskulatur

Durch diese Art der muskulären Anspannung wird die Energie, die der Körper der Muskulatur in Stresssituationen reflexhaft zur Verfügung stellt, tatsächlich auch in muskuläre Energie umgesetzt, was sehr deutlich in Form der dabei entstehenden Wärme spürbar ist.

Achten Sie darauf, wie sich die Hand beim Übergang von der Anspannung zur Entspannung anfühlt. Viele Menschen empfinden dabei ein Gefühl der Wärme (bedingt durch die Muskelarbeit), ein Kribbeln, ein Gefühl des Loslassens, des Dehnens, des Auseinanderfließens der Muskulatur. In der Hand kann sich auch ein Schweregefühl einstellen, vielleicht eine gewisse Leichtigkeit. Dem scheinbar paradoxen Versuch, mit verstärkter Anspannung der Muskulatur zu Entspannung zu gelangen, liegt folgender Mechanismus zugrunde: Versucht man, in einer realen Stresssituation die reflexhaft gestiegene Muskelspannung nur durch das Entspannung der Muskulatur zu reduzieren, so kann man damit zwar einen deutlichen relativen Entspannungseffekt erzielen. Spannt man die Muskulatur jedoch vor der Entspannung noch über das in Stresssituationen sowieso reflexhaft gestiegene Anspannungsniveau hinaus an, so kann der relative Entspannungseffekt noch wesentlich gesteigert werden. Durch die bei der Anspannung verbrauchte Energie ist die Entspannung dann größer, als sie ohne vorheriges Anspannen wäre. Zudem arbeit man zunächst nicht gegen die Richtung, in die der Körper arbeitet, sondern unterstützt diese Arbeitsrichtung (Anspannung) zunächst sogar noch.

9.6.2 Vorübungen zur muskulären Blitzentspannung

In diesem Abschnitt werden „formale" Übungen zur muskulären Blitzentspannung beschrieben. Das sind Übungen, die in ihrer reinen Form noch nicht in realen Auswahlsituationen eingesetzt werden können, da sie durch nach außen hin sichtbare Bewegungen gekennzeichnet sind. Das Beherrschen dieser Grundübungen ist jedoch Voraussetzung dafür, dass entsprechend modifizierte Übungen in realen Auswahlsituationen, auch in Gegenwart anderer Menschen, eingesetzt werden können. Diese Modifizierungen werden weiter unten beschrieben. Sollte eine der Übungen für Sie unangenehm sein (z. B. aufgrund einer zurückliegenden Verletzung einzelner Muskeln oder Muskelgruppen), so sollten Sie diese Übung entweder auslassen oder nur mit einer geringeren Anspannung durchführen.

Vorbereitung
Setzen Sie sich zu diesen Übungen auf einen Stuhl. Schaffen Sie sich eine möglichst große Kontaktfläche mit Ihrer Sitzgelegenheit. Legen Sie die Arme auf die Oberschenkel, beide Füße stehen fest auf dem Boden. Vergessen Sie beim Anspannen nicht zu atmen, versuchen Sie, möglichst normal weiterzuatmen, während Sie die jeweiligen Muskelgruppen stark anspannen.

Hände und Arme
Ballen Sie beide Hände zur Faust, spannen Sie beide Hände gleichzeitig stark an. Spannen Sie zusätzlich beide Unterarme so stark wie möglich an, ohne dass es schmerzt. Nehmen Sie dann

noch die Oberarme dazu und spannen Sie gleichzeitig die Hände, die Unterarme und die Oberarme sehr stark an. Halten Sie die starke Spannung ca. 30 Sekunden lang. Spannen Sie zum Schluss noch einmal ganz stark an, so stark, dass die Hände und Arme zu vibrieren beginnen.

Lassen Sie dann schlagartig los und legen Sie die Arme bequem auf die Oberschenkel. Lenken Sie Ihre Wahrnehmung auf die Muskelgruppen, die Sie vorher angespannt haben, und achten Sie auf den Übergang von der Anspannung vorher zur Entspannung jetzt. Achten Sie darauf, wie sich die Entspannung in den Händen, den Unterarmen und den Oberarmen ausbreitet.

(ca. eine Minute Entspannung)

Füße und Unterschenkel
Ziehen Sie die Fersen hoch, während Sie die Fußspitzen am Boden lassen. Spannen Sie die Unterschenkel an, verkrampfen Sie aber dabei nicht. Vergessen Sie das Atmen nicht. Halten Sie die starke Anspannung der Unterschenkel ca. 30 Sekunden lang. Lassen Sie dann wieder los und achten Sie wiederum auf den Übergang von der Anspannung vorher zur Entspannung jetzt.

(ca. eine Minute Entspannung)

Ziehen Sie die Zehen hoch, während Sie die Fersen dabei am Boden lassen. Spannen Sie wieder die Unterschenkel an, verkrampfen Sie aber die Muskulatur nicht. Atmen Sie dabei ganz normal weiter. Halten Sie die Spannung ca. 30 Sekunden lang.

Lassen Sie nun wieder los und konzentrieren Sie sich auf den Übergang von der Anspannung vorher zur Entspannung jetzt.

(ca. eine Minute Entspannung)

Knie und Oberschenkel
Drücken Sie die Knie ganz fest gegeneinander. Spannen Sie dann zusätzlich noch die Oberschenkel stark an, ohne dass es schmerzt, atmen Sie dabei möglichst normal weiter.

Halten Sie die Spannung ca. 30 Sekunden lang.

Lassen Sie dann wieder los, konzentrieren Sie sich dabei auf den Unterschied zwischen der Anspannung vorher und der Entspannung jetzt.

(ca. eine Minute Entspannung)

Schultern
Winkeln Sie die Unterarme waagerecht an. Ziehen Sie dann die Schulterblätter so weit wie möglich nach hinten. Versuchen Sie, die Schulterblätter so weit nach hinten zu ziehen, dass sie sich fast berühren. Vergessen Sie wiederum das Atmen nicht. Sie können sich bei dieser Übung auch vorstellen, dass Sie eine Streichholzschachtel mit den Schulterblättern festhalten müssten. Spannen Sie den Schulterbereich stark an, ohne dass es schmerzt. Halten Sie die Spannung ca. 30 Sekunden lang.

Lassen Sie nun wieder los, achten Sie auf den Übergang von der Anspannung zur Entspannung.

(ca. eine Minute Entspannung)

Nacken

Ziehen Sie den Kopf nach vorne auf die Brust und spannen Sie dadurch die Nackenmuskulatur stark an. Atmen Sie dabei möglichst normal weiter.
Halten Sie die Spannung ca. 30 Sekunden lang.
Lassen Sie dann los und konzentrieren Sie sich dabei auf das Entspannungsgefühl in der Nackenmuskulatur.
(ca. eine Minute Entspannung)
Lassen Sie im Anschluss zunächst beide Arme locker nach unten hängen. Ziehen Sie dann die Schultern ganz hoch, so weit wie möglich. Ziehen Sie die Schultern so weit es geht in Richtung der Ohren. Drücken Sie dann den Kopf leicht in den Nacken, sodass ein Polster zwischen Schultern und Hals entsteht. Drücken Sie dieses Polster nun dadurch zusammen, dass Sie langsam den Kopf zwischen den Schultern hin- und herrollen. Halten Sie dabei die Schultern weiterhin nach oben gezogen. Denken Sie dabei auch wieder an das Atmen. Rollen Sie den Kopf langsam zwischen den Schultern hin und her und drücken Sie dadurch das Polster zwischen Schultern und Nacken zusammen. Rollen Sie den Kopf ca. 30 Sekunden langsam lang hin und her.
Lassen Sie dann los und nehmen Sie den Unterschied zwischen der Anspannung vorher und der Entspannung jetzt wahr.
(ca. eine Minute Entspannung)

Schultern und Oberarme

Strecken Sie beide Arme waagerecht nach vorne aus. Schieben Sie dann die Arme so weit wie möglich aus den Schultern heraus. Schieben Sie die Arme so weit nach vorne weg, wie es möglich ist. Sie können sich dabei vorstellen, einen schweren Gegenstand (z. B. einen Schrank) wegzuschieben. Spannen Sie die Schultern an, indem Sie die Arme weit aus den Schultern heraus nach vorne wegschieben. Halten Sie die Spannung ca. 30 Sekunden lang.
Lassen Sie dann los und achten Sie auf die Entspannung im Schulter- und Oberarmbereich.
(ca. eine Minute Entspannung)

Bauch

Atmen Sie tief aus und ziehen Sie den Bauch dabei ganz weit ein. Spannen Sie dabei die Bauchdecke ganz stark an. Spüren Sie die Spannung in der Bauchmuskulatur. Halten Sie die Spannung ca. 30 Sekunden lang.
Lassen Sie dann los und achten Sie auf den Übergang von der Anspannung zur Entspannung.
(ca. eine Minute Entspannung)
Atmen Sie dann ganz tief ein und spannen Sie die Bauchdecke dadurch an, dass Sie die Bauchdecke so weit wie möglich nach außen drücken. Machen Sie einen ganz runden Bauch. Spannen Sie die Bauchdecke dabei an. Halten Sie die Spannung ca. 30 Sekunden lang.
Entspannen Sie dann die Bauchdecke wieder.
(ca. eine Minute Entspannung)

Gesicht
Kneifen Sie die Augen fest zusammen als würden Sie geblendet. Machen Sie zusätzlich noch einen ganz breiten Mund, ziehen Sie die Mundwinkel so weit wie möglich auseinander, als würden Sie ganz angestrengt lächeln. Drücken Sie jetzt noch ganz fest die Zunge an den Gaumen. Halten Sie die Spannung ca. 30 Sekunden lang.

Lassen Sie die angespannte Gesichtsmuskulatur dann los und achten Sie auf den Übergang von der Anspannung zur Entspannung.

(ca. eine Minute Entspannung)

Oberarme und Brustmuskulatur
Legen Sie beide Oberarme eng an den Oberkörper an. Drücken Sie dann den Brustkorb zusammen, indem Sie beide Oberarme so stark wie möglich gegen den Brustkorb drücken. Drücken Sie die Oberarme so stark wie möglich, aber ohne dass es schmerzt, gegen den Brustkorb. Halten Sie die Spannung ca. 30 Sekunden.

Lassen Sie dann los und achten Sie auf die Entspannung in den Oberarmen und im Brustkorb.

(ca. eine Minute Entspannung)

9.6.3 Der Einsatz muskulärer Blitzentspannung in Auswahlsituationen

Natürlich kann man diese Übungen nicht in genau der oben beschriebenen Form in einem Vorstellungsgespräch oder einem Assessment Center durchführen. Die oben beschriebenen Standardübungen stellen aber eine wesentliche Voraussetzung dazu dar, individuell und situativ modifizierte Übungen, wie sie unten beschrieben sind, in Realsituationen einzusetzen.

Um den Einsatz der muskulären An- und Entspannung in Realsituationen zu verdeutlichen, kann man folgende Übung durchführen:

Übung zur Anwendung muskulärer Techniken in Realsituationen
Setzen Sie sich auf einen Stuhl und versuchen Sie, während Sie Ihre Körperposition nicht nach außen hin sichtbar ändern, einen möglichst großen Teil der Muskulatur stark anzuspannen. Sie können sehr wahrscheinlich die Fußmuskulatur anspannen, die Unterschenkelmuskulatur, die Oberschenkelmuskulatur, die Gesäßmuskulatur, vielleicht auch einen Teil der Rücken- und Bauchmuskulatur, eventuell auch Teile der Schulter- und Oberarmmuskulatur. Dies alles, ohne die Körperposition nach außen hin sichtbar zu verändern.

Um den Einsatz in Auswahlsituationen zu trainieren, kann man diese Art der Übung in verschiedenen „natürlichen" Körperhaltungen durchführen, z. B. wenn man in einer Besprechung sitzt oder vor einer Gruppe steht. Mit etwas Übung werden Sie die abgewandelten oben beschriebenen Übungen in fast jeder Realsituation einsetzen können und dadurch erstens sehr viel Energie, die sich sonst als innere Anspannung und Unruhe äußern würde, abbauen und sich zweitens sehr schnell ein muskuläres Entspannungsgefühl verschaffen können.

9.6 Blitzentspannung mittels Muskulatur

Nachfolgend sind einige Vorschläge aufgeführt, wie Sie die Techniken in verschiedenen Realsituationen einsetzen können. Sie können auch alle möglichen anderen, selbstdefinierten Übungen durchführen, die in Ihrer konkreten Umgebung möglich sind.

In einem Vorstellungsgespräch:

- Spannen Sie die Fußmuskulatur an.
- Spannen Sie die Unterschenkelmuskulatur an.
- Spannen Sie die Oberschenkelmuskulatur an.
- Spannen Sie die ganze Fuß- und Beinmuskulatur an.
- …Dies ist natürlich besonders gut möglich, wenn Sie dabei an einem Tisch sitzen.)
- Spannen Sie die Bauchmuskulatur an.
- Spannen Sie die Rückenmuskulatur an.

Bei einer Präsentation:

- Spannen Sie die Fuß- und Unterschenkelmuskulatur an.
- Spannen Sie die Oberschenkelmuskulatur an.
- Spannen Sie die Oberarmmuskeln an.
- Umfassen Sie einen Stift, Lineal o. Ä. und drücken ihn zusammen.
- …

Der Einsatz in Auswahlsituationen wird umso leichter fallen und umso unauffälliger sein, je mehr Sie vorher in Übungssituationen geübt haben und je intensiver Sie geübt haben. Welche Muskelgruppen Sie in den Situationen, in denen andere Menschen nicht bemerken sollen, dass Sie an- und entspannen, benutzen können, hängt natürlich auch von der Kleidung ab, die Sie tragen.

Zusammenfassung

Bei der Anwendung dieser Methode sollte Folgendes beachtet werden:

* Spannen Sie so stark an wie möglich, verkrampfen Sie aber dabei nicht.
   … Die Anspannung sollte so stark wie möglich, aber noch nicht schmerzhaft sein.
* Spannen Sie ca. 30 Sekunden stark an und konzentrieren Sie sich dann ca.
   …eine Minute auf die nachfolgende Entspannung.
* Versuchen Sie, während der Anspannung möglichst normal weiterzuatmen.
   …Man hat während der Anspannung die Tendenz, die Atmung anzuhalten.
* Spannen Sie die Muskeln im Fuß- und Beinbereich nicht so stark an wie die
   …übrige Muskulatur, da man im Fuß- und Beinbereich eher zu
   …Verkrampfungen neigt.
* Die Sensibilität für muskuläre An- und Entspannung ist nicht in jeder Körper-
   …region gleich stark ausgeprägt. Für manche Bereiche (z. B. die Hände) haben Sie

…eine sehr gute Wahrnehmung, für andere Bereiche (z. B. den Rücken) haben Sie
…eine eher weniger stark ausgeprägte Wahrnehmung für die muskuläre
…An- und Entspannung. Daher ist der Kontrasteffekt nicht in jeder Körperregion
…gleich stark spürbar.
* Je mehr Sie üben, desto schneller und deutlicher können Sie das Kontrasterlebnis
…wahrnehmen lernen.

9.7 Die Kombination von Atmung, muskulären Techniken

Nachfolgend wird beschrieben, wie die bisher behandelten Möglichkeiten zur Veränderung der körperlichen Anspannung in Auswahlsituationen kombiniert und dadurch in ihrer Wirksamkeit noch zusätzlich gesteigert werden können. In den vorangegangenen Kapiteln wurden Veränderungsmöglichkeiten der Atmung und der muskulären Anspannung in akuten Stresssituationen dargestellt. Mithilfe dieser Veränderungsmethoden ist es möglich, das Körpergefühl in einer Auswahlsituation zu verändern und damit eine Verringerung der Aktivierung zu bewirken. Nach dem Yerkes-Dodson-Gesetz führt diese Verringerung der Aktivierung dann zu einer Erhöhung der Verhaltenseffektivität und so zu einer Erhöhung der Leistungsfähigkeit. Diese erhöhte Verhaltenseffektivität kann sich z. B. in erhöhter Schlagfertigkeit, vollem Zugang zum gespeicherten Wissen, zur vollen Ausnutzung aller verfügbaren Verhaltensalternativen etc. äußern. Als Gedankenmodell für das Ziel des Einsatzes der Veränderungstechniken kann die Abb. 9.3 dienen. Der Einsatz der Techniken in Stresssituationen hat immer zum Ziel, sich auf der Aktivierungsachse in Richtung mittlere Aktivierung zu bewegen.

Die in den vorangegangenen Kapiteln dargestellten Methoden der Kontrolle der Aktivierung haben den Vorteil, dass man zu ihrer Anwendung keinerlei Hilfsmittel benötigt und sie keine „zusätzliche", nach außen hin sichtbare Aktivität erfordern, da lediglich diejenigen Prozesse, die sowieso ablaufen, modifiziert werden. Man atmet immer und die Muskulatur hat immer einen gewissen Grad an Spannung. Durch das Bewusstmachen der immer (normalerweise jedoch ungewusst) ablaufenden Prozesse und deren anschließende Veränderung kann auf sie Einfluss genommen werden. Da für den Einsatz dieser Kontrolltechniken keinerlei Hilfsmittel benötigt werden und sie nach außen sichtbar keinerlei Aktivitäten erfordern, können sie gut in Auswahlsituationen eingesetzt werden. Voraussetzung dafür ist jedoch, dass man die Techniken in einem „Trockentraining" so gut geübt hat, dass man sie in der Realsituation, ohne noch viel über die Feinheiten der Ausführung nachzudenken zu müssen, einsetzen kann. In der Realsituation sollte man dann lediglich die Aufmerksamkeit darauf verwenden müssen, *dass* und zu welchem Zeitpunkt die Techniken eingesetzt werden. Die Frage, *wie* die Techniken genau auszuführen sind, sollte in der Realisation keine Rolle mehr spielen müssen. Da in Stresssituationen bei steigender Aktivierung die Verhaltenseffektivität abnimmt, sollte die korrekte Ausführung der Techniken quasi reflexhaft geübt sein, um sich in der Situation dann ganz auf die Art des Einsatzes der Techniken konzentrieren zu können.

Durch die beschriebenen Techniken wird die Aktivierung in den mittleren Bereich (hohe Verhaltenseffektivität) zurückverschoben

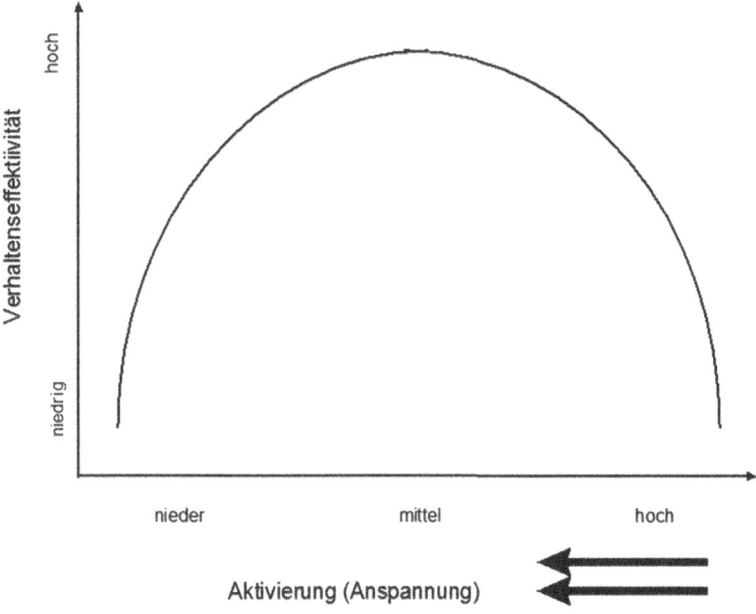

Abb. 9.3 Verschiebung der Anspannung

9.7.1 Auswahl der beabsichtigten Techniken

Um die Techniken kombinieren zu können, benötigen Sie folgende Elemente:

1. Wählen Sie aus den im Abschn. 8.5 vorgestellten Atemtechniken diejenige aus, bei der Sie am deutlichsten die körperliche Veränderung in Richtung verringerte Aktivierung bei sich selber bemerken können.
2. Stellen Sie sich die Situation vor, in der Sie die Techniken einsetzen wollen, und achten Sie darauf, wie die Körperhaltung in dieser Situation sein wird, ob Sie z. B. sitzen oder stehen oder sich bewegen. Versuchen Sie dann, möglichst viele Muskeln in dieser Körperhaltung anzuspannen, ohne ihre Körperhaltung dabei nach außen sichtbar zu verändern (in welchem Ausmaß dies gelingt, hängt natürlich auch von der jeweiligen Kleidung ab). Zur Kontrolle, wie weit das gelingt, können Sie einen Spiegel oder eine Videokamera benutzen oder jemanden bitten, Sie zu beobachten. Spannen Sie dann diejenigen Muskeln an, die Sie anspannen können, ohne nach außen hin sichtbar Ihre Haltung zu verändern. Spannen Sie – analog der muskulären Abreaktion (Abschn. 9.6) – diese Muskeln stark an, halten Sie die Spannung einige Zeit und lassen Sie dann wieder los. Wichtig ist dabei, dass Sie einen deutlichen Kontrast zwischen der Anspannung

und der Entspannung spüren können. Um dies zu erreichen, reicht es meist aus, ca. zehn Prozent der Muskulatur anzuspannen. Je mehr Übung Sie mit der Anwendung der formalen Übungen haben, desto deutlicher wird der Kontrasteffekt spürbar sein.

9.7.2 Kombinationen der ausgewählten Techniken

Die Kombination von Atemtechnik und dem muskulären Abreagieren erfolgt nun folgendermaßen: Üben Sie im ersten Schritt das muskuläre Abreagieren. Spannen Sie dazu mehrmals die in der jeweiligen Situation mögliche Muskulatur stark an und lassen Sie dann wieder los. Ergänzen Sie im zweiten Schritt das muskuläre Abreagieren durch die Veränderung der Atmung. Wenden Sie dazu jeweils beim Loslassen der Muskulatur die für Sie subjektiv als am effizientesten empfundene Atemtechnik an. Atmen Sie im Anschluss an das Loslassen der Muskulatur einige Atemzüge mit der jeweiligen Atemtechnik. Im dritten Schritt spannen Sie wiederum die Muskulatur an, lassen Sie dann los.

Wichtig dabei ist es, dass Sie in dem Moment, in dem Sie alle Techniken miteinander kombiniert und angewendet haben, kein ungutes Körpergefühl mehr verspüren.

Für das Durchspielen einer derartigen Situation werden Sie anfangs noch mehrere Minuten benötigen. Sind jedoch die Techniken ausgewählt und auf ihre Wirksamkeit in der jeweiligen Situation überprüft und (evtl. mehrmals) im „Trockentraining" durchgespielt, so lassen sie sich später im Sekundenbereich durchführen. Mit etwas Übung lassen sich diese Techniken *parallel* zu anderen, nach außen hin bemerkbaren Aktivitäten in einer Auswahlsituation anwenden.

Der Einsatz der Techniken kostet zwar momentan Zeit und Aufmerksamkeit, durch die nach dem Yerkes-Dodson-Gesetz dann aber erhöhte Verhaltenseffektivität bekommen Sie diese Investition an Zeit mehrfach in Form erhöhter Verhaltenseffektivität wieder zurück. Mit zunehmender Übung wird die Investition an Zeit und Aufmerksamkeit stetig geringer. Für die Effektivität des Einsatzes der Techniken ist es wichtig, sie möglichst frühzeitig, d. h. beim Auftreten der ersten Anzeichen der Stressreaktion, einzusetzen. Je frühzeitiger Sie die Techniken einsetzen, desto größer ist die Erfolgsaussicht. Die Erklärung hierfür liegt wieder im Yerkes-Dodson-Gesetz. Um die Techniken effektiv einsetzen zu können, ist eine hohe Verhaltenseffektivität optimal (mittlerer Aktivierungsbereich). Je mehr Sie sich von diesem mittleren Bereich entfernen, desto ineffektiver wird das Verhalten, also auch die eingesetzten Kontrolltechniken. Es gilt:

▶ Je früher die Kontrolltechniken eingesetzt werden, desto wirksamer sind sie!

Literatur

Hofmann, E. (2012). *Wirksames Stressmanagement*. Göttingen: Hogrefe.
Hofmann, E. (2013). *Progressive Muskelentspannung*. Göttingen: Hogrefe.
Wagner-Link, A. (2010). *Verhaltenstraining zur Stressbewältigung*. Stuttgart: Klett-Cotta.
Yerkes, R., & Dodson, J. (1908). The relationship of strength of stimulus to rapidity of habitformation. *Journal of Comparative Neurology and Psychology, 18*,

Teil IV

Zusätzliche Aspekte

Teil 4 beschäftigt sich zum einen damit, wie man in Auswahlsituationen ruhig bleiben kann, und zum anderen mit den Besonderheiten der Kommunikation über die berufliche Entwicklung.

Für die meisten Menschen wird eine Auswahlsituation eine eher unangenehme Situation darstellen, die sie oftmals an die Schule erinnern wird. Neben diesem unangenehmen Gefühl kann es dabei auch zu einer Leistungsverschlechterung kommen, die dazu führt, dass man in einer solchen Situation schlechter abschneidet, als man eigentlich ist. Dieser Prozess wird im Kap. 9 beschrieben und es werden Methoden der Anspannungskontrolle vorgestellt, die man effizient in Auswahlsituationen einsetzen kann.

Wenn es darum geht, sich mit anderen Menschen über den Bewerbungsprozess und über die berufliche Entwicklung zu unterhalten, sind einige Besonderheiten zu beachten, die auf der Tatsache beruhen, dass diese Art der Kommunikation nicht nur an der Sache, dem Bewerbungsprozess oder der beruflichen Entwicklung, orientiert ist, sondern dass dabei auch immer der Selbstwert der kommunizierenden Personen involviert ist. Diese besondere Art der Kommunikation wird im Kap. 10 thematisiert.

Kommunikation über die Bewerbung und über die berufliche Entwicklung 10

> **Zusammenfassung**
>
> Wenn zwei Menschen miteinander über den Bewerbungsprozess und über die berufliche Entwicklung reden, spielen Selbstdarstellung und Selbstwertaspekte immer eine Rolle. Daher ist es hilfreich, sich einige Gedanken zum Thema Kommunikation zu machen, wenn man sich mit dem Thema Karriere befasst. In diesem Kapitel wird dazu zuerst kurz das allgemeine Kommunikationsmodell von Schulz von Thun (1981) dargestellt, das sich sehr gut dazu eignet, kommunikative Vorgänge im Zusammenhang mit dem Thema Bewerbung und berufliche Entwicklung zu beschreiben. Danach wird auf die Besonderheiten und Erweiterungen dieses Modells für das Thema Bewerbung und berufliche Entwicklung eingegangen.

10.1 Das Grundmodell der Kommunikation

Schulz von Thun hat in seinem allgemeinen Kommunikationsmodell betont, dass bei der Kommunikation keineswegs lediglich Sachinformationen übermittelt werden, obwohl dies oft angenommen wird. Vielmehr werden bei grundsätzlich jeder Art der Kommunikation über die Informationen zu der Sache, über die man (manchmal nur vordergründig) spricht, hinaus noch zusätzlich (implizite) Aussagen darüber gemacht, wie man sich die Beziehung der Gesprächspartner und deren Stellung zueinander vorstellt. Man sagt immer etwas über sich selbst aus und man appelliert auch immer an den Gesprächspartner. Wie stark die jeweiligen Komponenten der Kommunikation dabei gewichtet sind, ist von Situation zu Situation sehr unterschiedlich. Bei einem Streitgespräch wird wahrscheinlich eher der Beziehungsaspekt im Vordergrund stehen, bei einem Verkaufsgespräch eher der Appellaspekt, bei einem Vortrag eher der Sachaspekt, bei einem Gespräch über Bewerbung und berufliche Entwicklung steht oft der Selbstdarstellungsaspekt im Vordergrund.

Abb. 10.1 Vier Seiten einer Aussage nach Schulz von Thun

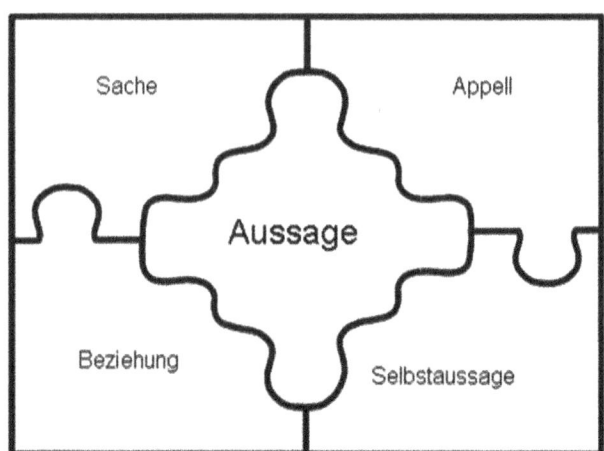

Grundsätzlich gilt jedoch, dass bei jeder Kommunikation alle vier Aspekte einer Nachricht zumindest implizit enthalten sind (s. Abb. 10.1).

Wenn z.B. der Vortragende während einer Besprechung die Besprechungsteilnehmer fragt: „Konnten Sie meinen Ausführungen bis hierher folgen?", so ist dies auf der Sachebene zunächst als eine neutrale Frage zu verstehen, auf der Beziehungsebene kann diese Aussage dagegen bedeuten: „Ich bin euch sowieso überlegen" oder „Ihr seid in der Rolle der Unwissenden, die man belehren muss". Auf der Appellebene kann die Aussage bedeuten: „Stellt bloß keine dummen Zwischenfragen, ihr outet euch damit sonst nur als unwissend!" oder: „Jetzt zeigt mir mal, ob ihr mir fachlich Paroli bieten könnt!" Auf der Selbstaussageebene kann dies z. B. bedeuten: „Ich bin Experte auf diesem Gebiet." Die Bedeutung einer Aussage auf der Beziehungs-, Appell- und Selbstoffenbarungsebene ist dabei in aller Regel nicht eindeutig, meist sind mehrere Interpretationen möglich. Es besteht also ein doppeltes kommunikatives Problem: Zunächst muss der Hörer entscheiden, welchem Aspekt einer Aussage er welche Bedeutung zumisst. Wenn er sich dann entschieden hat, welcher der vier Aspekte ihm der bedeutsamste zu sein scheint, muss er noch aus der Fülle der möglichen Inhalte, die innerhalb dieses Aspektes prinzipiell möglich sind, die ihm passend erscheinende heraussuchen.

Die vier Seiten einer jeden Aussage sollen anhand von zwei weiteren Beispielen verdeutlicht werden.

Erstes Beispiel

Die Aussage: „Wie lange machen Sie den Job schon?" kann auf der Sachebene die neutrale Frage danach beinhalten, wie lange der Befragte den Job schon macht. Die anderen Aspekte der Kommunikation können z. B. lauten:

Beziehung:	„Ich kenne mich besser aus als Sie."
Appell:	„Finden Sie endlich eine vernünftige Lösung!"
Selbstaussage:	„Ich habe kein Vertrauen zu Ihnen."

10.1 Das Grundmodell der Kommunikation

Die genaue Aussage auf diesen Ebenen könnte jedoch auch eine ganz andere sein. Es ist die Aufgabe des Hörers, sich zu diesen Bedeutungen Annahmen zu bilden.

Zweites Beispiel:

Die Aussage: „Sie kamen heute erst um 9.00" kann z. B. zusätzlich zum Sachaspekt folgende Aspekte enthalten:

Beziehung:	„Ich darf Ihnen Anweisungen erteilen, die Sie befolgen müssen."
Appell:	„Bitte seien Sie morgen pünktlicher"
Selbstaussage:	„Ich ärgere mich über Ihre Unpünktlichkeit."

Auch bei dieser Aussagen ergeben sich die Beziehungs-, die Appell- und die Selbstaussage wiederum nicht zwingend notwendig aus dem Gesagten. Sie müssen vielmehr wieder vom Hörer „erraten" werden.

▶   Es gilt:
„Der Sager bestimmt nicht, was der Hörer hört"

Da sich die einzelnen Aspekte einer Aussage nicht zwangsläufig ergeben, sind nachfolgend einige Aussagen bzw. Fragen, die dabei helfen sollen, die einzelnen Aspekte zu identifizieren, angeführt.

1. Sachaspekt:
   Die Sachaussage ist die reine, emotionslose, nicht interpretierende und nicht wertende Botschaft. Nachrichtensprecher bemühen sich besonders um diese Art der Kommunikation.
   Aus der Sicht des Senders:
   - Es geht um die Sache selber.
   - Darüber informiere ich den Gesprächspartner.
   Aus der Sicht des Empfängers:
   - Darüber will mich der Sender informieren.
   - Wie ist die Sache zu verstehen?
2. Beziehungsaspekt:
   Aus der Sicht des Senders:
   - So stelle ich mir unserer Beziehung vor.
   - Wie sehe ich den anderen und unsere Beziehung zueinander?
   Aus der Sicht des Empfängers:
   - Wie sieht mich der andere?
   - Wie redet der andere (eigentlich) mit mir?
3. Selbstaussageaspekt:
   Aus der Sicht des Senders:
   - Das teile ich dem Gesprächspartner von mir mit.
   - Was will ich von mir mitteilen?

Aus der Sicht des Empfängers:
- Was ist mit dem anderen los?
- In welchem Zustand befindet der andere sich?
- Wie stellt sich der andere als Person dar?

4. Appellaspekt:
Aus der Sicht des Senders:
- Das will ich vom Gesprächspartner.
- Dazu will ich den anderen veranlassen.

Aus der Sicht des Empfängers:
- Was soll ich aus Sicht des anderen denken, fühlen oder tun?
- Was will der andere von mir?

10.2 Erweiterungen des Modells

Um die kommunikativen Prozesse, die bei Gesprächen zum Thema Bewerbung und berufliche Entwicklung häufig eine Rolle spielen, besser zu verstehen, ist es sinnvoll, das obige Grundmodell von Schulz von Thun in zwei Punkten zu erweitern (siehe Hofmann 1999). Eine Erweiterung ist auf der Beziehungsseite notwendig, eine zusätzliche auf der Seite der Selbstaussage.

▶ Erweiterung auf der Beziehungsseite

Die erste Erweiterung des Grundmodells nach Schulz von Thun betrifft den Beziehungsaspekt (s. Abb. 10.2). In der Kommunikation wird immer ein Teil der Information dazu verwendet, die gegenseitigen impliziten Vorstellungen bezüglich der Stellung der Gesprächspartner zueinander darzustellen. Die Beziehung zweier Gesprächspartner zueinander kann dabei prinzipiell drei Formen annehmen: Beide Gesprächspartner können gleichberechtigt sein (auf gleicher Ebene), der eine kann dem anderen übergeordnet (von oben) oder untergeordnet (von unten) sein.

Diese drei Beziehungsarten können strukturell vorgegeben sein, z. B. in Form hierarchischer Unterstellungen im Falle einer Konstellation Vorgesetzter–Mitarbeiter. Sie können aber auch durch die Art der Kommunikation der beiden Interaktionspartner definiert werden. Dies ist besonders dann der Fall, wenn sich die Gesprächspartner nicht oder kaum kennen. Diese Definition der Beziehungen durch die Art der Kommunikation kann ein strukturell bestehendes hierarchisches Gefälle verstärken, abschwächen, ganz eliminieren oder gar völlig verdrehen.

Bei Gesprächen zum Thema Bewerbung und berufliche Entwicklung wird der Aspekt der Über- bzw. Unterordnung besonders relevant und zwar aus zwei Gründen. Erstens wird in solchen Diskussionen oft die Selbstwerteinschätzung der einzelnen Personen aktiviert. Ein Teil des Selbstwertes ist das Wissen um die eigene „Wichtigkeit". Zweitens besteht in der Kommunikation auch die Chance, soziale Realitäten zu gestalten. Einigen Menschen ist es bereits für ihren Selbstwert dienlich, wenn sie anderen erzählen können,

10.2 Erweiterungen des Modells

Abb. 10.2 Erste Erweiterung des Grundmodells

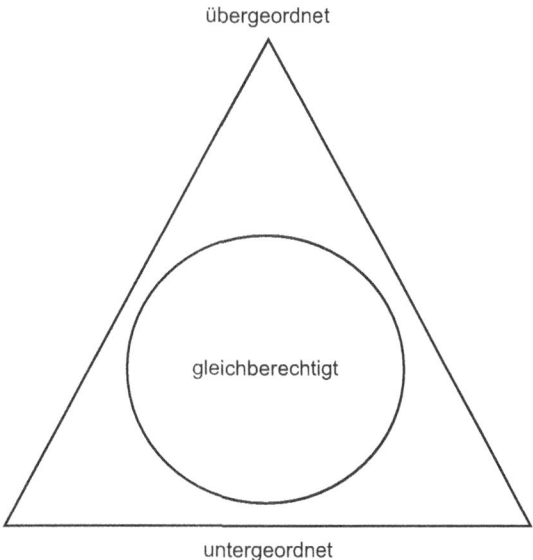

wie wichtig sie selbst sind, und sie werten das eventuelle Schweigen der Gesprächspartner als mehr oder weniger stillschweigende Zustimmung zu dieser Art des Vorschlags der Beziehungsdefinition. Der Selbstwert ist nicht a priori vorhanden oder gar messbar, er wird erst im sozialen Kontext erzeugt.

▶ Erweiterung auf der Selbstaussagenseite

Die Selbstaussagenseite der Kommunikation ist diejenige, die generell die psychologisch höchste Brisanz hat („Wer etwas *von* sich gibt, gibt etwas von *sich*.").

Nicht alles, was jemand über sich selber aussagt, ist dabei jedoch auch eine Aussage, die dem Gesprächspartner ehrlich etwas über die Person des Senders mitteilt. Oft sind Selbstaussagen auch Aussagen, die eher taktische Selbst*darstellungen* sind, also eine Aussage darüber, was er Sender tatsächlich denkt oder fühlt. Eine „verzerrte" Selbstdarstellung muss natürlich nicht immer ein Produkt bewusster, taktischer Gesprächsführung sein. In positiver Richtung verzerrte Selbstbilder sind unter anderem auch ein ganz „normaler" Prozess der Selbstwertmaximierung. Zu dem notwendigerweise zu hinterfragenden Selbst*ent*hüllungsaspekt kommt auch noch zusätzlich der Selbst*ver*hüllungsaspekt hinzu. Sehr oft wird wegen der Gefahr, dass man etwas von sich preisgibt, die Selbstoffenbarung in der Kommunikation eher vermieden (s. Abb. 10.3). Das komplette eweiterte Modell wird in Abb. 10.4 dargestellt.

Im Vergleich zu diesen meist verdeckten, oft auch versteckten und uneindeutigen Aspekten der Kommunikation scheint der Sachaspekt eine schon fast untergeordnete Bedeutung zu besitzen.

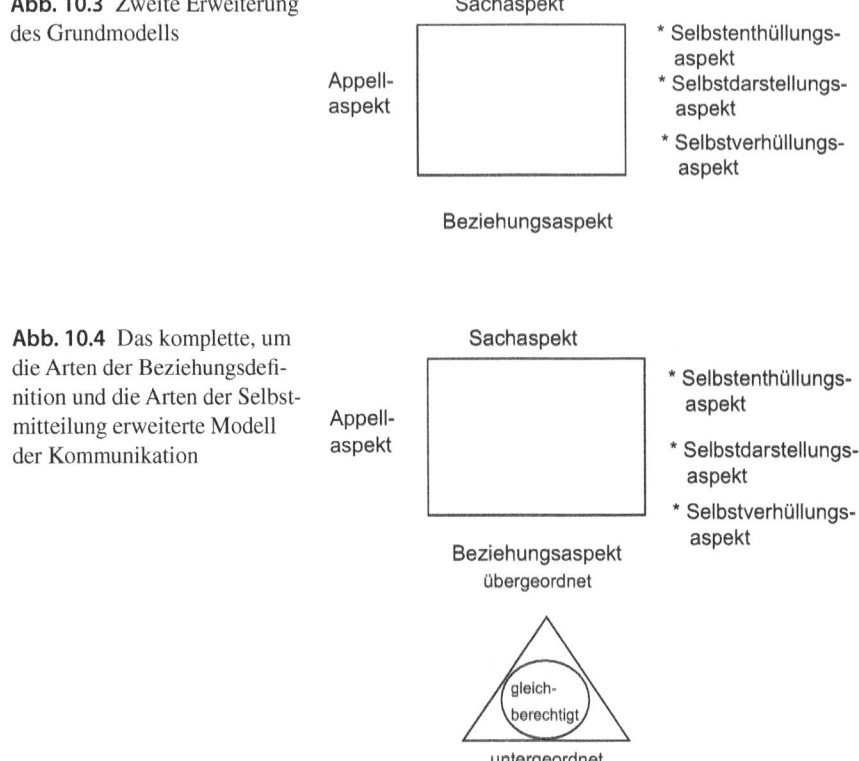

Abb. 10.3 Zweite Erweiterung des Grundmodells

Abb. 10.4 Das komplette, um die Arten der Beziehungsdefinition und die Arten der Selbstmitteilung erweiterte Modell der Kommunikation

10.3 Die Bedeutung des Kommunikationsmodells für Bewerbung und berufliche Entwicklung

Was immer man als Sender auch sagt, der Empfänger ist prinzipiell frei darin zu entscheiden, welchen Aspekten der gesendeten Information er welche Bedeutung zumisst und wie er sie inhaltlich interpretiert. Der Sender kann nicht bestimmen, auf welchen Aspekt der Empfänger die Information den Fokus legt, was er „heraushört". Generell sind bei jeder Kommunikation alle vier Aspekte mehr oder weniger ausgeprägt im Spiel. Der Sender kann dabei nur sehr begrenzt beeinflussen, auf welchen Aspekt der Empfänger den Schwerpunkt legt. Oft ist es dem Sender und auch dem Hörer selbst nicht bewusst, auf welchen Aspekt der Information er gerade bevorzugt hört.

Diese „Grauzone" der Kommunikation, in der nicht ganz klar ist, welcher Aspekt gerade dominant ist, spielt bei dem Sprechen über Bewerbung und berufliche Entwicklung eine bedeutende Rolle. Wo scheinbar über Sachaspekte (wie z. B. die Ausstattung von Dienstwagen) geredet wird, wird „eigentlich" sehr viel über Selbstdarstellung, Selbstwert und die Beziehung der Gesprächspartner untereinander geredet (s. Abb. 10.5).

10.3 Die Bedeutung des Kommunikationsmodells für Bewerbung…

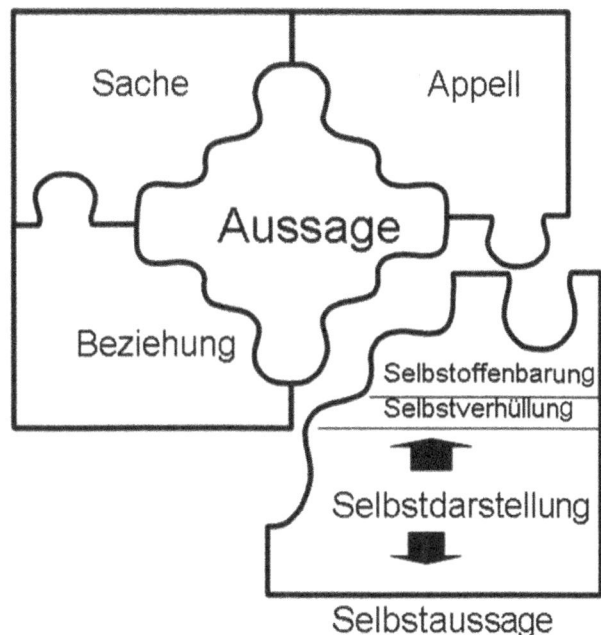

Abb. 10.5 Häufige Situation bei Gesprächen über Karriere

Der Aspekt der Selbstdarstellung spielt bei Gesprächen über Bewerbung und berufliche Entwicklung eine bedeutendere Rolle als in Gesprächen über andere Themen. Dies hängt damit zusammen, dass Aussagen über Bewerbung und berufliche Entwicklung nur schwer überprüfbar sind und daher viel Raum für Selbstdarstellungen lassen. Man spricht nicht umsonst von Status-„Symbolen". Status an sich kann man nicht eindeutig wahrnehmen, daher muss man sich an Symbolen orientieren oder man redet über Karriere.

Erschwert wird dieses Reden über Bewerbung und berufliche Entwicklung dadurch, dass Titel (Leiter, Projektleiter, Koordinator, Projektingenieur, Bereichsleiter etc.) in der Regel relativ unpräzise und nicht vergleichbar sind. Noch weiter erschwert wird die Diskussion über Dienststellungen und Titel dadurch, dass diese nur das offizielle, nicht aber das latente Organigramm abbilden. Erst recht zwischen verschiedenen Organisationen sind Titel, die auf der Visitenkarte stehen, wenig aussagekräftig. Interessanter und objektiver wäre da schon die Höhe des Gehaltes, das im wahrsten Sinne des Wortes den ökonomischen Wert einer Person darstellt, den ihm die Organisation zubilligt. Es herrscht jedoch – zumindest in Deutschland – ein striktes Tabu bzgl. des Gehaltes. Über das Gehalt redet man nicht, man muss es wiederum aus Symbolen erschließen. Scheinbare Aufklärung bringen hier die verschiedenen Gehaltsstudien, die regelmäßig veröffentlicht werden. Diese haben allerdings einen kleinen (aber entscheidenden) Haken: Sie beruhen in der Regel auf den Selbstauskünften der meist nicht repräsentativ Befragten. Der (vermeintliche) Rettungsanker dieser „Studien" ist die Tatsache, dass die Befragung in aller Regel anonym erfolgt und die Teilnehmer keinen Grund hätten zu lügen. Wie instabil dieser Rettungsanker ist, zeigen jedoch zahlreiche Untersuchungen aus der Sozialpsychologie. Weitere Zweifel an der Richtigkeit von Selbstauskünften stammen aus der so genannten Compliance-Forschung (sie hat nichts mit dem heute oft diskutierten juristischen oder betriebswirtschaftlichen Begriff der Compliance zu tun). Dabei geht es um die Frage, inwieweit Patienten therapeutische Ratschläge befolgen und ob das Befolgen der Ratschläge den Selbstauskünften entspricht. Man kann z. B. gewissen Medikamenten Markerstoffe beimischen, deren Metabolismus genau bekannt ist, und dann das Vorhandensein dieser Markerstoffe im Urin oder im Blut bestimmen und damit objektiv auf die Einnahme der präparierten Medikamente schließen. Die Ergebnisse der Compliance-Forschung sind ziemlich konsistent. Selbstauskünfte stehen nur in einem losen Zusammenhang zur Realität. Selbst dann, wenn die Auskunftgebenden mit ihrer Falschauskunft nur sich selbst schaden, indem sie ihren Therapeuten auf die falsche Spur setzen, ist die Tendenz zur Wahrheit nicht besonders groß. Daher ist erst recht nicht zu erwarten, dass Gehalts-„Studien", die auf Selbstauskünften beruhen, ein valides Abbild der Realität ermöglichen, sie tragen im Gegenteil eher mehr zur Verwirrung als zur Klärung bei. Selbst gute Studien sind meist viel zu undifferenziert, um eine tatsächliche Positionsbestimmung zu ermöglichen.

Eine gewisse Intransparenz ist für diesen „Markt" anscheinend essenziell. Die wahren Gehaltsdaten sind und bleiben die am besten gehütetsten Geheimnisse einer Organisation. Spekulation, Manipulation und Selbstdarstellung werden daher Tür und Tor geöffnet. Ein weiterer Prozess spielt hier eine Rolle: Wie sehr man in irgendeiner Weise „wichtig" ist, ist meist nicht objektiv zu definieren, sondern der (Stellen-)Wert in einer sozialen Hierarchie ist sozial vereinbart. Es genügt daher vielen Menschen, andere Menschen zu finden, die glauben, dass sie wichtig seien. Dieser Glauben wird oft schon allein dadurch bestärkt, dass diese Menschen anderen etwas über die eigene Wichtigkeit und Karriere erzählen und die anderen nicht sofort und offen widersprechen. Man kann es sich noch einfacher machen, indem man Menschen Dinge über die eigene Wichtigkeit und Karriere erzählt, die die Richtigkeit dieser Erzählungen gar nicht beurteilen können. Die Logik lautet dabei: „Wenn ich schon (wem auch immer) ohne Widerspruch Dinge über meine Wichtigkeit und Karriere erzählen kann, dann bin ich wohl wichtig." Max Frisch wird die Aussage zugeschrieben: „Irgendwann erzählen wir jemandem eine Geschichte und sagen dann: Das ist oder war mein Leben." Die Eigenschaft der Karriere als nur im sozialen Kontext definierbare Größe macht es einem leicht, sich eine solchen sozialen Kontext zu schaffen, der nur losen oder im Extremfall gar keinen Bezug zur Realität zu haben braucht. Das zu lösende Problem heißt dann nicht: Wie mache ich Karriere? Sondern: Wo finde ich Menschen, die daran glauben, dass ich eine irgendwie definierte Art von „Karriere" mache?

Ein weiterer Prozess der Selbstwertmaximierung ist folgender: Es ist für den Selbstwert förderlich, wenn man ein erlebtes Auswahlverfahren als extrem schwierig darstellt. Sofern man es bestanden hat, beweist man damit seine eigene Genialität, da man ja offensichtlich imstande war, dieses Verfahren erfolgreich zu absolvieren. Sofern man es dagegen nicht bestanden hat, liegt es eben an dem mörderischen Verfahren und nicht an einem selbst, man hatte ja keine Chance, dieses extrem schwierige Verfahren zu bestehen. Egal, was passiert: Wenn man ein Auswahlverfahren gegenüber anderen Personen dramatisiert, ist man in Bezug auf den Selbstwert immer auf der sicheren Seite. Daher sollte man den Schilderungen von Auswahlverfahren immer misstrauen, sie enthalten neben Sachinformationen auch immer selbstwertrelevante Komponenten und überdramatisieren eher.

10.4 Fazit

Die Ausführungen dieses Kapitels zum Thema Kommunikation über Karriere sollen verdeutlichen, dass prinzipiell das, was über Karriere gesagt wird, in sehr enger Relation zum Selbstwert der jeweiligen Person steht und daher mit Vorsicht zu genießen ist. Misstrauen Sie deshalb prinzipiell eher dem, was andere über ihren Bewerbungs- und beruflichen Entwicklungsprozess erzählen, speziell bei Klassentreffen. Gehen Sie davon aus, dass bei diesem Thema in großem Ausmaß Selbstdarstellung und kommunikative Selbstwertdefinition eine Rolle spielen.

Literatur

Schulz von Thun, F. (1981). *Miteinander reden – Störungen und Klärungen*. Hamburg: rororo.
Hofmann, E. (1999). *Bewerber aus der Reserve locken*. Kriftel: Luchterhand.

Zusammenfassung 11

> **Zusammenfassung**
> Im vorliegenden Buch wurden Methoden beschrieben, mit denen man sich ein möglichst genaues Bild davon machen kann, ob eine entsprechende Stelle zur eigenen Person passt oder eher nicht.

Es ist am Ende dieses Buches an der Zeit, wieder an den Anfang der Überlegungen zurückzukommen. Dazu sei noch einmal das Zitat von Manfred Lütz wiedergegeben:

> Es wird deutlich, dass die in Deutschland stattfindenden Bewerbungsgespräche in der Zwischenzeit reine Kunstprodukte sind, deren Produzenten viel dabei verdienen, erwachsene Menschen wider Willen eine Komödie aufführen zu lassen, die vor allem eins vermeidet: dass beide Teile sich wirklich kennenlernen. (Lütz 2012)

Die vielen, meist fraglichen, Bewerberratgeber haben in den letzten ca. 20 Jahren dazu beigetragen, dass die von Lütz beschriebene Situation entstanden ist. Wir müssen diese Situation leider so hinnehmen. Die Frage ist dabei, was wir aus ihr machen. Im vorliegenden Buch wurden daher Methoden beschrieben, mit denen man sich ein möglichst genaues Bild davon machen kann, ob eine entsprechende Stelle zur eigenen Person passt oder eher nicht.

Ich hoffe, dass damit ein Beitrag dazu geleistet ist, die von Lütz beschriebene Komödie nicht weiter mitzuspielen und stattdessen dem Vorstellungsgespräch wieder den Charakter des Gespräches über gegenseitige Vorstellungen zu geben.

Literatur

Lütz, M. (2012). *Bluff*. München: Droemer Knaur